U0571619

管理知识与技能

主　编　秦玉权
副主编　纪付荣
参　编　陈祥义　张向春　陶　欣
　　　　黄传达

北京理工大学出版社
BEIJING INSTITUTE OF TECHNOLOGY PRESS

图书在版编目（CIP）数据

管理知识与技能 / 秦玉权主编. -- 北京：北京理
工大学出版社，2023.5
ISBN 978-7-5763-2405-1

Ⅰ. ①管… Ⅱ. ①秦… Ⅲ. ①管理学 Ⅳ. ①C93

中国国家版本馆 CIP 数据核字（2023）第 094412 号

出版发行 / 北京理工大学出版社有限责任公司
社　　址 / 北京市海淀区中关村南大街 5 号
邮　　编 / 100081
电　　话 / （010）68914775（总编室）
　　　　　（010）82562903（教材售后服务热线）
　　　　　（010）68944723（其他图书服务热线）
网　　址 / http：//www.bitpress.com.cn
经　　销 / 全国各地新华书店
印　　刷 / 涿州市京南印刷厂
开　　本 / 787 毫米×1 092 毫米　1/16
印　　张 / 14.5　　　　　　　　　　　　　　责任编辑 / 武丽娟
字　　数 / 322 千字　　　　　　　　　　　　文案编辑 / 武丽娟
版　　次 / 2023 年 5 月第 1 版　2023 年 5 月第 1 次印刷　　责任校对 / 刘亚男
定　　价 / 75.00 元　　　　　　　　　　　　责任印制 / 施胜娟

前　言

　　管理学是管理学科的基础，是一门综合性、边缘性学科，涉及经济学、数学、哲学、社会学、历史学、心理学、人类学以及工程技术学和计算机科学等学科，是管理类专业学生的必修课程，起着引导学生入门及培养学生初步养成管理思维模式的作用。

　　本书是山东省省级精品资源共享课"管理知识与技能"的配套教材，经过第一版的普遍使用，在广泛征求广大师生意见和建议的基础上进行了修订。落实课程思政，将党的二十大精神和习近平新时代中国特色社会主义思想融进教材，实现知识传授、能力培养、价值塑造三位一体的课程育人目标。体现时代特色，突出课程实践性和开放性的特点，实现了理论和实务的有机结合，使学习者通过对计划、组织、领导、控制四大管理基本职能的学习，掌握管理的规律、原理和技术方法，培养管理学的思维、意识和解决一般管理问题的能力，为项目管理、质量管理、运筹学和生产运作等后续专业课程的学习打下坚实基础。

　　本书采用项目任务式编排，分为认知管理、制订计划、构建组织、领导员工和控制活动五个项目，每个项目下又分为若干个任务，全书共 14 个任务。

　　本书在编写架构上，具有如下特点：

　　（1）每个任务的开始部分设有篇首语，介绍该任务主要的内容，指出完成该任务要求达成的知识目标、能力目标和素质目标，所配的知识导图有助于使学生对任务内容有总体了解。

　　（2）每个任务的开始部分设有案例导入，针对需要掌握的关键知识提出问题，方便学生有目标地学习。任务的结束部分为案例导入提供了分析思路，做到首尾呼应，并对任务进行总结，列出重点和难点知识；每个任务都设置了实训和综合训练作为补充，以巩固相关知识。

　　（3）本书穿插引用了大量体现管理学的基本原理和思想的案例、故事、图片、漫画等，图文并茂，寓教于乐。同时配套建设了大量的视频资源，以二维码的形式在教材中予以展现，学习者可以通过扫描教材中的二维码观看学习，体会管理学的基本原理和理论在实际工作和生活中的运用，有效避免了单纯学习管理理论的枯燥与乏味，提高学习者的学习兴趣。

　　本书由山东交通职业学院省级精品资源共享课项目组教师联合编写，秦玉权任主编，纪付荣任副主编，陈祥义、张向春、陶欣、黄传达等老师参加了编写。

　　本书可以作为高职管理类专业的教材用书，也可作为社会人员学习管理学的自学用书。本书在编写过程中参考了大量有关书籍和文献著作，引用了很多专家学者的资料，在此对他们表示衷心感谢。由于编者水平有限，书中难免存在不妥之处，恳请各位专家和读者批评指正。

编　者

目　　录

项目一　认知管理

【篇首语】

　　在现代社会中，管理作为有助于实现目标的一种有效手段，可以说无时不在，无处不在。不管从事何种职业，人人都在参与管理：或管理国家，或管理家庭，或管理业务。党的二十大报告指出，"坚持和完善我国根本政治制度、基本政治制度、重要政治制度，拓展民主渠道，丰富民主形式，确保人民依法通过各种途径和形式管理国家事务，管理经济和文化事业，管理社会事务。"管理学是人类智慧的结晶，它是系统研究管理活动的基本规律和一般方法的科学，为人们提供了一套比较完整的有关组织管理的理论和方法。学习管理学，有助于人们在实践中少走弯路。通过对本项目的学习，有助于激发学习兴趣，为以后的学习打好基础，同时培养初步的管理学思维。

　　本项目包括两个任务：认识管理与管理者部分主要掌握管理的含义、管理的性质、管理的对象、管理的职能、管理者角色及应具备的技能；管理理论部分主要掌握科学管理理论、一般管理理论、行政组织理论、人际关系理论的含义及应用，了解管理理论丛林的理论内容以及管理理论发展的新趋势。

🔄 学习目标

●₀ 知识目标

1. 理解管理的概念和特性及管理的对象。
2. 掌握管理者分类、管理者角色、各层次管理者应具备的主要技能。
3. 掌握科学管理理论、一般管理理论、行政组织理论的主要内容及应用。

●₀ 能力目标

1. 能够辨析各个层次管理者的技能要求，并且就基层、中层管理中的技能进行情境模拟。
2. 能够运用现代管理学理论分析现实生活中的问题。

●₀ 素质目标

1. 培养学生团队协作素养。
2. 培养学生理论联系实际分析、解决现实问题的能力。

🔄 知识导图

思考

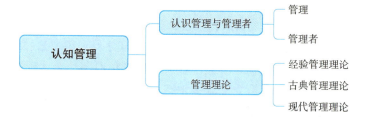

任务一

认识管理与管理者

▶ 案例导入

　　拓展训练中有一个经典项目叫"逃生墙"，因这个项目往往被安排在拓展训练的最后，因此又称作"毕业墙"。逃生墙模拟的是野外生存，假如一个团队被困在山谷中，必须翻过一块很高的大石头或一道障碍才能继续前进（没有其他的路可以绕行），即在没有任何工具的情况下，如何实现集体逃生。逃生墙项目的基本规则：全队所有成员（如10人）在规定时间内（如30分钟）翻过一面高4.2米的光滑墙面，在此过程中，大家不能借助任

 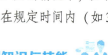

何外界的工具，如衣服、皮带、绳子等，所能用的资源只有每个人的身体。

小王和他的同事面对这堵光溜溜的高墙着实犯了难，4米多的高墙如果只靠一个人肯定是过不去的，可是10个人，没有任何工具，30分钟又怎么能过去呢？正在大家犯愁的时候，计划部的老张站了出来，他用非常坚定有力的语气说道："大家不要着急，我来分析一下目前的状况。我们的目标非常明确，那就是绝不能落下一个人，所有人都要翻过高墙，这是绝不动摇的目标。由于墙高4.2米，因此必须有2~3个人搭人梯才能过去，关键是负责搭人梯的最后一个人如何过去。"

大家听了老张的分析，心里都踏实了很多，开始纷纷出主意，最后都赞同用"倒挂金钩"的方式把最后一个人拉上去。接着，大家又开始分析搭人梯的人、上面拉人的人及最后一个人都需要什么样的能力和特点，并根据这些特点进行了任务分工。最后老张又补充了一点：身材瘦小的女同志，无论是先翻过墙的还是暂时没有翻过墙的都有一项重要的任务，那就是给大家加油鼓劲。

经过简短的分析会，计划制订出来了，并按照每个人的自身特点分配了任务，大家都充满了信心。会议的最后，老张挥动着有力的臂膀高喊道："让我们为了生存一起努力！"在老张的带领下，10个人仅用了23分钟（包括会议时间）就全体顺利"逃生"。

在整个过程中，最后的艰难时刻给大家留下了深刻印象。小王是负责倒挂金钩的人，在他觉得自己快坚持不住的时候，有那么多只有力的手拼命把他和下面的最后一位队员一起往上拉，有那么多女队员声嘶力竭地为他们加油。小王觉得如果没有团队鼓励，自己很有可能坚持不住就松手了。

拓展训练结束了，小王久久不能忘怀的就是那堵逃生墙。他一直在思考着其中成功的奥秘。

问题：

（1）小王团队在逃生过程中采取了哪些行动？

（2）小王团队顺利逃生带给我们什么启示？

案例思考

案例中，当大家一筹莫展之时，老张及时站了出来，引导大家分析了当前的情况并领导制订了逃生的计划，而且根据每个人的情况进行了分工。最后，小王团队在老张的带领下顺利逃生。可以看出，管理是组织达成目标的必要手段，人们通过计划、组织、领导、控制来完成管理的职能。同时，老张相比其他人具有更高的技能，才能够脱颖而出，成为团队的领导者。

▶ **知识阐述**

一、管理的概念

古今中外，关于管理的定义有很多种。

在我国古代，"管"指锁钥，《左传·僖公三十年》："郑人使我掌其北门之管"，引申为管辖、管制之意，体现着权力的归属；"理"本意是治玉，《韩非子·和氏》："王乃使玉人理其璞，而得宝焉。"引申为治或处理。"管""理"二字连用，即表示在权力的范围内，对事物的管束和处理过程，或叫"管住理顺"，或叫"管事理人"。

西方学者对管理的定义也各不相同。泰勒认为：管理是一门怎样建立目标，然后用最好的方法经过他人的努力来达到的艺术。亨利·法约尔认为：管理就是计划、组织、指挥、协调、控制。西蒙认为：管理就是决策。马克斯·韦伯认为：管理就是协调活动。美国管理协会认为：管理是通过他人的努力来达到目标。

管理定义的多样化，反映了人们对管理的多种理解，以及各管理学派的研究重点与特色。但是，也应看到，不同的定义，只是观察角度和侧重点不同，在总体上对管理实质内容的认识还是共通的。这些不同的定义，对全面、深刻地理解"管理"这一概念是极为有益的。

我们认为：管理就是一定环境下的组织中的管理者，通过计划、组织、领导、控制职能，协调他人的活动，带领人们有效（既有效率又有效果）实现组织目标的艺术过程。

关于上述管理的定义，可以从以下几个方面予以理解：

（1）管理的目的。任何一个组织都有其特定的目标，如果一个组织不能实现其目标，这个组织就失去了存在的意义。而一个组织的目标是不可能自然实现的，组织需要通过管理活动促成其目标的实现。因此，管理的目的就是确保组织目标的实现，使组织得以维系和发展。

（2）管理的职能。任何一个组织的目标都是通过管理去实现的，具体来说就是通过计划、组织、领导、控制等工作（活动）去实现的。因此，计划、组织、领导、控制是管理工作（活动）具有的基本职能。

（3）管理的对象。任何一个组织要实现其目标，必然投入人力、物力、财力等各种资源，以及运行各项职能活动。因此，管理的对象就是组织本身及其资源和职能活动。

（4）管理的本质。由于任何一个组织投入的各种资源是有限和稀缺的，所以，必须考虑资源的有效利用，使资源投入达到最小化，即用最小的投入获得最大的产出。这就需要对各种资源、各项职能活动，以及资源与职能活动进行协调。因此，管理的本质就是协调。

二、管理的性质

管理是一门科学也是一门艺术。管理作为一个活动过程，其间蕴含着客观规律，成功总是遵循客观规律办事的结果。如果管理者掌握了系统的管理知识、方法及其运行规律，就可能针对解决管理中存在的问题提出正确的思路，作出科学的决策，采取有效的措施，取得令人满意的结果。如果凭孤立的经验办事，"拍脑袋"决策，不但不能很好地解决管理中的问题，甚至可能因决策失误而给组织造成严重损失。艺术是指能够熟练地运用知识，并通过一定技巧达到某种效果。强调管理的艺术性，目的在于让管理者意识到，管理科学并不能为人们提供解决一切问题的标准答案，掌握了管理理论，并不意味着管理活动一定能够成功。管理者想要实施有效的管理，更好地实现组织目标，必须以管理科学提供的一般理论和基本方法为指导，根据组织面临的内外环境，充分发挥积极性、主动性和创造性，因地制宜地将抽象的管理理论与具体的管理实践紧密结合起来，采用适当的方法灵活地、创造性地解决所遇到的问题。从理论上讲，管理的科学性与管理的艺术性是统一的、互补的。在管理实践中，这两者之间也不是相互对立和相互排斥的，片面强调哪一方面都可能导致管理的失败。

方太儒道（1）

方太儒道（2）

方太儒道（3）

方太儒道（4）

三、管理对象

管理对象是指管理者行为作用的客体。

从微观管理的角度来看，管理总是针对某一个群体或组织实施的，所以，管理对象就应该是那些不同功能、不同类型的社会组织。而任何一个社会组织为发挥其功能，实现其目标，就必须拥有一定的资源，而管理正是对这些资源进行配置、调度、组织，才使管理的目标得以实现。所以，这些资源成为管理的直接对象，同时，任何一个社会组织为实现其功能与目标，都必须进行各项职能活动。这样，这些职能活动也必然成为管理的对象。因此，管理对象包括社会各类组织及其构成要素与职能活动。资源、活动、组织是管理对象的不同形态，它们都受管理主体的支配，共同影响着管理成效和管理目标的实现。

（一）组织

人类最基本的属性是"社会人"

人类在自然进化过程中，逐步形成了以集体力量求生存的模式，当以血缘为纽带的原始社会形成后，人类的最基本属性就是社会人。而社会人的基本表现形式就是无论个体人类愿意或不愿意，承认或不承认，个体都必然会属于某一个组织。组织是社会的细胞，组织的最小单位是家庭。

组织分为正式组织和非正式组织，我们日常熟知的很多组织都是正式组织，其实为数更多的是非正式组织。

组织存在的最大价值就是完成个体无法完成的任务，而组织成员都能从中获得超过个体努力所得到的价值。

组织的效率在于组织成员之间的协调一致，在内外部资源与条件既定的情况下，一个组织的效率主要取决于管理的效率，可以说，组织效率的主要决定因素是管理。

《鲁滨孙漂流记》里的鲁滨孙，刚刚到达荒岛的时候暂时脱离了人类社会，回归到了一个自然人的状态，其生存完全依赖自我。但是鲁滨孙无时无刻不在想着如何回归，当"星期五"来到他的身边，他又从一个自然人回归到了社会人，和"星期五"组成了一个最小化的组织。由于人类具有社会人属性，所以"组织"就变得非常重要。

（二）资源

任何一个组织要维持自身的生存与发展，首先需要拥有一定的资源，其次需要对拥有的资源进行配置，以达到最佳的使用效果，保证组织目标的实现。一般来说，一个组织的存在与发展需要的基本资源包括：人力资源、资金资源、物质资源、信息资源和关系资源。

（三）职能活动

任何一个组织要维持自己的生存与发展，不仅要拥有一定的资源，而且要通过运行相应的职能活动，以保证组织目标的实现。只有通过组织内部的各项活动，才能实现投入与产出，也才能让每一种资源产生价值和功效。所以，管理者经常面对大量的组织职能活动。管理的功能和作用就表现为对组织各项职能活动的计划、组织、领导、控制。通过这些管理职能，使组织的各项职能活动更有秩序、更有效率、更有效益。

四、管理职能

管理职能就是管理活动所具有的功能和行为。一项管理职能表示一类管理活动内容。管理学界普遍接受的观点是，管理职能包括计划、组织、领导、控制，如图 1-1 所示。

图 1-1 管理职能

（1）计划职能是指管理者对将要实现的目标和应采取的行动方案作出选择及具体安排的活动过程，简言之，就是预测未来并制订行动方案。

（2）组织职能是指管理者根据既定目标，对组织中的各种要素及人员之间的相互关系进行合理安排的过程，简言之，就是建立组织的物质结构和社会结构。

（3）领导职能是指管理者为了实现组织目标而对被管理者施加影响的过程。领导职能一般包括：选择正确的领导方式；运用权威，实施指挥；激励下级，调动其积极性；与组织的各类相关者进行有效沟通；调解与协调各种活动与行为等。不同层次、类型的管理者领导职能的内容及侧重点各不相同。

（4）控制职能是管理者为保证实际工作与目标一致而进行的活动。控制职能一般包括制定目标、衡量工作、纠正出现的偏差、评估绩效等一系列工作。工作失去控制就会偏离目标，没有控制很难保证目标的实现，控制是管理不可缺少的职能。但是，不同层次、类型的管理者控制的重点内容和控制方式有很大区别。

计划、组织、领导、控制是管理的基本职能，它们之间相互联系、相互制约，构成了一个有机的整体，其中任何一项职能出现问题，都会影响其他职能的发挥和组织目标的实现。如图1-2所示。

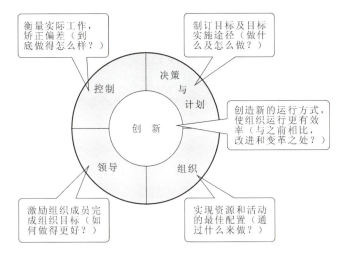

图 1-2　管理职能及其内部关系

计划、组织、领导和控制四大职能属于传统意义上的管理职能，是企业目标的实现所不可缺少的基本活动，从这个角度看，它们是"维持职能"。它们的任务是保证企业系统按预定的方向和规则进行。创新则是企业适应环境变化的一种必然结果。企业是在动态环境中生存的社会经济系统，仅靠一般性维持是不够的，还必须不断调整系统活动的内容和目标，以适应环境变化的要求，于是便有了创新职能。

创新也是管理的基本职能之一。创新首先是一种思想，其次则是在这种思想指导下的具体实践。任何组织系统的管理工作无不包含在"维持"或"创新"中，维持和创新是管理的本质内容，有效的管理就是适度维持与适度创新的结合。"维持"和"创新"作为管理的基本职能对系统的生存发展都是非常重要的，它们是相互联系不可或缺的。

从理论上讲，这些职能是按一定顺序发生的，计划职能是首要职能。这是因为管理活动首先从计划开始，而且计划职能渗透在其他各种职能之中，或者说，其他职能都是为了执行计划职能即实现组织目标服务的。为了实现组织目标和保证计划方案的实施，必须建立合理的组织机构、权力体系和信息沟通渠道，因此产生了组织职能。在组织保证的基础上，管理者必须选择适当的领导方式，有效地指挥、调动和协调各方面的力量，解决组织内外的冲突，最大限度地提升组织效力，于是就产生了领导职能。为了确保组织目标的实现，管理者还必须根据预先制订的计划和标准对组织成员的工作状态与结果进行衡量，并及时纠正偏差，即实施控制职能。

从管理实践来考察，管理过程是一个各种职能活动周而复始地循环进行的过程，是一个动态过程，各种职能之间经常相互交叉。

十大管理实务

五、管理者

管理大师德鲁克曾经对"管理者"下过两个定义。在强调管理上司也是管理者的职责时，他说：管理者不是"负责下属工作的人"，而是"要对那些行为受自己的行为影响的那部分人的行为负责的人"（a manager is someone who is responsible for the performance of all the people on whom his own performance depends）。根据这个定义，有下属的人应该是管理者，因为他的业绩依赖于下属的业绩。没有下属的人，如果他的工作业绩依赖于组织中的其他人，也应该是管理者。在今天的组织中，很少人的业绩能够不依赖其他人。因此，组织中的绝大多数成员都应是管理者。

在强调管理者的有效性时，德鲁克给出了管理者的又一个定义："在一个现代组织里，如果一位知识工作者能够凭借其职位和知识，对该组织负有贡献的责任，因而能实质地影响该组织的经营能力及达成的成果，那么他就是一位管理者。"

根据这个定义，有下属的人不一定是管理者。德鲁克举的例子是制造业的工厂领班，因为他们并没有对组织的经营能力产生重大的影响，"对其下属的工作方向、工作内容、工作质量及工作方法，他们既无责任，也无职权"。而没有下属的人可能是管理者，如一些知识工作者，他们尽管没有下属，但是做出的决策可能极大地影响公司前程。德鲁克比较两家竞争企业的市场研究员，一位可能有 200 个下属，另一位可能只有一个秘书，"然而就这两位市场研究员作出的贡献来说，却无太大差别"。

上述两个定义至少有两个共同点：都承认没有下属也可以是管理者，都用成果而非职位作为衡量标准。因此想当管理者的员工，追求的不应该是职位，而是成果；那些身处所谓的"管理层"的经理人，如果没有成果，也不是管理者。

是否是真的管理者，不在于有没有下属，而在于有没有成果。

（一）管理者分类

1. 按照管理层级划分管理者

按照管理层级，可将管理者划分为基层管理者、中层管理者和高层管理者，如图 1-3 所示。

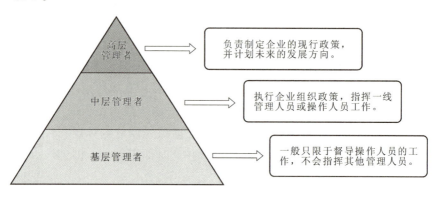

图 1-3　管理层级

（1）基层管理者。基层管理者是指那些在组织中直接负责非管理类员工日常活动的人。基层管理者的主要职责是直接指挥和监督现场作业人员，保证完成上级下达的各项计划和指令。

基层管理者的称谓主要有：督导、团队主管、教练、轮值班长、系主任、部门协调人、部门组长等。

（2）中层管理者。中层管理者是指位于组织中的基层管理者和高层管理者之间的人，其主要起承上启下的作用。

中层管理者的主要职责是正确领会高层的指示精神，创造性地结合本部门的工作实际，有效指挥各基层管理者开展工作。其注重的是日常管理事务。

中层管理者的称谓主要有：部门主管、机构主管、项目经理、业务主管、地区经理、部门经理、门店经理等。

（3）高层管理者。高层管理者是指组织中居于顶层或接近于顶层的人。其对组织负全责，主要侧重于沟通组织与外部的联系，决定组织的大政方针，注重良好环境的创造和重大决策的正确性。

高层管理者的称谓主要有：总裁、副总裁、行政长官、总经理、首席运营官、首席执行官、董事会主席等。

知识拓展：剪不断，理还乱的 chairman, president and CEO

董事长：chairman（chairman of the board）

总裁：president

首席执行官：chief executive officer（CEO）

简单地说，chairman 是股东利益在公司的最高代表，它不属于公司雇员的范畴，President 和 CEO 的权力都来源于他，只有他拥有召开董事会、罢免 President 和 CEO 等最高权力，但他从来不掌握行政权力。一位 Chairman 如果不兼任 President 或 CEO，就仅仅是一个礼仪职务，一个德高望重的仲裁者，一般来说是某位大股东的代表。President 掌握着公司的日常行政权，既可以译成总裁，又可以译成总经理；President 这个称谓包含的荣耀和地位比 CEO 要高，因此经常用于礼仪场合。

许多时候，President 和 CEO 是同一个人，随便你怎么称呼他；但在许多大公司里，President 和 CEO 是两个人，这时"总裁"和"首席执行官"才有严格的差异。有时候两者地位平等，有时候 CEO 是总裁的上级（实际情况很复杂，必须一一分析）；有时候 President 和 Chairman 一样，也沦落为一种无足轻重的礼仪职位，但至今从没有听说过 CEO 变成一种礼仪职位，除了在中国。在中国，无数的经理人疯狂地给自己加上 CEO 的冠冕，以为这就是跟世界接轨，就是拥有了最高的荣誉与地位；他们不知道，CEO 这个词在西方没有任何荣誉与地位的暗示。

2. 按照管理领域划分管理者

按照管理领域不同，将管理者划分为职能管理者和全面管理者。职能管理者是对某一项职能专门负责的管理者，如市场部经理、财务总监等。他们主要承担将战略性规划转化为本职能具体工作计划，并监督与控制计划的执行情况，对结果进行绩效考核等任务。全面管理者是在某一范围内对各项管理工作全面负责的管理者，如总裁、总经理、CEO 等。他们主要承担战略性工作任务与组织文化建设任务。

职能管理者与全面管理者划分的依据与层次划分法并无本质不同，也是根据管理

笔记

者角色与责任的不同加以区分。与层次划分法不同的是，职能管理者与全面管理者的划分是一种纵向划分，而层次划分法是横向划分，两者存在互相补充的关系。

需要特别说明的是，与层次划分法一样，全面管理者与职能管理者的概念都是相对而言的。例如，对一家公司而言，公司的 CEO 或总裁是全面管理者，他的副手通常都各自主管某一项职能，是职能管理者，而中层管理者通常掌管某一个职能部门。因此，从公司总体出发，中层管理者一般是职能管理者；但是对于一个职能部门而言，经理就是全面管理者，对整个部门的各项工作负责，他的副手则可能专职管理某些具体工作或某个市场区域，因此是职能管理者。

（二）管理者角色

管理者角色是指管理者应该具备的行动或行为所组成的各种特定类型。

1. 管理者人际角色

在人际角色中，管理者代表组织履行具有礼仪性和象征性的职责。包括挂名首脑、领导者和联络者三种角色。首先对于挂名领导者的角色，管理者要在礼仪实务方面代表其组织。同时，管理者还要扮演领导者和联络者的角色。作为领导者，要对该组织成员的工作负责，要处理好同下属的关系，激励员工并且调配好工作。作为联络者，其作用主要涉及对外联络交往。

2. 管理者信息角色

在信息角色中，管理者负责确保和其一起工作的人员具有足够的信息，从而能够顺利完成工作。管理责任的性质决定管理者既是所在单位的信息传递中心，也是组织内其他工作小组的信息传递渠道。整个组织的人依赖于管理结构和管理者以获取或传递必要的信息，以便完成工作。管理者必须扮演的信息角色，具体又包括监督者、传播者、发言人三种角色。

思考

（1）监督者角色。管理者持续关注组织内外环境的变化以获取对组织有用的信息。管理者通过接触下属来收集信息，并且从个人关系网中获取对方主动提供的信息。根据这种信息，管理者可以识别组织的潜在机会和威胁。

（2）传播者角色。管理者把他们作为信息监督者所获取的大量信息分配出去。

（3）发言人角色。管理者必须把信息传递给单位或组织以外的个人。

3. 管理者决策角色

在决策角色中，管理者处理信息并得出结论。如果信息不用于组织的决策，这种信息就失去其应有的价值。决策角色具体又包括企业家、干扰对付者、资源分配者、谈判者四种角色。

（1）企业家角色。管理者密切关注组织内外环境的变化和事态的发展，以便发现机会，并对所发现的机会进行投资以利用这种机会。

（2）干扰对付者角色。管理者必须善于处理冲突或解决问题，如平息客户的怒气，同不合作的供应商进行谈判，或者对员工之间的争端进行调解等。

（3）资源分配者角色。管理者决定组织资源用于哪些项目。

（4）谈判者角色。管理者把大量时间花费在谈判上，管理者的谈判对象包括员工、供应商、客户和其他工作小组。

明茨伯格的管理角色理论比较有名，其具体内容见表 1-1。

表 1-1　明茨伯格的管理角色理论

类型	角色	描述	特征活动
人际关系角色	挂名首脑	象征性首脑，必须履行许多法律性或社会性的例行义务	迎接来访者，签署法律文件
	领导者	负责激励下属；承担人员配备、培训以及有关的职责	实际上从事所有的有下级参与的活动
	联络者	维护自行发展起来的外部关系和消息来源，从中得到帮助和信息	发感谢信；从事外部委员会的工作；从事其他有外部人员参加的活动
信息传递角色	监听者	需求和获取各种内部和外部的信息，以便透彻地理解组织与环境	阅读期刊和报告；与有关人员保持私人接触
	传播者	将从外部人员和下级那里获取的信息传递给组织的其他成员	举行信息交流会；用打电话的方式传达信息
	发言人	向外界发布组织的计划、政策、行动、结果等	召开董事会；向媒体发布信息
决策制定角色	企业家	寻求组织和环境中的机会，制定"改进方案"以发起变革	组织战略制定和检查会议，以开发新项目
	混乱驾驭者	当组织面临重大的、意外的混乱时，负责采取纠正行动	组织应对混乱和危机的战略制定和检查会议
	资源分配者	负责分配组织的各种资源、制定和批准所有有关的组织决策	调度、授权、开展预算活动，安排下级的工作
	谈判者	在主要的谈判中作为组织的代表	参加与工会的合同谈判

（三）管理者技能

罗伯特·卡茨提出了管理者技能理论，他认为管理者应具备技术技能、人际技能和概念技能，如图 1-4 所示。

现场管理者的角色认知

图 1-4　管理者技能

（1）技术技能。技术技能指运用管理者监督专业领域中的过程、惯例、技术和工具的能力。

（2）人际技能。人际技能指成功与他人打交道并与他人沟通的能力。

（3）概念技能。概念技能指把观念设想出来并加以处理以及将关系抽象化的精神能力。具有概念技能的管理者能准确把握组织和单位内的各种关系，为识别问题的存在、拟订可供选择的方案、挑选最好的方案并付诸实施提供便利。

导入案例分析思路

（1）小王团队在逃生过程中采取了哪些行动？

第一，制订了逃生计划。第二，根据每个人的特点进行了分工，并在逃生过程中互相配合，互相鼓励。第三，老张在关键时刻挺身而出，凭借自身良好的领导才能，带领大家顺利逃生。第四，对于逃生过程中最艰难的一步，就是最后的倒挂金钩，大家齐心协力，最终出色地完成，为顺利逃生排除了最后的障碍。这四个方面体现了管理的四项基本职能，即计划、组织、领导、控制。

（2）小王团队顺利逃生带给我们什么启示？

在现代社会中，管理作为有助于实现组织目标的一种有效手段，可以说无时不在、无处不在。组织效率的主要决定因素是组织的管理水平。如何通过合理地组织和配置人、财、物等资源，提高组织效率，是管理的根本任务。

老张能从众人中脱颖而出成为团队的领导者，带领大家顺利逃生，是因为他具备了管理者技术技能、管理者人事技能、管理者设计技能、管理者人际技能等一些管理者应当具备的技能。我们每个人都应当在实践中有意识地培养和锻炼这些管理技能，不断提高自身管理能力，为未来的工作和生活打下良好的基础。

任务二

管理理论

 案例导入

新老两位经理的困惑

近期，新星公司在生产上出现了问题：不但生产数量不能满足市场需要，而且产品的质量下降，接连出现用户投诉事件。究其原因是一个主要生产车间管理混乱、生产效率下降。于是，公司调任杨仁峰到该车间任主任。在一次领导班子会议上，杨主任的两位副手就如何进一步提升管理工作水平问题发生了意见冲突。周副主任主张实行严格管理，重点是加强管理的规范化。要进一步加强制度建设，严格劳动纪律，加大现场监督力度，杜绝一切怠工或违纪现象，以确保流水线生产的顺利进行。他引经据典地指出，这是依据被称为"科学管理之父"的泰勒的经典管理思想提出来的。而吴副主任则不赞成这种意见，认为这是一种传统的、已经过时的管理思想。他主张应坚持以人为本，重视人的需求，充分尊重员工，主要靠激励手段，让员工自我管理、自主控制。他强调，这是梅奥人际关系论的发展，是一种世界性的大潮流。而周副主任则坚持认为，在中国现阶段，又是这种流水线生产，还是规范化的科学管理更可行。在这种流水线生产条件下，过分依靠自觉是不可行的，强有力的现场监督控制才是唯一有效的管理……两个人争执不下。杨主任由于缺乏对管理理论的研究，对此也感到莫衷一是，竟一时不知如何表态，很是尴尬。

于是，杨仁峰去请教他特别敬重也特别熟悉的一位老领导——公司财务部经理郑倩。郑倩在公司财务部工作已20多年了，担任财务部经理也已10年有余。她对财会业务与财务管理可以说是了如指掌、驾轻就熟。多年来，财务部的工作有条不紊，从未出现过大的差错，领导一直很满意。可是，近年来随着公司业务的迅速发展，大量涉外业务出现，计算机技术得到广泛应用，财务部情况发生了重大变化。而财务部的人员却受多年工作惯性影响，惰性十足，墨守成规。郑经理感到工作有些力不从心。而且，领导与各单位的同志也对财务部的工作感到不太满意，甚至有的人公开对财务部提出批评。

在一次"最新管理思想"讲座中，郑倩听到了"学习型组织理论""组织文化建设""柔性管理"等一连串新词儿，很受启发。她觉得应该尝试运用"学习型组织理论""组织文化建设""柔性管理"等指导本部门的创新与改革。她把自己的想法告诉了杨仁峰，令杨仁峰也思路大开。可是，"学习型组织理论""组织文化建设""柔性管理"究竟包括哪些内容？在像财务部这样的职能部门和杨主任所在的生产单位能应用这些新理论吗？怎样应用？郑倩和杨仁峰都决心认真学习和研究这些现代管理理论，并努力付诸实施。

问题：

（1）你知道被称为"科学管理之父"的泰勒的管理思想、人际关系学派代表梅奥的管理思想的主要内容吗？

（2）你知道"学习型组织理论""企业文化建设"的主要内容吗？

案例思考

新星公司面临的问题是很多企业的共性问题。一方面，生产车间通常是流水线作业，注重提高工作效率，所以要制定标准工作规范，严格管理，提高劳动生产率。另一方面，员工的"社会人"属性，决定了他们社会性方面的需要。因此，满足人的社会和心理方面的需要所产生的工作动力，对劳动生产率的提高有更大的影响。新型的领导要致力于员工"满足度"的提高，调动工人的士气，从而达到提高效率的目的。"科学管理之父"泰勒、人际关系学派代表梅奥分别从以上两个方面进行了深入研究，提出了科学管理理论和人际关系理论。

20世纪六七十年代以来，西方管理学界又出现了许多新的管理理论，这些理论思潮代表了管理理论发展的新趋势，包括"学习型组织理论""组织文化建设""柔性管理"等。企业只有从实际出发，与时俱进，灵活地综合运用恰当的管理方法，才能得到长足的发展。

知识阐述

有人类的集体活动，就有管理。在漫长的发展时期里，人类积累了大量的管理实践经验，并形成了一些宝贵的管理思想，但在相当长时间内未能形成系统的管理理论。直至 19 世纪末 20 世纪初，随着科技和生产力的飞速发展，出现了科学管理，标志着人类系统的管理理论的诞生。在这之后的 100 多年间，管理理论以极快的速度发展。

一、经验管理思想

（一）早期管理活动与管理思想阶段

从人类社会产生到 18 世纪，人类为了谋求生存自觉不自觉地进行着管理活动和管理的实践，其范围是极其广泛的，但是人们仅凭经验去管理，尚未对经验进行科学的抽象和概括，没有形成科学的管理理论。早期的一些著名的管理实践和管理思想大都散见于埃及、中国、希腊、罗马和意大利等国的史籍与许多宗教文献之中。

（二）管理理论萌芽阶段

18—19 世纪的工业革命使以机器为主的现代意义上的工厂成为现实，工厂以及公司的管理越来越重要，管理方面的问题越来越多地被涉及，管理学开始逐步形成。这个时期的代表人物有亚当·斯密（Adam Smith，1723—1790）、大卫·李嘉图（1772—1823）等。

亚当·斯密是英国资产阶级古典政治经济学派创始人之一，他的代表作是《国富论》。亚当·斯密发现，分工可以使劳动者从事某种专项操作，便于提高技术熟练程度，有利于推动生产工具的改革和技术进步，可以减少工种的变换，有利于劳动时间的节约，从而提出了分工理论。大卫·李嘉图是英国资产阶级金融家，古典政治经济学的杰出代表者和完成者，1817 年李嘉图的《政治经济学及赋税原理》一书出版，在资产阶级经济学界产生了深远的影响。

二、古典管理理论

19 世纪末至 20 世纪初，泰勒、法约尔、韦伯等对社会化大生产发展初期的管理思想进行了系统化、科学化的梳理，形成了比较完整的科学管理理论、一般管理理论、行政组织理论。这些理论的出现标志着管理科学的建立，管理理论的正式形成。

（一）科学管理理论

1. 创始人

泰勒（Frederick W. Taylor，1856—1915）是科学管理理论的主要创始人，被西方管理界称为"科学管理之父"。泰勒于 1911 年发表了《科学管理原理》一书，奠定了科学管理理论基础，标志着科学管理思想的正式形成。为科学管理理论作出贡献的人物还有卡尔·乔治·巴思、亨利·甘特、吉尔布雷斯夫妇等人。

泰勒

2. 主要内容

（1）科学管理的中心问题是提高劳动生产率。

泰勒以工作现场为主要研究对象，考虑如何从生产一线工人的工作方式、使用工具、时间消耗、量化产出等方面入手来提高劳动生产率。

（2）工时研究与劳动方法的标准化。

泰勒通过对工人实际工作过程的观察、记录、测时，分析和研究工人不合理的动作及时间消耗，制订出标准化的操作方法，相应地对使用的设备、工具、材料及工作环境标准化，并制订出按标准工作方法完成单位工作量所需要的时间及一个工人"合理的日工作量"，即劳动定额，作为安排工人任务、考核劳动生产率的依据。

铁锹实验

泰勒对工人劳动过程进行观察，特别是使用秒表和量具来精确计算工人铲煤的效率与铁锹尺寸的关系。他发现铁锹重量为 22 磅时的效率最高，探索出实现铲煤效率最高的铁锹尺寸大小与铲煤动作的规范方式，并相应设计出 12 种规格的铁锹。工人每次劳动，除了明确任务，还要指定使用铁锹的规格。实验前，工人干不同的活拿同样的铁锹；铲不同的东西每铁锹重量不一样；实验后，铲不同的东西拿不同的铁锹，生产效率得到大幅提高。

（3）科学地挑选与培训工人。

泰勒认为必须根据工作岗位的性质及特点，找出最适宜从事这项工作的人，这就是所谓挑选"第一流工人"，做到"能位对应"。同时，泰勒强调要对工人进行培训，让他们掌握科学的工作方法，避免工作的随意性。

搬运铁块实验

泰勒认为工人的劳动还有很大的潜力没有挖掘出来，因此需要对工人进行培训与挑选。在对 75 个工人观察的基础上，他挑选了 4 个人；进一步研究后，又从中选出 1 人。他先同这位叫施密特的工人谈话，许诺如果按照指挥搬运铁块，增加了工作量，就会相应增加工资。泰勒在反复观察、研究的基础上，设计出一套最佳方案，并指挥施密特严格按照方案进行操作，使其劳动生产率大幅提高。实验前每个工人每天的搬运量是 12.5 吨，实验后每个工人每天搬运量是 47.5 吨；实验前每个工人每天工资为 1.15 美元，实验后每个工人每天工资为 1.85 美元。工人的收入增加了，工厂的利润更是大幅提高了。

（4）实行刺激性的计件工资报酬制度。

为了最大限度地激励工人的劳动积极性，泰勒创立了有差别的计件工资制。泰勒认为这样做体现了多劳多得的原则，既能克服消极怠工的现象，又能调动工人的积极性，劳资双方的利益都得到了满足。

（5）管理职能与作业职能分离。

泰勒主张设立专门的管理部门，从事计划、组织、指挥、控制等工作，管理人员专门从事管理工作，不再担任作业工作，而工人只负责作业工作。

（6）实行"例外原则"。

泰勒主张高层管理者应把例行的一般日常管理事务授权给基层管理者去处理，高层管理者主要处理重要和例外事项。

丙吉问牛

据《汉书·丙吉传》记载，汉宣帝时有位宰相叫丙吉。一日丙吉出巡，路遇杀人事件，他没有理会。看见一头牛在路边不断喘气，却立即停了下来，刨根究底地询问。随从都觉得奇怪，问他为什么人命关天的大事情不理会，却如此关心一头喘息的牛。丙吉说，路上杀人自有地方官吏去管，不必我去过问，而牛喘气异常，则可能是发生了牛瘟，这种事情地方官吏一般不太注意，因此我须亲自过问。

（7）强调科学管理是"一场彻底的心理革命"。

泰勒主张劳资双方诚心合作，以保证一切工作都按科学原则去办。

3. 实际应用

尽管以泰勒为首创造的科学管理理论距今已有100多年的历史，但在当今现实社会组织管理中仍然有强大的生命力。今天许多组织所倡导和实行的精确管理、精细管理无不包含古典科学管理的精髓。科学管理所做的"时间—动作"研究成果，仍然是那些不断追求效率的企业的制胜法宝，特别是对于那些劳动密集型企业，应用科学管理对提高劳动生产率有着十分重要的现实意义。科学管理所倡导的定额管理思想，依然是今天许多企业有效控制成本费用和各种消耗所应该遵循的管理准则。

"砖"家——吉尔布雷斯

泰勒和吉尔布雷斯（Frank B. Gilbreth，1868—1924）都是工业工程的开山鼻祖。19 世纪 80 年代泰勒和吉尔布雷斯分别通过自己的实践仔细观察工人的作业方式，再寻找效率最高的作业方法开创了工业工程研究的先河。泰勒和吉尔布雷斯都是研究劳动者的作业方式，但是两人的侧重点有所不同。泰勒偏重于以时间分析为主的"作业测定"（work measurement，WM），吉尔布雷斯则侧重以动作分析为主的"方法改善"（method engineering，ME）。

1885 年，17 岁的吉尔布雷斯受雇于一营造商，发现工人造屋砌砖时所用的工作方法及工作效率互不相同。究竟以何种方法为最经济及最有效，实应加以研讨。于是吉尔布雷斯分析工人砌砖之动作。他发现工人每砌一砖，率先以左手俯身拾取，同时翻动砖块，选择其最佳一面，俾于堆砌时，放置外向。此动作完毕后，右手开始铲起泥灰，敷于堆砌处，左手置放砖块后，右手复以铲泥灰工具敲击数下，以固定之。此一周期性动作，经吉尔布雷斯细心研讨，并拍制成影片，详加分析，知工人俯身拾砖，易增疲劳，左手取砖时，右手闲散，亦非有效方法，再敲砖动作，亦属多余。于是经多次实验，得一砌砖新法。其法将砖块运至工作场时，先令价廉工人加以挑选，置于一木箱内，每箱盛砖 90 块，其最好之一面或一端，置于一定之方向，此木箱悬挂于工人左方身边，俾左手取砖时，右手同时取泥灰，同时改善泥灰之浓度，使砖置放其上时，无须敲击，即可到达定位，经此改善后，工人之工作量大增，其砌每一砖之动作由 18 次减至 5 次，工人经训练后，老法每小时原只能砌砖 120 块，用新法则可砌砖 350 块，工作效率增加近 200%。经过吉尔布雷斯的动作分析，确定了最好的砌砖方法。

（二）一般管理理论

1. 创始人

法国人法约尔（1841—1925）是一般管理理论的创始人，后人称他为"管理过程之父"。法约尔于 1916 年发表了《工业管理和一般管理》一书，提出了一般管理理论。

2. 主要内容

（1）对企业的基本活动进行了概括。

法约尔认为企业的全部活动可以归纳为六类，即技术活动、商业活动、财务活动、安全活动、会计活动和管理活动。他把管理活动视为一种有别于其他经营活动的具有特定职能的独立活动。

法约尔

（2）提出了管理活动的五项职能。

法约尔通过长期的管理实践，以及对管理活动的研究，最早指出管理有五项基本职能，即计划、组织、指挥、协调、控制。

（3）系统总结了管理的一般原则。

法约尔对企业管理经验进行科学的总结，系统地提出了管理的十四项原则：①劳动分工。②权力与责任。③纪律。④统一指挥。⑤统一领导。⑥个人利益服从整体利益。⑦报酬。⑧集中。⑨级链。⑩秩序。⑪公平。⑫人员稳定。⑬首创精神。⑭团结精神。

3. 实际应用

法约尔首先提出的计划、组织、指挥、协调和控制五项管理职能，至今仍然是组织管理的基本手段，绝大部分管理教科书的知识体系仍在按照管理的职能进行架构。他将管理活动独立出来的思想，对现代社会组织建立和健全管理部门，强化管理工作仍然具有借鉴意义。他提出的管理十四项原则，现在仍然在许多组织管理中奉行。由此可见，法约尔的一般管理理论在现实社会中仍然具有生命力，依然会在指导管理工作和提高管理工作水平等方面发挥重要作用。

（三）行政组织理论

1. 创始人

德国人马克斯·韦伯（1864—1920）是行政组织理论的创始人，理论界称他为"组织理论之父"。马克斯·韦伯在《社会组织与经济组织》一书中，提出了权力和权威是一切组织形成的基础。

2. 主要内容

马克斯·韦伯认为组织中存在三种纯粹形式的权力与权威，由此引出三种不同的组织形式：一是法定（理想）权力和权威，这是依靠组织内部各级领导职位所具有的正式权力而建立起来的组织；二是传统的权力，这是人们服从由传统

马克斯·韦伯

确定、享有传统权力的领导而建立的组织；三是神秘的权力，这是人们服从拥有神授品质的领导而形成的组织。

他指出，以上三种权力中，只有依照法定权力所建立的组织，才是理想的组织形式，因为它以法律为基础，没有神秘的色彩，也不受传统的约束。只有理想的组织形式，才是达到组织目标、提高效率的最有效形式。他进一步阐述了理想的组织形式具有如下一些特点：①明确的分工。②自上而下的等级系统。③人员的任用。④职业管理人员。⑤遵守规则和纪律。⑥组织中人员之间的关系。

3. 实际应用

马克斯·韦伯的行政组织理论为现实社会组织机构的架构提供了理论依据。他为建立高效率的组织形式所作的理论探索和研究成果，仍然对许多现代组织产生强大的影响力。他对管理组织职能的具体论述，依然是现代组织管理者在履行组织职能时所必须遵守的法则。

三、人际关系理论

（一）创始人

梅奥（1880—1949），美国人，哈佛大学心理学家和管理学家。他在 1933 年发表了《工业文明中人的问题》。该书总结了他亲自参与并指导的"霍桑实验"和其他实验的成果，阐述了人际关系学的主要思想，为提高生产效率开辟了新的途径，从而创立了人际关系理论。

梅奥

1924—1932 年，美国国家研究委员会和西方电气公司合作，在芝加哥西方电器公司下属的霍桑工厂进行有关科学管理的实验，主要研究工作环境、物质条件与劳动生产率的关系。1927年，梅奥参加和组织了从第二个阶段以后的各项实验。

（二）主要内容

根据霍桑实验的结果和对它的研究，梅奥创立了人际关系理论，提出了与古典管理理论不同的新观点，主要归纳为以下几个方面。

霍桑实验

（1）企业中的人是"社会人"，而不是单纯追求金钱的"经济人"。人除了物质方面的需要以外，还有社会性方面的需要，因此，满足人的社会和心理方面的需要所产生的工作动力，对劳动生产率的提高有更大的影响。

（2）企业中除了正式组织之外，还存在非正式组织。企业成员在工作中，会基于情感等因素而建立非正式组织，这些组织有自己的规范和行为准则，并且影响成员的行为。管理者必须重视非正式组织的存在和作用。

（3）生产效率的提高主要取决于工人的工作态度和与他人的关系。梅奥认为，劳动生产率的高低主要取决于员工的士气，即工作的积极性、主动性与协助精神，而士气的高低，则取决于员工对社会因素，特别是人际关系的满足程度。如果在安全感、归属感、友谊、尊重等方面得到满足，员工的士气就会提高，生产效率也就随之提高。所以，新型的领导要致力于员工"满足度"的提高，来提高工人的士气，从而达到提高效率的目的。

（三）实际应用

在现实社会组织管理中，人际关系理论仍然会发挥巨大的作用，特别是人际关系理论中关于对人的研究及其成果，改变了以往将人视为生产工具这一狭隘的观点，提出了管理要重视人的因素，与今天所倡导的把人作为组织最重要的资源加以开发与利用，强调管理要以人为本是完全一致的。

人际关系学说是早期的行为科学研究。之后，以研究人的社会属性和心理属性为目标的行为科学进一步发展，其后期的主要理论包括：有关人的需要、动机、行为方面的理论，即激励理论，具体包括内容激励理论、过程激励理论和行为改造理论；有关人的特征方面的理论，其中有代表性的主要有麦格雷戈的 X-Y 理论、阿基利斯的不成熟—成熟理论、沙因的人际假设理论等；有关领导方面的理论，主要有布莱克和穆顿的管理方格论等。

四、管理理论丛林

第二次世界大战之后，管理理论得到高度重视，获得了巨大发展，进入繁荣时期。研究管理不再是企业家的任务，很多不从事管理工作的学者也加入研究行列。由于从事管理研究的企业家和学者的工作与经验背景、知识结构各不相同，因此他们的理论假设、研究对象、研究视角都存在较大差异，由此出现了众多的管理学派。这种现象被孔茨称为"管理理论的丛林"。

1961年12月，孔茨在美国《管理学会杂志》上发表了著名的《管理理论的丛林》论文，详细阐述了管理研究的各种方法，对现代管理理论中的各种学派加以分类，把管理理论界百花齐放、百家争鸣的现象称为"管理理论的丛林"。孔茨认为当时存在6个具有代表性的学派：管理过程学派、经验和案例学派、人类行为学派、社会系统学派、决策理论学派和数理学派。

1980年，孔茨在美国《管理学会杂志》上发表了《再论管理理论的丛林》一文，他认为经过近20年的发展，具有代表性的管理理论学派由6个增加到11个。

管理理论丛林

五、管理理论新发展

20世纪60—70年代以来，西方管理学界又出现了许多新的管理理论，这些理论思潮代表了管理理论发展的新趋势。主要包括：波特与企业竞争理论、核心竞争力理论、虚拟组织与无边界组织、企业文化、学习型组织、企业流程再造和蓝海战略等现代管理新理论。

管理理论新发展

管理理论百年来的发展如图1-5所示。

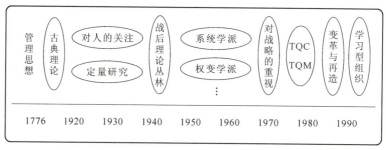

图1-5　管理理论百年来的发展

导入案例分析思路

（1）你知道被称为"科学管理之父"的泰勒的管理思想、人际关系学派代表梅奥的管理思想的主要内容吗？

泰勒认为科学管理的中心问题是提高劳动生产率；工时研究与劳动方法的标准化，将劳动定额作为安排工人任务、考核劳动生产率的依据；科学地挑选与培训工人，做到能位对应；实行刺激性的计件工资报酬制度，最大限度地激励工人的劳动积极性；管理职能与作业职能分离，管理人员专门从事管理工作，不再担任作业工作，而工人只负责作业工作；实行"例外原则"，高层管理者主要处理重要和例外事项，将例行的一般日常管理事务授权给基层管理者去处理；强调科学管理是"一场彻底的心理革命"，主张劳资双方诚心合作，以保证一切工作都按科学原则去办。

梅奥认为企业中的人不仅是"经济人"，也是"社会人"，满足他们社会和心理方面的需要所产生的工作动力，对劳动生产率的提高有更大的影响；基于情感等因素

而建立的非正式组织影响成员的行为，管理者必须重视非正式组织的存在和作用并加以利用；生产效率的提高主要取决于工人的人际关系的满足程度，所以，新型的领导要致力于员工"满足度"的提高，调动工人的士气，从而达到提高效率的目的。

（2）你能知道"学习型组织理论""企业文化建设"的主要内容吗？

彼得·圣吉提出了学习型组织的五项修炼技能，即系统思考、超越自我、改变心智模式、建立共同愿景和团队学习。

企业文化是指一定历史条件下，企业在生产经营和管理活动中所创造的具有本组织特色的精神财富及其物质形态。它由三个不同的部分组成：精神文化、物质文化和制度文化。企业文化是企业生存的基础、发展的动力、行为的准则和成功的核心。

管理学经典著作

1.《孙子兵法》

《孙子兵法》为我国春秋时代孙武所著，距今已 2 500 多年，是中国同时也是世界现存最古老的一部兵书，一直被历代政治家、军事家、商人、学者奉为至宝。

日本许多大公司把《孙子兵法》作为高级管理人员必读书。麦肯锡公司董事长大前研一曾表示："没有哪本书像《孙子兵法》一样，为我们提供如此丰富的管理思想。"前东洋精密工业公司董事长大桥武夫在企业濒临倒闭之际，发现《孙子兵法》有助于经营，很快运用书中的方法使企业起死回生，为此他写了一本专著《用兵法指导经营》，并成为畅销书。

美国著名高等学府哈佛大学的商学院，也把《孙子兵法》融入 MBA 的战略课程中。全书共 13 篇，约 6 000 字，是一部公认的最权威的"军事战略"著作，同时也被视为战略管理、成本管理、市场营销以及通过竞争获取事业成功的哲学书。

2.《从优秀到卓越》

《从优秀到卓越》是超级畅销书《基业长青》作者吉姆·柯林斯 2001 年的作品，是该年度《商业周刊》的十佳商业书。柯林斯和他的研究小组耗费了 5 年，阅读并系统整理了近 6 000 篇文章，创建了 3.84 亿字节的电脑数据，对 1965 年以来《财富》杂志历年 500 强排名中的每一家公司（共 1 400 多家）逐一分析。研究结果令人震惊——只有 11 家公司实现从优秀业绩到卓越业绩的跨越。柯林斯将这 11 家公司与其他公司进行了对照，分析出了实现这一跨越的内在机制。

亚马逊书店对这本书的赞美之语是"这是那种经理人和 CEO 在若干年内需要一读再读的书。"

3.《杰克·韦尔奇自传》

《杰克·韦尔奇自传》是被誉为"世界第一 CEO"杰克·韦尔奇的自传。本书英文版 2001 年 9 月 11 日出版，立即在 Amazon 销售排行榜上名列第五。这本书稿酬高达 700 万美元，被全球翘首以待的经理人奉为"CEO 的圣经"。

韦尔奇书中首次透露如何在短短 20 年间将通用电气从世界第十位提升到第二位，市场资本增长 30 多倍，达到 4 500 亿美元，以及他本人的成长岁月、成功经历和经营理念。这本自传是他退休前的最后一个大动作。

巴菲特是这样推荐这本书的："杰克是管理界的老虎伍兹，所有 CEO 都想效仿他。他们虽然赶不上他，但是如果仔细聆听他所说的话，就能更接近他一些。"

4.《杜拉克管理思想全书》

彼得·杜拉克，美国著名管理学家，现代管理学理论的奠基人，他卓越的学术成就使他先后获得 20 多个名誉博士学位。《商业周刊》称其为"当代不朽的管理思想大师"，《经济学人周刊》更称其为"大师中的大师"。

杜拉克比任何人都早 10~20 年开始讨论管理学中现在广为人知的主题：竞争策略、组织设计、成本会计、创业精神和管理信息。他强调管理的人性和实践性，以 3 个著名的问题"你的业务是什么？谁是你的客户？客户认知的价值是什么？"简单而深刻地阐明"企业的理论"。虽然彼得·杜拉克的大多数管理学著作出版于 1982 年以前，但《福布斯》杂志还是尊称他为一个世纪以来全世界最有影响的"现代管理之父"。

5.《市场营销管理》

菲利普·科特勒是当代最有影响的市场营销学权威之一。他在 1967 年出版的《市场营销管理》一书，成为美国管理学院最受欢迎的教材，现在已经出到了第十版，特称为"世纪版"，并被翻译成十几国文字，受到各国管理学界和企业界的高度重视。

科特勒的这本经典营销著作不但继承了奥德逊、霍华德和麦卡锡等人的研究成果，而且全面发展了当代市场营销管理理论。该书的核心观点是：营销管理就是通过创造、建立和保持与目标市场之间的有益交换和联系，以实现组织的各种目标而进行的计划和控制过程。

值得一提的是，科特勒在其《市场营销管理·亚洲版》一书中，也引用了《孙子兵法》的论述。

思考

6.《沃伦·巴菲特之路》

罗伯特·海格斯特姆所著的《沃伦·巴菲特之路》是《纽约时报》的最佳畅销书。《福布斯》杂志认为，"此书是迄今为止最重要的股票投资杰作，它非常清晰地向人们解开了最伟大的投资家巴菲特那无人匹敌的投资业绩的奥秘"。这本书的全部魅力来自巴菲特本人——1956 年以 100 美元起家，迄今为止成为个人资产已超过 160 亿美元的"世界头号股王"。

该书揭示了巴菲特看似简单而又极其深刻的投资原则：注重股票的内在价值，买进市值低于其内在价值的股票长期持有，重视企业的盈利能力，不理会市场变化，也不担心短期的股价波动。

巴菲特曾说过，"即使美联储主席格林斯潘偷偷告诉我未来两年的货币政策，我也不会改变我的任何一个作为"。在《纽约时报》评选的全球十大顶尖基金经理人中，巴菲特名列榜首，广为人知的索罗斯仅名列第五，而且，他是全球资产超过 10 亿美元的富翁中唯一一个从股票市场发家的。

◆ **重点概念**

管理　管理者　管理职能　管理者技能　科学管理　一般管理理论　行政组织理论

◆ 闯关考验

 笔记

一、单项选择题

1. 科学管理理论的代表人物是（   ）。

A. 法约尔　　　　　　B. 泰勒　　　　　　　C. 西蒙　　　　　　D. 韦伯

2. （   ）对于所有层次管理的重要性大体相同。

A. 技术技能　　　　　B. 人际技能　　　　　C. 概念技能　　　　D. 领导技能

3. 法约尔一般管理理论的主要贡献是（   ）。

A. 提出了科学管理理论　　　　　　　B. 提出了管理职能

C. 提出了行为科学理论　　　　　　　D. 提出了权变理论

4. 管理对象是指组织中的（   ）。

A. 人员　　　　　　　B. 技术　　　　　　　C. 设备　　　　　　D. 一切资源

5. 管理者是指（   ）。

A. 组织的高层领导　　　　　　　　　B. 组织的中层领导

C. 从事管理活动的人　　　　　　　　D. 组织的员工

二、多项选择题

1. 下列职能中，属于法约尔的管理五项职能有（   ）。

A. 计划职能　　　　　B. 组织职能　　　　　C. 激励职能　　　　D. 协调职能

2. 管理者拥有的技能包括（   ）。

A. 技术技能　　　　　B. 人际技能　　　　　C. 概念技能　　　　D. 协调技能

3. 古典管理理论的代表人物有（   ）。

A. 泰勒　　　　　　　B. 法约尔　　　　　　C. 亚当斯　　　　　D. 韦伯

思考

4. 管理者按照所在管理层次划分为（   ）。

A. 高层管理者　　　　B. 参谋管理者　　　　C. 基层管理者　　　D. 中层管理者

5. 组织管理的对象有（   ）。

A. 外部环境　　　　　B. 组织本身　　　　　C. 资源　　　　　　D. 职能活动

三、思考题

1. 什么是管理？管理具有普遍性吗？

2. 简述管理的科学性和艺术性？

3. 管理者应具有何种技能？不同层次的管理者在应具备的技能上有何侧重？

四、简述题

1. 什么是管理？管理具有普遍性吗？

2. 什么是管理的效率和效果？二者之间的关系如何？

3. 简述管理的科学性和艺术性。

4. 管理的一般环境与具体环境包括哪些因素？环境对管理实践有何影响？

5. 明茨伯格对管理者的十种角色是如何定义的？

6. 管理者应具有何种技能？不同层次的管理者在应具备的技能上有何侧重？

7. 管理理论发展的基本线索是怎样的？

8. 泰勒的科学管理理论的主要贡献是什么？

9. 人际关系学说的主要观点是什么？

10. 比较古典管理理论和行为科学理论。

11. 管理科学理论有什么特征？该理论解决问题的一般程序是什么？

12. 需要层次理论和双因素理论的主要内容分别是什么？你认为二者之间有何关系？

13. 孔茨总结的现代管理理论的主要学派有哪些？

14. 权变理论对管理实践有什么贡献？

◆ 技能训练

一、案例分析

HD 公司是某沿海大都市一家从事房地产的民营企业。成立不到 5 年，HD 从单一的开发商转换为开发商、工程承包商、物业管理者等多重角色，可谓发展飞速，前途无可限量。公司员工多为高中、中专毕业，唯一高学历的就是公司的董事长金先生，是一位博士。

公司的人员流动非常频繁，尤其是销售人员更像是走马灯一样。虽说是铁打的营盘流水的兵，但是走的都是精兵强将，他们大都是进入公司不到一年就另谋高就了，一般跳槽到新公司后很快就成为骨干，晋升速度快，而且迅速独当一面。说 HD 公司是一个"黄埔军校"也不为过，这也是对 HD 公司的一种讽刺。但是对此，金总却不以为然，认为走的人怎么说学历也不高，走了还有新人进来，公司照样运转。

那么，这些人为什么要走呢？或许离职的人说得比较中肯：第一，工资太低。HD 公司与其他房地产公司不同，没有采用底薪+提成的分配方式。第二，晋升很难。HD 公司是一家典型的家族式企业，公司的总经理胡总是金总的妹夫，公司的财务总监是金总的妹妹，公司重要部门的领导或关键性岗位人员的任命是金总一个人说了算，其中不乏熟人介绍的关系户。说到底，这是一个金家的公司，其他人都是外人。第三，没有任何外部培训，无法获得自身能力的提升。

在 2009 年和 2010 年，HD 公司招聘了一批建筑专业和管理专业的应届毕业生。金总认为很有必要进行新进员工的培训。培训的主要目的不在于技能，而是思想的控制，因为金总深知没有经过历练的大学生不像有工作经验的人会讨价还价，他们单纯得就像是一张白纸，可塑性极强。只要让他们认识到自己是有发展前途的，给他们希望，他们就会死心塌地为你干。培训非常成功，新进员工都表示了对公司的忠心。

在日常工作中，为达到不断控制的目的，金总对于这些大学生更是百般呵护，通过 e-mail 与他们进行沟通，及时了解每个人的心理状态，这种沟通又往往凌驾于他们所属部门领导之上。久而久之，金总的这种交流方式让许多中层管理者无所适从，有时对于公司的一些举措，这些大学生知道得更早，给中层管理者造成了一种无形的压力。时间一久，三方的关系就变得微妙起来。

只要在 HD 公司待上半年，每个人都会对公司有所失望，新进的大学生也不例外。尽管金总整日强调要提高管理水平，要通过完善的公司制度指导日常工作，但在实际工作中，每一项重大决定都由他独自决定，很多管理制度和工作计划都是他自己事必躬亲做出来的，所以看似公司拥有合理的组织结构，但实权还是掌握在他手中，就连他的妹夫胡总也被排除在权力之外。公司所有领导看上去就像是被操纵的傀儡，对金总的态度可以用四个字来形容：言听计从。其实，也不奇怪，在博士学历的金总眼中这些人的水平根本达不到他的要求。

于是乎，又有人走了，新进的建筑专业的毕业生总共5人，一年之后走了4个。4人之中，两人是因为薪酬问题，另外两人是因为看不到自己发展的希望。自然，这样的结果使金总非常伤心和气恼。紧接着公司制定了一系列人才政策，通过公司制度约定应届毕业生的服务期限为3年，除非被公司辞退，若自行离职需要支付赔偿金。这项举措又让留在公司的大学生们心中很不舒服，因为来公司工作之前未对此项内容作出说明，何况公司的待遇相对较低，又是这样的管理环境，大学生们彻底失去了对公司的信任。

思考：

你觉得金总的做法是否正确？试着用本章的管理思想解释。

分析要点：

请从行为科学的兴起以及管理思想的发展与转变分析金总的主要问题。

二、实训项目

项目名称：管理理论的实际应用

实训目的：

（1）增强对现代管理思想的感性认识。

（2）培养初步运用管理理论解决问题的能力。

实训指导：

（1）将全班同学划分成几个学习小组，每5~6人为一组。

（2）以小组为单位，运用网络或报纸杂志（包括对企业实际调研），收集企业运用现代管理理论的案例，再利用所学知识对案例进行分析，并形成分析报告。

实训报告要求：

（1）能够对案例进行有效分析，找出问题的症结。

（2）能够将所学管理理论与案例分析相结合，做到完整正确，结构清晰。

项目二　制订计划

【篇首语】

　　党的二十大报告指出新时代新征程中国共产党的使命任务是，"从现在起，中国共产党的中心任务就是团结带领全国各族人民全面建成社会主义现代化强国、实现第二个百年奋斗目标，以中国式现代化全面推进中华民族伟大复兴。"任何一个组织都有其特定的宗旨和使命，组织的宗旨和使命是不可能自己实现的，需要通过计划、组织、领导、控制这四项基本工作使组织的功能和作用得以发挥，并维持组织的生存和发展。在对组织的管理过程中，需要将组织的宗旨和使命在时间和空间两个维度进行展开与细化，这就是管理的计划职能。计划是管理的首要工作，它为管理的其他工作提供方向和路径。不论从个人的职业生涯规划还是日常生活方面考虑，知道做什么、为什么做、谁来做、何时做、如何做等都非常重要，而这便是计划工作的主要内容。"凡事预则立，不预则废"说明不管做任何工作，计划都是非常重要的。

学习目标

通过本项目的学习，掌握计划相关理论知识，运用滚动计划法等一系列方法手段制订公司的计划，通过分析宏观、中观、微观环境，合理确定公司的目标；根据环境分析，确定企业整体战略和企业竞争战略，进行目标管理，运用定性、定量等基本的决策方法进行决策。培养学生的计划素养，能够将本项目内容进行生活化运用。

● 知识目标

1. 掌握计划的含义和内容；了解计划工作的原理，理解计划的类型和计划工作的意义；掌握编制计划的步骤、滚动计划法、甘特图法、网络计划技术、标杆瞄准法。

2. 掌握组织环境的内容，一般环境分析的内容，产业环境分析、内部环境分析的内容以及SWOT分析和波特价值链分析。

3. 掌握企业战略管理的概念、企业整体战略和竞争战略的类型；掌握目标管理的含义、特点和实施过程。

4. 掌握决策的概念、特征、分类、程序、影响因素；掌握头脑风暴法、名义群体法、德尔菲法；掌握盈亏平衡点产量（销量）法、决策树法、乐观准则法（大中取大法）、悲观准则法（小中取大法）、折中准则法、后悔值法（大中取小法）等可能性法。

● 能力目标

1. 能够根据实际情况编写计划任务书，并能灵活运用不同方法编制计划。

2. 能够运用PEST分析、波特五力模型、SWOT分析、波特价值链分析方法进行内外部环境分析。

3. 能够根据企业实际，合理确定企业整体战略和竞争战略，并采用目标管理法进行管理。

4. 能够分析不同因素对决策的影响；能够运用不同决策方法进行决策。

● 素质目标

以学生生涯规划为训练载体，通过SWOT分析、计划任务书的撰写，融入专业、行业、国家政策等，引导学生树立远大目标，培养学生生涯规划意识。

知识导图

计划的含义、类型、工作原理
计划编制原则、过程
计划制订的方法

环境分析含义
PEST分析、行业结构分析、内部分析
价值链分析、SWOT分析

企业战略概念
企业整体战略、企业竞争战略
目标管理

决策与决策理论
决策类型、程序、影响因素
定性决策
定量决策

认识计划工作
分析管理环境
制定企业战略
进行管理决策

制订计划

任务一

认识计划工作

▶ 案例导入

10分钟提高效率

美国某钢铁公司总裁舒瓦普向一位效率专家利请教如何更好地执行计划。利声称可以给舒瓦普一样东西，在10分钟内能把他公司业绩提高50%。接着，利递给舒瓦普一张白纸，说："请在这张纸上写下你明天要做的6件最重要的事。"舒瓦普用了约5分钟时间写完。利接着说："现在用数字标明每件事情对于你和公司的重要性次序。"舒瓦普又花了约5分钟做完。利说："好了，现在这张纸就是我要给你的。明天早上第一件事就是把纸条拿出来，做第一件最重要的事。不看其他的，只做第一件，直到完成为止。然后用同样办法对待第2件、第3件……直到下班为止。即使只做完一件事，那也不要紧，因为你总在做最重要的事。你可以试着每天这样做，直到你相信这个方法有价值时，请将你认为的价值写在支票上寄给我。"

一个月后，舒瓦普给利寄去一张2.5万美元的支票，并在他的员工中普及这种方法。5年后，当年这个不为人知的小钢铁公司成为世界最大钢铁公司之一。

问题：

（1）为什么总裁舒瓦普有计划却难以执行？效率专家利的方法的关键在哪里？

（2）效率专家利认为"即使只做完一件事，那也不要紧，因为你总在做最重要的事"。你认为制订计划光是做最重要的事够吗？

（3）效率专家利执行计划的方法使这个不为人知的小钢铁公司成为世界最大钢铁公司之一。为什么计划能有这么大的作用？

案例思考

无论组织或个人，若想走上成功之路，首先必须有明确的目标，然后制订切实可行的行动计划，并集中全部精力去实现之。通俗地讲，要想提高管理效率必须抓重点并彻底执行，不要像无头苍蝇。本案例涉及计划的重要性、内容，制订计划的原则等知识点。计划是管理的首要职能，是一切工作的基础。人们常把计划比喻成管理的宪法，可见计划的重要性。计划工作，实际上就是事先决定做什么、如何做及由谁去做的问题。制订计划应遵循重点、统筹、连锁、发展、便于控制和经济原则。

知识阐述

一、计划工作

1. 计划的含义

计划，亦作计画，意为事先策划，古人计事必用手指画，使其事易见。计划在汉语中既是名词又是动词，而作为职能意义上的计划，却是一个动词。因此计划是指为了实现组织目标，预先进行的行动安排，亦称计划工作。正如哈罗德·孔茨所说："计划工作是一座桥梁，它把我们所处的这岸和我们要去的对岸连接起来，以克服这一天堑。"

2. 计划的内容

在组织的管理中，要为组织做出一份完整的计划，必须包括以下六个方面的内容：明确做什么，即给出符合组织目的和宗旨的组织不同层次的目标；明确为什么做，具体给出实施计划的原因；明确谁来实施计划；明确在什么地点实施计划；明确实施计划的时间表；明确计划实施的具体方法和手段，即如何做。

工作计划六要素

组织的计划作为管理的基本职能之一，具有首位性、普遍性、目的性、实践性、明确性、效率性等特性。

二、计划的类型

组织的管理实践活动的复杂性决定了组织计划的多样性。各种组织，根据不同的背景和不同的需要会编制出各种各样的计划。组织的管理系统具有层次性，不同层次的计划有不同的表现形式和内容。一般而言，计划的层次越高，其内容越抽象、笼统；计划的层次越低，其内容越明确、具体。

按不同的分类标准，可将计划分成不同类型，具体见表2-1。

表 2-1　计划的类型

分类标准	分类结果	内容描述
按计划对企业经营影响范围和影响程度的不同，计划制订者所处的管理层次的不同	可分为战略计划、战术计划、作业计划	战略计划指应用于整体组织的，为组织未来较长时期（通常为5年以上）设立总体目标和寻求组织在环境中地位的计划。它是关于企业活动总体目标和战略方案的计划。其基本特点是：计划所包含的时间跨度长，涉及范围广；计划内容抽象、概括，不要求直接的可操作性；不具有既定的目标框架作为计划的着眼点和依据；方案往往是一次性的，很少能在近来得到再次或重复的使用；计划的前提多是不确定的，计划结果也往往带有高度的不确定性。战术计划指规定总体目标如何实现的细节的计划，其需要解决的是组织的具体部门或职能在未来各个较短时期内的行动方案。战略计划是战术计划的依据；战术计划是战略计划的落实。其主要特点是：计划所涉及的时间跨度比较短，覆盖范围也较窄；计划内容具体、明确，并通常要求具有可操作性；计划的任务主要是规定如何在已知条件下实现根据企业总体目标分解而提出的具体行动目标；战术计划的风险程度较低。作业计划关注如何实施战术计划及完成作业目标，由基层管理人员制订
按时间期限	可分为长期计划、中期计划、短期计划	一般而言，一年或一年以下可以完成的计划称为短期计划。例如，年度计划、季度计划都是短期计划；一年以上至五年可以完成的计划称为中期计划；五年以上可以完成的计划称为长期计划。当然，这种划分不是绝对的，会因组织的规模和目标的特性而有所不同。如我国的"南水北调"工程，即使是短期计划也需要两年以上的时间
按计划职能	可分为组织计划、生产计划、财务计划、市场拓展计划	组织计划是为了完成管理目标所进行的组织设计；生产计划是为完成生产的目标，从原材料到产品的转换所作出的程序安排；财务计划是关于如何筹资和资本如何使用，以便有效地促进组织的业务活动的计划；市场拓展计划是企业为了扩大市场份额、增加销售量的计划
按内容的明确性	可分为指导性计划、具体性计划	指导性计划也可称为指向性计划，一般只规定一些指导性的目标、方向、方针和政策等，并由高层决策部门制订，适用于战略规划、中长期计划等。具体性计划具有非常明确的目标和措施，具有很强的可操作性，一般由基层制订，适用于总计划下的专业计划或项目计划，如新产品开发计划、技术改造计划等
按计划针对的对象范围	可分为综合性计划、专业性计划	综合性计划是对业务经营过程中各方面活动所做的全面规划和安排；专业性计划则是对某一专业领域的职能工作所做的计划，它通常是综合性计划某一方面内容的细化
按程序化程度分	可分为程序性计划、非程序性计划	每当出现这类工作或问题时，就利用既定的程序来解决，而不是重新研究，这类决策叫程序化决策，与此对应的计划就是程序性计划。处理问题时没有一成不变的方法和程序，因为这类问题在过去尚未发生过，或其性质和结构捉摸不定或极为复杂，再或因为这类问题十分重要而需要个别方法加以处理，解决这类问题的决策叫非程序化决策，与此对应的计划是非程序性计划

三、计划工作原理

1. 限定因素原理

所谓限定因素，是指妨碍组织目标实现的因素，也就是说，在其他因素不变的情况下，仅仅改变这些因素，就可以影响组织目标的实现程度。在计划工作中，越是能够了解和找到对达到所要求目标起限制性和决定性作用的因素，就越是能准确地、客观地选择可行方案。

2. 许诺原理（投入原则）

任何一项计划都是对完成各项工作所作出的许诺，因而许诺越大，实现许诺的时间越长，实现许诺的可能性就越小。这一原理涉及计划期限的问题。即通过一系列的行动，尽可能准确地使投入转化为计划目标所必需的时间。

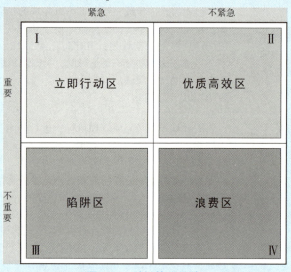

小卡片

时间管理矩阵

时间管理矩阵如图 2-1 所示。

图 2-1　时间管理矩阵

我们应当对要做的事情分清轻重缓急，进行如下的排序：

Ⅰ. 重要且紧急（如救火、抢险等）——必须立刻做。

Ⅱ. 重要但不紧急（如学习、做计划、与人谈心、体检等）——只要是没有前一类事的压力，应该当成紧急的事去做，而不是拖延。

Ⅲ. 紧急但不重要（如有人因为打麻将"三缺一"而紧急约你、有人突然打电话请你吃饭等）——只有在优先考虑了重要的事情后，再来考虑这类事。人们常犯的毛病是把"紧急"当成优先原则。其实，许多看似很紧急的事，拖一拖，甚至不办，也无关大局。

Ⅳ. 既不紧急也不重要（如娱乐、消遣等事情）——有闲工夫再说。

3. 灵活性原理

计划必须具有灵活性，即当出现意外情况时，有能力改变方向而不必花太大的代价。计划中体现的灵活性越大，由于未来意外事件引起损失的危险性就越小。

4. 导向变化原则（改变航道原则）

计划的总目标不变，但实现目标的途径可以因情况而随时变化。这个原理与灵活性原理不同，灵活性原理是使计划本身具有适应性，而改变航道原理是使计划执行过程具有应变能力，为此，计划工作者就应经常地检查计划、重新制订计划，以此达到预期的目标。

四、计划编制原则

1. 科学性原则

在制订计划时要研究国家有关政策法规，研究同行，研究消费心理和消费趋势，研究资源及潜力。

2. 统筹兼顾原则

在制订计划时，要全面考虑到计划系统中所有的各个构成部分及其相互关系，同时还要考虑到计划系统和相关系统的关系，按照系统内外的必然联系，进行统一筹划。

3. 重点原则

在制订计划时，不仅要全面考虑计划的各个方面问题，同时还要分清主次和轻重缓急，抓住计划的关键性问题、关键要素及计划执行中的关键环节。

4. 综合平衡原则

在制订计划时，为实现计划目标，根据客观规律的要求，合理地确定各种比例关系。

5. 弹性原则

计划能够根据客观环境的发展变化作出相应的调整和变动，在实际管理活动中使适应性、应变能力与动态的管理对象相一致。

计划的弹性包括两方面的含义。

（1）在制订计划时要留有充分的余地，使计划具有可适度修改的伸缩性。

（2）使计划在执行过程中具有灵活性。

工作计划的制订攻略

五、计划的意义

管理是人类有目的的活动，而计划是组织目标的具体表现形式和量化形式。任何组织为了达到预定的目标都需要计划。归纳起来，计划在管理活动中的重要意义体现在以下几个方面。

1. 指明了组织前进的方向，是管理活动的依据

计划为管理工作提供了基础，是管理者从事其他管理行动的依据。管理者要根据计划分派任务并确定下级的权力和责任，促使组织中的全体人员的活动方向趋于一致，而形成一种复合的组织行为，以保证达到计划所制订的目标。例如，国家要根据五年计划安排基本建设项目投资，企业要根据年度生产经营计划安排各月的生产任

务，并进行新产品的开发和技术改造，学校要根据计划培训师资、安排招生、分配任务、确定岗位。计划使得管理者的指挥、控制、协调更为有效，使管理工作的监督、检查和纠偏有了明确的依据。

2. 合理配置资源，减少浪费，提高效率

计划工作的重要任务就是使未来的组织活动均衡发展。预先认真制订计划，能够消除不必要的无效活动所带来的浪费，避免在今后的活动中由于缺乏依据而进行轻率决断所造成的损失。计划可以使组织的有限资源得到更合理的配置，通过各种方案的技术分析，选择实施最有效的方案。由于有了计划，组织中各成员的努力将合成一种组织效应，这将大大提高工作效率，避免盲目性和不协调，从而带来经济效益和社会效益。

3. 降低风险，掌握主动

未来的情况是不断变化的，计划是预期这种变化并且设法消除变化对组织造成不良影响的一种有效手段。未来的资源、数量、质量、人员、环境可能会发生变化，竞争者和对手可能会推出新的方式和方法，国家的法规、方针、政策、社会各阶层的观念也在不断变化。对此如果没有预先估计，就可能导致组织行为的失效，给组织带来各种风险。计划作为组织未来活动的一种筹划，必然会对未来的各种情况进行预测，针对各种变化因素制订各种应对措施，以最合理的方案（一般会有备选方案）安排达成目标的系列活动，使组织未来活动的风险大大降低。

4. 管理者制定控制标准的依据

计划的重要内容是组织目标，它是制定控制标准的主要依据。有了控制标准才能衡量实际的实施效果，发现偏差，及时纠正，使组织活动不脱离管理者所期望的发展方向。

制订计划时，需注意以下问题：

（1）计划工作应具备弹性和灵活性。

（2）动态的环境是难以计划的。

（3）正式计划不能代替直觉和创造性。

（4）计划可能将管理者的注意力集中在今天的竞争而不是明天的生存上。

（5）正式的计划会强化成功，但也会因此导致失败。

六、计划的编制过程

计划是一个不断滚动、调整和实施的全过程，不是一次性的活动。随着条件的变化、目标的更新以及各种新方法的出现，每个组织都需要制订新的计划。

计划的编制过程如图 2-2 所示。

工作计划制订的
一般流程

1. 分析环境，发现机会与威胁，识别优势和劣势

组织的计划工作是从分析组织面临的机会和挑战开始的。这需要组织的管理者认真分析组织拥有的资源、条件，面临的环境状况，预测其变化趋势，从中寻找发展机会，并判断利用这种机会的可能性和能力，或面对挑战寻求应对的策略和思路。这个过程对于逐渐形成组织的阶段目标或长远目标至关重要。

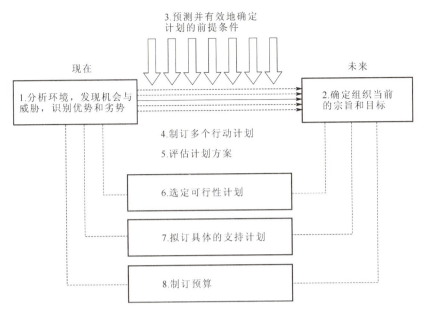

图 2-2　计划的编制过程

2. 确定组织当前的宗旨和目标

管理者对组织面临的机会和挑战以及应对策略，通过预测和机会分析形成了初步判断，以此确定出组织的阶段目标和长远目标。

目标是个体、群体和整个组织期望的产出，它提供了管理决策的方向，构成了衡量标准，参照这个标准就可以度量实际工作的完成效果。目标是组织的灵魂，每一个组织成员都应该使其所在部门的工作朝向实现目标的方向。组织目标的设立可以通过传统的目标设立过程进行，也可以采用目标管理方法。

3. 预测并有效地确定计划的前提条件

计划实施时的环境状态是计划前提。全面确切地掌握计划实施时的环境和资源，是计划成功实现的保证。为了实现组织目标，使所定计划切实可行，必须准确地预测出实施计划时的环境和资源状况。组织环境是复杂的，各种影响因素很多，有组织内部的可控因素（如组织政策、人员素质、物资条件等），也有组织外部的不可控因素（如国家的政策法规、竞争组织的策略、外部资源等）。要把未来环境的每一种因素都作出预测是不切实际的，应将这种预测限于那些关键性的或具有重要意义的因素。一般需进行资源预测、政府政策预测、形势预测，在此基础上假设出实施计划时的未来环境状态，并依此制订出计划的所有内容。

4. 制订多个行动计划

围绕组织目标要尽可能多地提出各种实施方案，充分发扬民主，吸纳各级管理者、相关专家、专业技术人员、基层工作人员代表参与方案的制订，也可通过专门的咨询机构提出方案，做到群策群力、集思广益、大胆创新。多个方案的提出为选择最优方案或满意方案打下了基础。

5. 评估计划方案

当提出了各种实施方案后，必须对每一个方案的优缺点进行分析比较，即评价备选方案，这是选择方案的前提。评价方案的优劣取决于评价方法和评价者的智慧水

笔记

平。要从计划方案的客观性、合理性、可操作性、有效性、机动性、协调性等方面来衡量。客观性是指计划的各种安排是否符合客观规律。合理性是指计划的各种措施、手段是否得当。可操作性是指计划的实施步骤、措施是否具体、明确和易于安排。有效性是指计划的实施效果是否明显、采取的措施是否有效。机动性是指计划对潜在问题是否进行了充分的估计，是否有灵活的备用措施。协调性是指计划的各个组成部分是否形成了一个相互支持、逻辑严密的系统。在对各个备选方案进行比较时，要特别注意发现每一个方案的制约因素、隐患以及总体的效果。

6. 选定可行性计划

这一步是依据方案评价的结果，从若干可行方案中选择一个或几个优化方案。首先要认真比较各个方案的优点和缺点，站在全局的观点上权衡利弊，必要时还可以采用试点实验、数量分析等方法比较这些方案，按照某种规则进行排队。最后选出一个或几个优化方案，在可能的情况下，除了选出一个主方案外，还要有备用方案，供环境和其他因素发生变化时使用。在方案选择的过程中，要充分发扬民主，广泛征求意见，对拟采用的方案要经过各级管理者、相关专家、专业技术人员和基层工作人员的广泛讨论，这样不仅有利于选出优秀的计划方案，也有利于使被选定的计划方案得到广泛的理解和支持，为计划的实施打下良好的基础。

7. 拟订具体的支持计划

选定的计划方案一般是组织的总体计划，为了使它具有更强的针对性和可操作性，还需要制订一系列支持计划，它们是总体计划的子计划。这些支持计划一般由下级各层次管理人员或职能部门来制订。

工作计划的分解

8. 制订预算

在管理中，计划工作的最后一步是将计划数字化，即做预算。预算使得计划的人、财、物等资源和任务分配变得容易，有利于授予下级适当的权力与责任。预算本身也是衡量绩效的标准，依据它可以对组织的各个层次的工作实施考核、监督和控制，避免浪费，提高效率。在预算限度内的各种资源又为各级管理者、部门和机构提供了完成任务指标的保证，因此，预算是计划必不可少的组成部分，必须认真核定。

 思考

当计划的前提条件发生变化时，管理者可以通过调整预算来完成对计划的调整。常见的预算调整方法有两种：一种是将预算与活动成果挂钩，即随着工作成果的不断产生和扩大，增加预算的下拨规模；另一种是滚动预算，即每隔一定时间对预算作出修正，使之更加符合实际状况。这样做的根本目的是使计划更加符合实际，更加有利于组织目标的实现。

七、计划制订的方法

1. 滚动计划法

在管理活动中，由于环境的不断变化，在计划的执行过程中，现实情况和预想的情况往往会有较大的出入，这就需要定期对计划作出必要的修正。滚动计划法是一种定期修正未来计划的方法，其基本思想是：根据计划执行的情况和环境变化的情况定期调整未来的计划，并不断逐期向前推移，使短期计划和中期计划有机地结合起来。滚动计划法编制如图2-3所示。

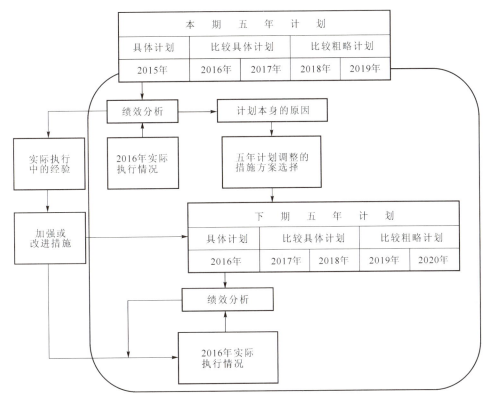

图 2-3　滚动计划法编制图

如图 2-3 所示，假设计划的周期为 5 年，按照近细远粗的原则分别制订出年度计划。计划执行一年后，认真分析计划的实际完成情况与计划之间的差异，找出其影响原因。根据新的情况和因素，按照近细远粗的原则修正各年度计划，并向后延续一年，以此类推。该方法虽然使得编制计划的工作量加大，但随着计算机技术的发展，计划的制订或修改变得简便易行，大大促进了滚动计划法的推广应用。

滚动计划法有以下优点：

（1）适用于长期和战略性计划。

（2）缩短了计划的预计时间，提高了计划的准确性。编制这种计划时对 3 年后的目标无须有十分精确的规定，从而使计划在编制时有更多的时间对未来 1~2 年的目标作出更加准确的规定。

（3）使短期计划、中期计划和长期计划有机地结合在一起。

（4）使计划更富有弹性，实现了组织和环境的动态协调。

2. 网络计划技术

网络计划技术是根据分析技术的基本原理转化而来的，有时也称为计划评审技术 PERT（program evaluation and review technique）。网络计划技术的运用，对于减少人力、物力、财力资源的占用与消耗起到了积极的推动作用。尤其是对那些由多个部门、多种资源、多个环节所组成的大型工程项目，运用网络计划技术制订行动方案，可以达到减少时间的目的。美国航空航天局的登月计划、我国的某些尖端科学实验计划都是网络计划技术成功运用的经典之作。

该方法的基本原理是将一项工作分为若干作业，然后按照作业的顺序进行排列，应用网络图对整个工作进行总体规划和调配，以便用最少的人力、物力和财力资源以及最快的速度完成整个工作。

（1）网络图的构成：

1）"→"活动（或作业或工序）。活动是一项需要消耗资源，经过一定时间才能完成的具体工作，网络图上用箭线"→"表示。

2）"○"事项（或事件或节点）。事项表示两项活动的连接点，既不消耗资源，也不占用时间，只表示前一活动的开始、后一活动的结束的瞬间。

3）路线。路线是网络图中由始点活动出发，沿箭线方向前进，连续不断地到达终点活动的一条通道，表示一个独立的工作流程。网络图中一般有多条路线，其中消耗时间最长的一条称为关键路线（用双箭线表示），它决定总工期。如果管理者想缩短总工期，可以从其他的具有松弛时间的非关键活动中，抽调资源来支持关键路线的活动，以减少关键作业的时间。

（2）网络图的绘制步骤：

1）任务分解与分析，即确定完成项目必须进行的每一项活动，并确定活动之间的逻辑关系。

2）根据活动之间的关系绘制网络图（草图、美化图、节点编号）。

3）估计和计算每项活动的完成时间。

4）计算网络图的时间参数并确定关键路线。

5）进行网络图优化。

（3）网络计划技术法的优点：

1）简单易行。这种方法无须掌握高深的定量分析技术，基层管理者很容易掌握。

2）可以迅速确定计划的重点。设计网络计划可清楚地获得计划中的关键作业。

3. 甘特图法

甘特图法是以发明者的名称命名的，又名线条图、展开图、横线工作法，实际上是一种常用的日程工作计划进度图表。它基本上是一种线条图，纵轴展示计划项目，横轴展示时间刻度，线条表示计划完成的活动和实际的活动完成情况。

甘特图直观地表明任务计划在什么时候进行，以及实际进展与计划要求的对比。以某公司部门计划为例，其甘特图如图2-4所示。

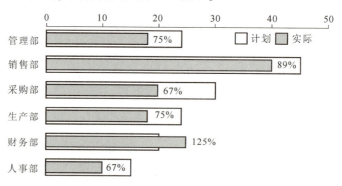

图 2-4　某公司部门计划甘特图

4. 标杆瞄准法

标杆瞄准法是自 20 世纪 80 年代以来，被西方发达国家理论界以及实践部门日益重视的一种新的计划方法。标杆瞄准法是以最强的竞争企业或同行业中领先的、最有名望的企业为基准，将本企业产品、服务和管理措施等方面的实际状况与基准进行定量化评价和比较，分析基准企业的绩效达到优秀水平的原因，在此基础上选择改进的最优策略，制订企业计划，以改进企业工作、提高企业绩效的一种管理方法。标杆瞄准法应用的范围十分广泛，企业可以全方位、全过程、多层面地进行标杆管理，也可以就企业的某一项经济活动进行标杆管理。

标杆瞄准法的基本构成可以概括为两部分：最佳实践和度量标准。所谓最佳实践是指行业中的领先企业，它们在经营管理中所推行的最有效的措施和方法。所谓度量标准是指能真实、客观地反映管理绩效的一套指标体系以及与之相应的作为标杆用的一套基准数据，如顾客满意度、单位成本、周转时间及资产计量指标等。标杆瞄准法的意义在于为企业提供了一种可信的、可行的奋斗目标以及追求不断改进的思路。

 知识链接

标杆瞄准法的类型及程序

标杆瞄准法可分为以下几种类型。

（1）战略与战术的标杆瞄准法。战略标杆瞄准是指企业长远整体的一些发展问题，如发展方向、目标和竞争策略的标杆瞄准活动，它主要为企业的总体战略决策提供依据，包括总体战略瞄准、市场营销战略瞄准、研究与开发战略瞄准、生产战略瞄准、人力资源战略瞄准以及财务战略瞄准等。战术标杆瞄准是在战略瞄准的指导下，以企业短期的、局部的、某些具体任务为目标的一种标杆瞄准法，包括企业日常的运行过程、技术、生产工艺以及产品等多种内容。

 思考

（2）管理职能的标杆管理法。职能瞄准就是学习、赶超先进的相似职能部门的运行过程。

（3）跨职能标杆瞄准法。大部分管理活动的成功都必须有多个职能部门的参与，所以大多数标杆瞄准也都是跨职能的，如顾客瞄准、成本瞄准、研究与开发瞄准等。这些内容的瞄准的共同特点就是需要多个部门甚至企业所有部门都积极参与才能成功。

开展标杆瞄准活动应包括三个基本程序。

（1）分析掌握本企业经营管理中需要解决和改进的问题，制定工作措施和步骤，建立绩效度量指标。

（2）调查这些领先企业或竞争企业的绩效水平，掌握它们的优势所在。

（3）调查这些领先企业的最佳实践，即了解掌握领先企业获得优秀绩效的原因，进而确定目标，综合最好的，努力仿效最佳的，并超越它们。

需要注意的是，能否成功地开展标杆瞄准活动，关键是要在组织内形成一种要求改变现状的共识和一致行动目标。这就需要组织成员之间有充分的沟通以及其他管理措施的支持。

导入案例分析思路

（1）计划工作的内容不仅要制定目标，还包括原因、人员、时间、地点、手段等。总裁舒瓦普没有列出执行计划的具体时间、地点等，当然难以执行，而效率专家利恰恰抓住了这些关键，即即时、即地要实现的目标是什么，并马上完成这些紧急计划。

（2）效率专家利的做法说明制订计划应遵循重点原则，切忌眉毛胡子一把抓，否则难以有效地制订、执行计划。除重点原则外，我们在制订计划时还应遵循统筹、连锁、发展、便于控制和经济原则。如果一味地强调重要，就一直盯着做，而事实上难以完成或荒废了太多时间与精力，则得不偿失。

（3）计划作为管理的首要职能，是组织实施的纲要，为控制提供标准，领导在计划实施中确保计划取得成功。计划的作用主要表现在：弥补不肯定性和变化带来的问题；有利于管理人员把注意力集中于目标；有利于提高组织的工作效率；有利于有效地进行控制。

任务二

分析管理环境

思考

案例导入

互联网金融会颠覆传统金融吗？

作为我国金融领域的新兴产业，互联网金融在丰富金融生态、完善金融服务体系等方面都起到了很重要的作用，发展速度极快，传统金融本身已经岌岌可危的地位更要被动摇。

近年来，国内外经济下行导致需求疲软、利率市场化挤压盈利空间、互联网金融倒逼传统银行变革等因素相互叠加，银行业不良贷款连续十多个季度攀升，利润增速持续下行。与此同时，BAT的来势汹汹，也让传统金融机构感受到了前所未有的压力。如今，云计算和大数据技术的广泛运用，不仅可以丰富金融产品的涉及领域，并且可以直接革新金融产品的形态。在这方面，BAT显然具备天然优势。在专家看来，金融业将从"黄金时代"步入"后黄金时代"，即拥抱"综合金融+"和"互联网+"的金融3.0时代。传统金融机构必然要由"重规模""重个别财务指标"向"重价值""重核心竞争力"转型，这是谋生存下的必然结果，更是求发展中的大势所趋。以支付宝、微信支付、京东金融等互联网金融企业为代表的新势力，正倒逼传统银行做出改变——银行裁员、降薪、减少网点的新闻络绎不绝。金融科技，则是众多互联网金融企业的核心竞争力。金融科技"挑战""颠覆""变革""取代"传统金融机构，而传统金融机构被迫"接招"成为近几年来大家的共同认知。

央行2011年颁发第三方支付牌照是互联网金融起步的标志性事件，此后互联网金融逐渐变热，在2013年由于明星产品的涌现而为公众所知，得到快速发展。在2014年和2015年的政府工作报告中，总理都提到要促进互联网金融发展。但从2015

年下半年以来，大量 P2P "跑路"事件发生，真假互联网金融混在一起，风险凸显，导致互联网金融在 2016 年步入低潮期。

与此同时，工、农、中、建四大国有银行已经分别与京东、百度、腾讯、阿里巴巴和蚂蚁金服达成战略合作，而招行要做金融科技银行、平安立志成为科技公司、兴业成立金融科技公司、交行"牵手"苏宁金融……寻求合作、自建团队等，这都是传统金融机构做出的应对措施，一个崭新的金融科技时代已经来临。

互联网金融和传统金融的关系，应是合作与竞争相互统一的关系。整体上看，互联网金融有着蓬勃的生命力。现有的金融服务，还有很多没有服务到的地方，有些是地域上的，有些是收入阶层上的，比如中心城市和偏远乡村、大学生和农民工。时间上，能否 24 小时服务、是否周末提供服务，服务的效率上也有差异。

问题：

（1）请从政治、经济、社会文化、技术等方面分析传统银行和互联网金融公司所处的外部环境。

（2）你认为银行和互联网金融公司自身有什么优势和劣势，外部环境存在什么机会和威胁？

（3）请用波特的行业竞争分析法来辨识银行所处的行业竞争性，并提供银行未来发展战略的可行性措施。

案例思考

公司的任何计划和目标，都必须实事求是，一切从实际出发，必须对所处的宏观环境、微观环境进行分析。分析外部宏观环境需要从政治、经济、社会文化、技术等方面全面分析，即 PEST 分析；同时要对所处的行业有个清醒的认识，清晰自身在行业内的地位。在此基础上，综合运用各种方法制定自身的竞争策略。

知识阐述

一、环境分析

环境分析是对关系企业全局的、长远的、影响企业生存发展和竞争地位的外部环境与内部条件的状况、变化及其趋势的分析，目的在于协调未来目标与未来环境和企业内部结构的平衡关系。环境分析的任务主要有两点：一是通过分析、考察，预测与本行业和企业有重大关系的外部环境与内部条件将发生怎样的变化；二是评价这些变化将会给行业及企业带来什么样的影响，以便为企业制定战略奠定基础和提供依据。它偏重于寻求、发现企业在未来的生存发展机会。其过程如下：

1. 环境与条件分析

按照相对性、综合性、连续性三条原则对本组织的外部环境和内部条件进行分析。

2. 问题分析

分析企业存在的问题，确定需要解决的重大战略问题。

3. 机会与威胁分析

分析企业外部环境的机会与威胁。

4. 优势与劣势分析

针对企业外部环境的机会与威胁，并将本企业与竞争对手相比，分析企业内部的优势与劣势。

5. 综合分析

进行优势与劣势、机会与威胁的综合分析，初步制订战略方案。

上述基本过程是反复循环、密切联系的，不可机械地理解。

二、PEST 分析

PEST 分析为研究企业的外部一般环境提供了一个较为明确和有益的框架。PEST 是政治的（political）、经济的（economical）、社会文化的（social cultural）和技术的（technological）四个单词首字母的组合，它是影响企业外部一般环境的关键因素。通过这四个因素的分析可以揭示外部环境中的重要机会和威胁，为企业战略的制定提供基础。

1. 政治因素

政治因素（political factors）是指政治制度及政治状况，如政局稳定情况、公民参政状况、法制建设情况、决策透明度、言论自由度等。政治程序和立法影响产业必须遵守的环境管制。政治、政府及法律因素对大小企业都会形成重要的机会与威胁。对于高度依赖政府合同或补贴的产业和企业来说，政治预测是外部分析中最重要的部分。专利法规的变化、反垄断立法、税率的变化，都可以显著地影响企业。

政治环境包括一个国家的社会制度，执政党的性质，政府的方针、政策、法令等。不同的国家有着不同的社会性质，不同的社会制度对组织活动有着不同的限制和要求。即使社会制度不变的同一国家，在不同时期，由于执政党的不同，其政府的方针特点、政策倾向对组织活动的态度和影响也是不断变化的。

经济、市场、政府和企业之间全球性相关依赖程度不断提高，企业必须考虑政治因素变化对竞争战略的制定、实施的影响。在企业实施国际化战略的过程中，企业管理人员需要很好地了解公司将要进入并开展业务的国家的政治状况及决策过程。

"脱欧"不确定性加剧对英企投资影响

2. 经济因素

经济因素（economical factors）是指经济制度和经济资源配给状况，如经济资源的所有状况、资源通过市场配给的程度、经济增长速度、物质丰富程度、人民生活状况等。国内生产总值（GDP）、物价指数（CPI）、利率、汇率、原油价格、证券市场的各类指数、失业率等的波动已经成为人们十分熟悉且高度关心的经济因素，它们的变化影响着人们的生活，同样也会对几乎所有的产业中的企业，包括原材料供应商、产品制造商和服务提供商，以及更为细分的各类组织，所有提供服务的组织、批发商、零售商产生极为重要的影响。

我国经济的持续快速增长及其巨大的市场规模的形成，对于几乎所有的企业包括跨国企业都是不容错过的重大的发展契机。然而，经济的周期性波动，特别是宏观经济紧缩往往使一批又一批抗风险能力差的企业陷入困境或绝境。国民收入的提高极大地改变了消费者的品位和需求结构，使质量、品牌、服务成为市场竞争的有效武器。利率的提高对于

中铁总公司改革货运组织

房地产业会产生严重的不利影响而对于生活必需品行业则只有很小的影响。人民币的升值则会严重地削弱中国出口商品的竞争力，并会间接地促进中国企业对外直接投资的进程。

笔记

3. 社会文化因素

社会文化因素（social cultural factors）是指一个社会的态度和价值取向，如教育、科技、道德、宗教、价值观念、风俗习惯等。人们价值观的变化、生活方式的改变、收入差距的扩大、受教育状况的改善以及对环境和健康问题的关注，为很多行业的发展带来了新的机会，当然，也对很多行业构成了威胁与挑战。

关键的社会文化因素包括：妇女生育率、特殊利益集团数量、结婚率、离婚率、人口出生死亡率、人口移进移出率、社会保障计划、人口预期寿命、人均收入、生活方式、平均可支配收入、对政府的信任度、对政府的态度、对工作的态度、购买习惯、对道德的关切度、储蓄倾向、性别角色投资倾向、种族平等状况、节育措施状况、平均教育状况、对退休的态度、对质量的态度、对闲暇的态度、对服务的态度、污染控制对能源的节约、社会活动项目、社会责任、对职业的态度、对权威的态度、城市城镇和农村的人口变化、宗教信仰状况。

当人们更加强调个人自由，更加喜欢展示自己和张扬个性的时候，许多行业开始由大众化向个性化发展。如服装行业的主流厂商越来越关注品牌定位和时尚潮流；汽车厂商更加关注顾客的偏好和习惯，宝马公司更是将自己的产品直接瞄准个性化客户并大获成功；星巴克则将自己定位于"第三空间"而大受年轻群体的欢迎。

贫富差距的扩大和社会阶层的变化导致了新型的市场需求结构。许多跨国公司对中国市场存在的与总体发展水平不相符合的巨大的高端市场需求感到吃惊。几乎所有的在发达国家市场畅销的高档商品和奢侈品，在中国市场也有着旺盛的需求。在中国，新兴的中产阶级和富人阶层的涌现与形成，为许多行业的发展提供了新的机会。

思考

4. 技术因素

技术因素（technological factors）是指所有参与创造新知识以及将新知识转化为新的产出、产品、流程和材料的组织机构及行为。新兴技术的迅猛发展已经成为当今世界引发企业变革的巨大力量，没有一家公司或一个产业可以将自己与新兴技术割裂开来。技术的发展可以创造全新的产业，也可以改变现有产业的边界。技术进步导致了新的产品和服务的产生，改善了产品生产和送达到最终用户手中的方式。技术进步可以对企业的产品、服务、市场、供应商、分销商、竞争者、顾客、制造工艺、营销实践及竞争地位产生巨大影响。

生物工程、互联网技术、人造和特殊材料、激光、克隆、卫星网络、光导纤维、生物测定、企业资源计划（ERP）、物联网、云计算等技术进步正在影响企业的未来发展方向。互联网正在突破传统地域市场的限制，改变产品生命周期，加速产品分销速度，创造新的产品和服务，从而改变着企业面临的机会和威胁的性质。

技术的影响远远超出了"高技术"公司的范畴。尽管有些产业的技术敏感程度相对较低，但它们同样受到技术和技术带来的商业模式的影响。无论是工业企业还是服务业企业，都必须密切关注最新的技术机会与威胁。淘宝网的快速发展，中国信息化与工业化的融合带来的企业巨大变化都是这方面的典型案例。

技术环境除了要考察与企业所处领域的活动直接相关的技术手段的发展变化外，

还应及时了解：国家对科技开发的投资和支持重点；该领域技术发展动态和研究开发费用总额；技术转移和技术商品化速度；专利及其保护情况，等等。

在现实工作中，有时也会用到 PEST 分析的扩展变形形式，如 SLEPT 分析或 STEEPLE 分析：

SLEPT 分析，即对影响企业的社会的（social）、法律的（legal）、经济的（economic）、政治的（political）和技术的（technology）外部环境因素进行分析。

STEEPLE 是社会/人口（social/demographic）、技术（technological）、经济（economic）、环境/自然（environmental/natural）、政治（political）、法律（legal）、道德（ethical）七个英文单词首字母的组合。此外，地理因素（geographical factor）有时也可能会有显著影响。

社会因素，例如：有可能改变产品或服务选择的社会行为；技术因素，例如：影响产品价格或性价比的便宜组件的快速发展；经济因素，例如：影响主要进口供应的非欧元汇率变化；环境因素，例如：废物循环立法和对环境污染者的惩罚；政治因素，例如：关于认证或分包的政府指令；法律因素，例如：就业法的变化；道德（或国际）因素，例如：影响市场动态和竞争对手的世界贸易组织协定。

三、行业结构分析

波特

产业结构强烈地影响着竞争规则的确立以及潜在的可供公司选择的战略。波特在《竞争战略》一书中，为分析影响行业利润的经济因素提供了便利的理论框架。波特理论的主要创新是把这些因素分为五种竞争力量（five competitive forces）。五种竞争力量的分析，系统而全面地应用了经济工具来对行业进行彻底的分析。在今天，五种竞争力量的分析方法仍然能够灵活地适应新的经济概念，仍然是竞争分析的最主要工具之一。波特指出，一个行业内部的竞争状态取决于五种基本竞争作用力，这些作用力汇集起来决定着该行业的最终利润水平。

波特的五种竞争力量模型如图 2-5 所示。

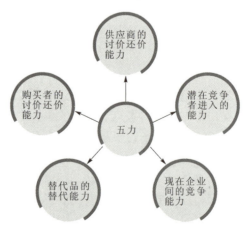

图 2-5　波特的五种竞争力量模型

1. 现有企业间的竞争能力

笔记

产业内现有企业间的竞争通常是五种竞争力量中最重要的。企业间的竞争一般为直接竞争对手之间的竞争，基本上指销售同样的产品或服务的竞争者。对大多数行业来说，总体竞争状况和盈利水平的主要决定因素是行业内公司之间的竞争能力。在有些行业，公司之间的竞争主要表现为价格竞争，而在另一些行业，价格竞争则是悄无声息的，并且竞争主要集中在广告、创新和其他非价格因素上。

价格竞争，通常对产业稳定具有非常大的破坏性，有可能侵蚀产业的平均获利水平。竞争对手很容易互相比着降价，这种行动将导致所有企业的利润下降。另外，广告战则会扩大总体需求或提高产品的差异程度，从而有利于扩大产业的发展空间。

不管竞争是温和的还是白热化的，每一家公司都必须制定战略参与竞争。只有比竞争对手的战略更有效的战略才是成功的。企业战略的变化可能会引发竞争对手的反击，如降价、提高质量、增加特色、提供服务、延长保修期、增加广告投入等。公司战略的成败部分取决于竞争对手所采取的进攻性行动和防御性行动，以及竞争对手愿意和能够动用的资源。

企业之间的竞争是一个动态的、不断变化的过程，各企业不断地采取新的进攻性措施和防御性措施，不断地从一种竞争武器和竞争策略的组合转向另一种竞争武器和竞争策略的组合。这种变化有时是非常迅猛的，有时则是有条不紊地逐渐发生。

现有企业间竞争激烈与否的影响因素

2. 潜在竞争者进入的能力

如果一个行业所赚取的资本收益率超过其资本成本，那么，这个行业对行业外的公司来说就是一块磁石。除非新公司的加入遭到禁止，否则利润率就会下降到一般的竞争性水平。行业的一个新进入者对于现存的公司而言是一种竞争威胁。进入者增加了新的生产能力，并且潜在地侵蚀了现有公司的市场份额。新进入者的威胁程度取决于两大因素：进入壁垒和现有厂商对新进入者的预期反应。一旦新来者很难打开这个市场或该市场上的经济因素使得潜在进入者处于劣势，进入壁垒就产生了。

思考

在大多数行业，新进入者并不能以那些与现有公司相等同的条件进入一个行业。现有公司相对于新进入者的优势大小，反映了进入壁垒的高低。进入壁垒的高低决定了这个行业能在多大程度上享有超越竞争性水平的利润。

进入壁垒主要来自以下六个方面：资本要求、规模经济、产品差异、分销渠道、学习和经验曲线效应、政府政策。

进入壁垒的高低往往取决于潜在进入厂商所拥有的资源和能力。某一地域市场上最有可能的进入者往往是那些寻求扩张其市场范围的公司。如果某一家公司在这个地域市场上已经有了稳固的地位，那么它就有足够的资源能力和竞争能力来克服和跨越进入一个有吸引力的新市场所遇到的壁垒。一些公司因为其拥有的资源和能力允许其绕过壁垒，而其他一些公司则通过运用与既有公司不同的战略绕过了进入壁垒。高利润是吸引新进入者的"一块磁铁"，鼓励它们准备必需的资源去超越壁垒。

3. 替代品的替代能力

在许多产业，企业同其他产业生产替代品的公司进行激烈的竞争。在有些产业中出现的替代品可能会取代现有产品。更为普遍的情况是，替代品未能完全代替现有的产品，却引入了新的技术或者降低了生产成本。替代品使得本产业产品的价格上限只能处于一个较低水平，从而限制了本产业的潜在收益。替代产品的性能/价格比越具有吸引力，对本产业利润的压力越大。替代品通过降低成本更为有效地限制了该产业的利润水平。替代品的存在为产品价格设置了上限，当产品价格超过该界限时，用户将转向购买替代品。当替代品的相对价格降低或顾客的转换成本降低时，来自替代品的竞争压力将会加大。

LED 新技术企业不受行业景气度影响业绩持续增长

什么情况下消费者会购买产品的替代品？

消费者愿意为某个产品支付的价格部分取决于替代产品的可获得性。如果某种产品不存在相近的替代品，就意味着消费者对价格是相对不敏感的，也就是说，需求相对于价格是缺乏弹性的。如果存在相近的替代品，就意味着，在该产品价格上升时顾客将转向替代品，也就是说，需求相对于价格是高弹性的。替代品在多大程度上限制价格和利润，取决于购买者在各种选择之间相互替代的倾向。而这又进一步地取决于它们的性能/价格比。

放松管制和技术进步，已经导致大量的替代品成功占领了一些传统公司的市场份额。来自替代产品的竞争压力取决于三个方面的因素：①是否可以获得价格上有吸引力的替代品。②在质量、性能和其他一些重要属性方面的满意程度如何。③购买者转向替代品的难度。

容易获得并且价格上有吸引力的替代品往往会产生竞争压力。如果替代品的价格比产业产品的价格低，那么产业中的竞争厂商就会遭遇降价的压力。替代品的易得性会不可避免地刺激顾客去比较彼此的质量、性能和价格，迫使产业中的竞争厂商加强攻势，努力说服购买者相信它们的产品有着卓越的品质。来自替代品的竞争强度的另一个决定因素是本产业中的客户转向替代品的难度和成本。最常见的转换成本包括：可能的额外价格，可能的设备成本，测试替代品质量和可靠性的时间与成本，断绝老供应关系建立新供应关系的成本，转换时获得技术帮助的成本，职员培训成本。一般来说，替代品的价格越低，替代品的质量和性能越高，用户的转换成本越低，替代品所带来的竞争压力就越大。

4. 供应商的讨价还价能力

供应商的讨价还价能力影响产业的竞争强度。供应商对某一产业的潜在利润会有相当重要的影响。合理的价格、更好的质量、新服务项目的开发、送货及库存成本的降低，常常使供应商和生产商均能受益，并提高有关方面的长期获利能力。

供应商对下游行业是一种弱势竞争力量还是一种强势竞争力量取决于供应商所在行业的市场条件和所提供产品的重要性。一旦供应商所提供的产品是一种标准商品，可以通过开放市场由大量具有巨大生产能力的供应商提供，那么与供应商相关的竞争压力一般较小。如果供应商所提供的产品占其下游产业产品成本很大的比例，从而对该产业的产品生产过程起着至关重要的作用，或者对该产业的产品质量有着明显的影响，那么供应商就对下游产业的竞争过程产生重大的影响。

在什么情况下，供应商将拥有较强的讨价还价能力？

（1）供应商的数量有限。这意味着，当供应商提高其议价能力时，购买者很难在供应商之间实现转移。

（2）供应商提供的商品不存在替代品。例如，供应商拥有下游产业生产中所需的关键原料或者他们提供的技术服务对于生产过程具有重要的意义。

（3）供应商的价格占企业总成本的比例很大。在这种情况下，供应商价格的任何上升都会影响企业的附加值。

（4）供应商的前向一体化能力。如果供应商能够通过前向一体化进行下游产业的生产过程，那么他就拥有较强的议价能力，并对下游厂商构成严重威胁。

5. 购买者的讨价还价能力

如果购买者能够在价格、质量、服务或者其他的销售条款上拥有一定的谈判优势，那么，购买者就会成为一种强大的竞争力量。购买者通过压低价格，经讨价还价争取更高质量或更好的服务，使得供应商之间互相竞争而威胁产业。这些行动会侵蚀产业的获利能力。

当购买者分布密集或购买量大时，购买者的讨价还价能力就会成为影响产业竞争强度的一个关键因素。当顾客讨价还价能力强时，竞争企业可能会以延长保修期或提供特殊服务等方式赢得顾客。如果产品是标准化产品或同质产品，且顾客的讨价还价能力较强，那么顾客将在议价、保修范围、附件等方面处于有利的谈判地位。

在什么情况下购买者具有较强的讨价还价能力？

（1）购买者非常集中。如果购买者非常集中并且他们的数量有限，供应商很大一部分产品卖给同一个买者，那么这时进行谈判选择的余地很小，供应商处于较为不利的地位。购买者的数量越少、采购规模越大，供应商失去一个顾客的成本也就越大。

（2）购买的产品属于标准化或无差异产品。如果组织之间提供的产品差别不大，购买者就可以毫不费力地在他们之间转移。对于日用产品或服务，购买者能够很容易地四处比价，以找到对他最有力的价格。购买者确信自己总能找到可挑选的供应商，从而促使供应商之间互相倾轧。

（3）购买者拥有充分的信息。购买者对于供应商及其价格和成本的信息知道得越全面，他在讨价还价时就越有优势。清楚地了解供应商的产品、价格和成本结构信息，会使购买者在与供应商进行价格谈判时针对性更强。购买者掌握的信息越多，他所处的地位就越强。

（4）购买者具有强大的垂直整合能力。如果购买者能够通过后向一体化以取代供应商承担的角色，那么购买者的讨价还价能力将会提高。在拒绝与对方做生意的时候，去寻找另一位供应商或购买者的替代方法是自己生产。后向整合包括购买者参与到前面的制造或分销阶段之中，也就是说，购买者进入了供应商的业务领域。零售商可以通过制造和促销自有品牌的产品来提高与制造商的谈判能力。

四、内部分析

20 世纪 90 年代，人们开始对公司自己所拥有的资源和能力问题产生了浓厚的兴趣，即组织内部所拥有的资源和能力在战略制定过程中会发挥什么样的作用，1990 年，美国人普拉哈拉德（C. K. Prahalad）和他的学生哈梅尔（Gary Hamel）在哈佛商业评论上发表了《公司的核心竞争力》的论文。以美国公司 GTE 和日本公司 NEC 在 20 世纪 80 年代此消彼长的竞争为例，提出了一个重要的观点："从长期看，竞争优势将取决于企业能否以比对手更低的成本和更快的速度构建核心竞争力，这些核心竞争力将为公司催生出意想不到的产品。"他们认为，组织的核心竞争力是组织内的集体学习能力，尤其是如何协调各种生产技能并且把多种技术整合在一起的能力；核心竞争力不仅仅是整合各种技术，同时它还意味着对工作进行组织和提供价值；核心竞争力是沟通、参与，并对跨越组织界限协同工作的深度承诺；核心竞争力并不会随着使用的增多而减少。有形资产会随着时间的流逝而减损，但核心竞争力却会随着应用和共享的增多而增强。他们极具说服力的案例举证和理论分析，使人们将获取组织竞争力的眼光移至组织的内部所拥有的资源和能力。

在行业竞争压力不断增大、技术变化和需求变化导致行业界限越来越模糊的情况下，以外部因素为核心的战略也许并不能保证公司发展方向的稳定性和可持续性。当外部环境不断变化时，公司的资源和能力可能是决定公司战略的一个更为稳定的基础。因此，通过对资源和能力进行开发与整合，选择外部有利的行业进行战略规划，便成为战略制定中新的思考方式与制定方法。"资源基础观"（resource-based view，RBV）把公司看成一个独一无二的、拥有同质性资源和能力的组合，这些资源和能力是公司建立竞争优势的基础，也是盈利能力的主要决定因素。这种分析被称为（超额利润的）资源基础模型（图 2-6）。

1. 资源

资源（resources）是企业生产过程的投入部分，如资本设备、员工技能、专利技术、融资以及有才干的管理人员。分析公司的资源存量常常十分困难，大多数公司的核算体系或管理信息体系中都没有这样的资料，而且，有些资源是很难衡量或很难明确定义的。分析公司资源的一个起点是把资源简单地分为有形资源、无形资源和组织能力三种类型。

相对比较容易确认的资源称作有形资源，包括企业用来为客户创造价值的实物资产和金融资产。实物资产包括企业的固定资产、机械设备以及保持与客户和供应商联

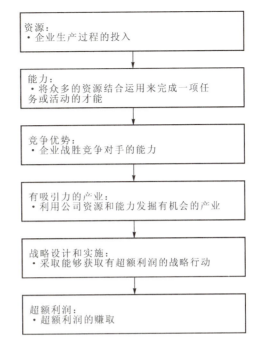

1. 找出公司资源，研究其相对于竞争者而言的优势和劣势 → 资源：
· 企业生产过程的投入

2. 研究公司的能力，以及这种能力可以使公司战胜竞争对手 → 能力：
· 将众多的资源结合运用来完成一项任务或活动的才能

3. 从竞争优势的角度，研究公司的资源与能力潜力 → 竞争优势：
· 企业战胜竞争对手的能力

4. 选择有吸引力的产业 → 有吸引力的产业：
· 利用公司资源和能力发掘有机会的产业

5. 选择能使公司最大限度地利用其资源和能力来发掘外部环境的机会战略 → 战略设计和实施：
· 采取能够获取有超额利润的战略行动

超额利润：
· 超额利润的赚取

图 2-6　（超额利润的）资源基础模型

系的设施等；金融资产包括企业的现金和应收账款以及企业的借债能力等。有形资源最容易加以辨认和评估。金融资产和实物资产都能够被识别，并且可在公司的财务报告中予以估价。

很难被竞争对手解释和模仿的是无形资源。无形资源通常产生于随时间演变累积形成的独特的惯例和实践之中，并与之融为一体。无形资源包括人力资源（如员工的经验、能力、信任、工作团队的有效性、管理技能）、创新资源（如技术和科学专门知识、创新观念）、声誉资源（如品牌名称、在供应商中享有公平的声誉、在客户中享有可靠和产品质量高的声誉）。企业文化也可以称为无形资源。无形资源大部分被排除在资产负债表之外，或被过低地估价，这是导致公司的账面价值与股票市场价值之间出现巨大差异的主要原因。

2. 能力

能力（capacity）是指将众多资源结合运用以完成一项任务或活动的才能。资源本身通常不能产生竞争优势，竞争优势是由数项资源的独特组合创造并得以维持的。从资源基础的观点来看，公司的绩效取决于资源以及使用资源的能力的结合。

组织能力要求把不同员工的知识与技能和资本设备、技术及其他各种资源整合到一起。竞争优势的关键不在于开始时拥有的资源禀赋，而在于公司对其资源和能力的应用技巧。一个公司的资源禀赋只与该公司的能力有间接的联系，公司能力的关键在于其对资源和能力进行杠杆利用。

资源本身并不能成为竞争优势的基础，优势也不能随时间流逝而保持。在某些情况下，一种资源或能力促进企业增加收入或降低成本，但企业仅能获得暂时的优势，因为竞争对手会迅速模仿或用其他资源或能力进行替代。

使得企业拥有可持续竞争优势的资源必须具有以下四个特征。

第一，这种资源从利用环境机会或消除环境威胁这个意义上来说必须具有价值。只有当组织资源有价值时，资源才能成为竞争优势的来源。有价值的资源使得企业能够制定并实施提高效率和效果的战略。企业只有利用机会或消除威胁才能提高经营业绩。

第二，在公司现在和潜在竞争者中这种资源是稀少的。如果竞争者或潜在竞争者拥有同样的资源，资源就不能成为竞争优势的来源，因为所有这些企业拥有以相同方式利用资源的能力。以这种资源为基础制定的战略不会让任何企业获得优势。能够提供竞争优势的资源，必须是稀少的。

第三，竞争者很难模仿这种资源。不可模仿性是价值创造的关键，因为它限制竞争。如果资源不可模仿，那么产生的利润更易保持。拥有竞争者能轻易复制的资源只能产生暂时的价值，竞争者最终将发现复制大多数有价值资源的方式。资源可能因为下列一些原因而变得难以复制：资源本身的物理独特性；路径相关性（所有这些资源都是沿着资源开发和累积的路径产生的）；因果关系不明确（既不能解释清楚什么是有价值的资源，又不能说明如何使资源出现）。

第四，这种资源没有战略等价替代物。如果两种资源（或两组资源）中每一种资源都可以单独使用来实施相同的战略，则这两种有价值的企业资源在战略上是等价的。虽然一家企业不可能完全模仿另一家公司的资源，但也许能用一种类似的资源代替，使得企业能制定并实施同一战略。显然，一家企业试图模仿另一家企业高质量的高层管理团队时并不能完全复制这个团队，然而，它也许可以培养出自己特有的管理团队。虽然这两个团队在年龄构成、职务背景、经验等方面存在不同，但它们可以在战略上等价，因此能互相替代。由此可见，完全不同的企业资源可能成为战略替代物，一种企业资源要成为可持续竞争优势来源的必要条件，这种资源不存在有价值的战略等价资源。

五、价值链分析

 思考

迈克尔·波特在他1985年出版的重要著作《竞争优势》中描述了价值链（value chain）分析。波特认为，将企业作为一个整体来看无法识别竞争优势。竞争优势来源于企业在设计、生产、营销、交货等过程及辅助过程中所进行的许多相互分离的活动。这些活动中的每一种都对企业的相对成本地位有所贡献，并且奠定了差异化的基础。价值链将一个企业分解为战略性相关的许多活动。企业正是通过比其竞争对手更廉价或更出色地开展这些重要的战略活动来赢得竞争优势的。每一个企业的价值链都是由以独特方式联结在一起的九种基本活动类别构成的。在分析竞争地位时，必须使用价值而不是成本，因为企业为了获取经营差异性所带来的价格溢价常常有意抬高成本。波特把价值活动分为两大类：基本活动和辅助活动。基本活动是涉及产品的物质创造及其销售转移给买方和售后服务的各种活动。辅助活动是辅助基本活动并通过提供外购投入、技术、人力资源以及各种公司范围的职能以相互支持的价值活动（图2-7）。

1. 识别价值活动

识别价值活动要求在技术上和战略上有显著差别的多种活动相互独立。如前所述，价值活动有两类：基本活动和辅助活动。

（1）基本活动。基本活动可细分为以下五种。

内部后勤：指与接收、存储和分配相关联的各种活动。

生产经营：指与将各种投入转化为最终产品相关联的各种活动。

外部后勤：指与集中、仓储和将产品发送给买方相关联的各种活动。

市场营销：指与提供一种买方购买产品的方式和引导他们进行购买相关联的各种活动。

服务：指因购买产品而向顾客提供的、能使产品保值增值的各种服务，如安装、维修、零部件供应等。

（2）辅助活动。辅助活动有以下四种。

企业基础设施：指企业的总体管理、计划、财务、会计、法律支持等所有对整个价值链起支持作用的活动。其价值增值活动有：整个企业决策速度与质量、基础设施的成本、与政府的关系等。

人力资源管理：包括员工与管理人员的招聘、遴选、培训、职业发展以及工资薪酬等方面。价值增值活动有：授权、员工与管理者的素质、团队工作、人力资源的外包情况等。

技术开发：主要是指新产品、新服务和新市场的发现与开发。价值增值活动包括新的细分市场，新产品、新概念的推出。每项价值活动都包含着技术成分，无论是技术诀窍、程序，还是在工艺设备中所体现的技术。技术开发由一定范围的各项活动组成，这些活动可以被广泛地分为改善产品和工艺的各种努力。技术开发可以发生在企业中的许多部门，与产品有关的技术开发对整个价值链常起到辅助作用，而其他的技术开发则与特定的基本活动和辅助活动有关。

采购：指购买企业生产产品和服务所需要的原材料的行为。更低的价格以及更好的、更完善的合同条款等将会为企业带来价值的增值。

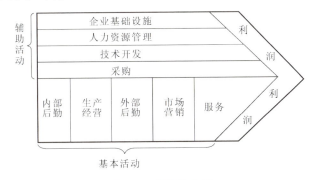

图 2-7 价值链分析

2. 确立活动类型

在每类基本活动和辅助活动中，都有以下三种不同类型：

直接活动：涉及直接为买方创造价值的各种活动，如零部件加工、安装、产品设计、销售、人员招聘等。

间接活动：指那些使直接活动持续进行成为可能的各种活动，如设备维修与管理、工具制造、原材料供应与储存、新产品开发等。

质量保证：指确保其他活动质量的各种活动，如监督、视察、检测、核对、调整和返工等。

这些活动有着完全不同的经济效果，对竞争优势的确立起着不同的作用，应该加以区分、权衡取舍，以确定核心和非核心活动。

3. 价值系统分析

除了分析公司自己拥有的价值链之外，波特认为还需要研究价值系统。价值系统包括供应商的价值链、渠道价值链以及消费者的价值链。联系不仅存在于企业价值链内部，而且存在于企业价值链与供应商、渠道价值链和消费者的价值链之间。供应商、渠道买方进行各种活动的方式会影响企业活动的成本或利益；反之，也是如此。供应商是为企业提供某种产品或服务的，销售渠道是具有企业产品流通的价值链，企业产品表示买方价值链的外购投入，因此，它们各自的各项活动和它们与企业的价值链间的各种联系都会为增强企业的竞争优势提供机会。图2-8展示的是处于产业中的企业价值链体系。具体来说，在分析企业价值链时，应该充分考虑供应商与分销渠道的价值链。

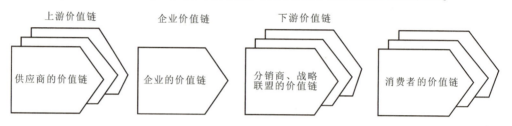

图 2-8　企业价值链体系

供应商价值链的意义体现在，供应商的活动的成本与质量会影响企业的成本或差别化的能力。企业为降低供应商的成本或提高供应的有效性而采取的一系列活动同样也会提高其自身的竞争力。前向渠道（分销商）或渠道联盟价值链的重要性体现在两个方面：一方面，分销商的成本和利润将会成为最终的顾客所支付价格的一部分；另一方面，分销渠道或渠道联盟所开展的活动会影响最终顾客的满意度。

总之，企业必须同其供应商或分销商密切合作，改造或重新设计它们的价值链，共同进行价值创新，以提高它们的共同竞争力。反过来，一家企业的相对成本地位和整体竞争力既与整个行业的价值链体系有关，也与顾客的价值链有关。

> **知识链接**
>
> ### 业务外包
>
> 通过价值链分析，如果发现企业的资源和能力不是竞争能力和竞争优势的来源，那么企业就应该找出那些与不能创造价值并获得价值相关的基本活动和辅助活动，并研究将这部分业务进行外包（out-sourcing）的可能性。
>
> 外包最早来自制造业，与企业如何获得零件、成品及服务的方式有关，是指从外部提供者处购买一种创造价值的服务的行为。外包可以使一个企业集中在它的核心竞争力上以创造价值。现在，外包趋势也越来越多地被其他行业所采用。通常外包的业务内容主要包括信息技术、人力资源、财务和会计等。事实上，极少企业拥有在所有基本活动和辅助活动中实现竞争优势所要求的资源与能力，通过培育较小数量的核心竞争力，企业建立起竞争优势的可能就会增加。另外，通过外包那些企业自身缺少能力或盈利性较差的部分，企业可以专注于能创造价值的核心竞争力的培养。

六、SWOT 分析法

SWOT 分析法是指在进行战略分析时，着重分析企业的优势（strength）、劣势（weakness）、机会（opportunity）和威胁（threat）四个方面。从整体上看，SWOT 可以分为两部分：第一部分为"SW"，主要用来分析内部条件；第二部分为"OT"，主要用来分析外部条件。企业利用这种方法可以从中找出对自己有利的、值得发扬的因素，以及对自己不利的、要避开的东西，发现存在的问题，找出解决办法，并明确以后的发展方向。根据这个分析，可以将问题按轻重缓急分类，明确哪些是目前急需解决的问题，哪些是可以稍微拖后一点的事情，哪些属于战略目标上的障碍，哪些属于战术上的问题，并将这些研究对象列举出来，依照矩阵形式排列，然后用系统分析的思想，把各种因素相互匹配起来加以分析，从中得出一系列相应的结论，而结论通常带有一定的决策性，有利于领导者和管理者作出较正确的决策和规划。

SWOT 分析法可用表格表示，即将构成企业的优势、劣势的因素以及企业面临的机会和威胁因素在表中一一列出。需要提到的是，不同的行业其影响因素也不一样。即使是相同一个事件对于不同的企业来说，其含义也不同，甚至会出现相反的情况。

SWOT 分析法

进行 SWOT 分析，一般要经过下列步骤：

1. 进行企业外部环境分析

列出对于企业来说外部环境中存在的发展机会（O）和威胁（T）。

2. 进行企业内部环境分析

列出企业目前所具有的优势（S）和劣势（W）。

3. 绘制 SWOT 矩阵

如图 2-9 所示，这是一个以外部环境中的机会和威胁为一方，企业内部环境中的优势和劣势为另一方的二维矩阵。在这个矩阵中，有四个相连或四种 SWOT 组合。它们分别是优势—机会（SO）组合、优势—威胁（ST）组合、劣势—机会（WO）组合和劣势—威胁（WT）组合。

内容	优势（S） 1.…… 2.…… 3.…… 4.……	劣势（W） 1.…… 2.…… 3.…… 4.……
机会（O） 1.…… 2.…… 3.…… 4.……	SO——发挥优势，利用机会 1.…… 2.…… 3.…… 4.……	WO——利用机会，克服劣势 1.…… 2.…… 3.…… 4.……
威胁（T） 1.…… 2.…… 3.…… 4.……	ST——利用优势，回避威胁 1.…… 2.…… 3.…… 4.……	WT——减少劣势，回避威胁 1.…… 2.…… 3.…… 4.……

图 2-9　SWOT 分析矩阵

4. 进行组合分析

对于每一种外部环境与企业内部条件的组合，企业可能采取的一些策略原则如下。

（1）WT——减少劣势，回避威胁。企业应尽量避免处于这种状态。然而一旦企业处于这样的位置，在制定战略时就要减少威胁和劣势对企业的影响。一方面，企业要充分考虑到风险因素，按部就班，循序渐进；另一方面，企业应该吸取同类竞争对手的教训，建立风险应对机制。

（2）WO——利用机会，克服劣势。在这种情况下，企业已经鉴别出外部环境所提供的发展机会，但同时企业本身又存在限制利用这些机会的组织劣势。在这种情况下，企业应通过外在的方式来弥补企业的劣势，最大限度地利用外部环境中的机会。例如，利用宣传应用效果，扩大市场影响；利用大众对该品牌产品不熟悉的情况，认真策划，实现后来居上；以利润为中心，管理和品牌全面跟进。如果不采取任何行动，就会把机会让给竞争对手。

（3）ST——利用优势，回避威胁。企业应巧妙地利用自身的优势来应付外部环境中的威胁，其目的是发挥优势而减少威胁。但这并非意味着一个强大的企业，必须以其自身的实力来正面回击外部环境中的威胁，合适的策略应当是慎重而有限度地利用企业的优势。例如：通过准确市场定位、重点市场营销，建立自身的竞争优势和稳定盈利模式；利用高效性能和全面技术，高位定价，逐步降价，保持价格竞争余地；利用品质和管理，建立品牌，应对未来的品牌竞争，等等。

（4）SO——发挥优势，利用机会。这是一种理想的组合。任何企业都希望凭借企业的长处和资源来最大限度地利用外部环境所提供的各种发展机会。例如，利用政策优势，做好品牌优势；利用地区优势，由点至面，推广产品；利用用途广泛优势，试用产品，树立品牌效应，等等。

SWOT 分析法优缺点

七、综合竞争力分析

综合竞争力分析是根据企业的内部条件，用几个主要指标同本行业主要竞争对手相比，综合评价企业在某项业务上的竞争力。评价的形式是企业竞争力评价表，如表2-2所示。

表2-2　企业某项业务的竞争力评价表

关键因素	权数	评分	加权分
营销能力	0.3	5	1.5
价格竞争力	0.3	4	1.2
市场份额	0.2	3	0.6
产品质量	0.1	3	0.3
用户信任	0.1	4	0.4
合计	1.0	—	4.0

评价过程如下：

1. 成立研究小组

在小组中分工收集资料，开展集体讨论。

2. 找出关键的成功因素

针对某一个行业或某一项业务，找出影响成功的关键因素，一般可找 5 个关键因素。

注意：不同的行业或不同的业务，其影响成功的关键因素可能是不同的。

3. 给出权数

对各成功关键因素制定权数，权数之和为 1。注意：不同的行业或不同的业务，其关键因素的权数可能是不同的。

4. 评分

对某业务的各项因素打分，可分为 5 级，1 分为竞争地位很弱，5 分为本行业竞争地位第一。

5. 计算加权分和总分

各项因素的权数与评分相乘得到加权分，然后合计得总分。

导入案例分析思路

一般环境分析即宏观环境分析，主要从政治的（political）、经济的（economical）、社会文化的（social cultural）和技术的（technological）四个方面进行分析。行业环境分析用得最多的是波特的五力模型，即从现有企业间的竞争能力、潜在竞争者进入的能力、替代品的替代能力、供应商的讨价还价能力、购买方的讨价还价能力五方面因素分析行业环境。SWOT 分析法是指在进行战略分析时，着重分析企业的优势（strength）、劣势（weakness）、机会（opportunity）和威胁（threat）四个方面。对情境引例中的问题可根据实际情况作答。

任务三
制定企业战略

案例导入

自 1987 年至今，华为在过去 30 年里，先后历经多次重大战略转型，形成了从战略制定、战略执行到保障机制的战略管理流程链，使其业务发展达到事半功倍的效果，实现持续盈利的发展态势。正是基于一次次成功的战略"转身"，华为在动荡的行业浪潮之中存活下来，并不断发展壮大。第一次转型：起步期，农村包围城市。华为在初创期，遵循的是农村包围城市的发展战略。众所周知，华为一直是一个强销售驱动，或者说是由市场驱动经营的公司。它始终强调的是，一定要做满足客户需求的产品和解决方案，永远以市场需求、以客户需求为导向，不断牵引公司的研发方向。华为在 1998 年左右，启动了第二次战略转型，即差异化的全球竞争战略。国际化战略的形成，是基于这样几个重要的因素：天花板效应、成熟的产品体系、优秀的人才储备、管理体系的提升。第三次转型：由运营商客户向运营商 BG+企业 BG+消费者 BG 转型，即三个 BG 业务的分拆。华为第三次的战略转型，是从单纯面向运营商转向三个不同的 BG 业务领域。在转型之后，华为不仅仅做运营商企业（运营商 BG），而且做了很多的行业客户、企业客户（企业 BG），同时也会面向终端的消费者。其中，面向终端的 BG 主要包括面向手机类产品以及最终面向消费者的一些业务部门（消费者 BG）。应该说，华为每次的战略转型其实也都面临着外在的环境，包括客户的变化、机会的变化以及竞争格局的瞬息万变等。为了应对这些变化，华为能够将全球顶级专家聚集在一起，共同对其进行研讨、检视和识别，最终，这种集体的智慧可以形成统一的攻势。可以想见，其中的投入也是比较惊人的。

华为公司的愿景和使命是把数字世界带入每个人、每个家庭、每个组织，构建万物互联的智能世界。承接公司的愿景和使命，我们制定了可持续发展战略，并将可持续发展作为一项优先的准则，全面融入企业的整体发展战略当中。华为战略管理的核心在于：以客户为中心和以目标为导向。以客户为中心是华为所有的价值观里面最核心的，如果其他的跟这个有冲突，肯定是以这个为基准。以客户为中心，从逻辑上来讲，在华为定义为三个层次，第一个层次，简单说就是我们在任何的客户界面保持一颗敬畏的心，让我们的服务超出客户的预期，第二个层次，是我们的管理体系以客户为中心，第三个层次，是我们的价值观和文化以客户为中心。华为战略管理有一个很强的逻辑，即使华为的产品研发要符合战略的目标。任总甚至在公司内部发文强调说：要学会在非战略目标上，拒绝客户的需求，专心致志地做好一款产品。从 2019 年 5 月开始，美国对华为的制裁措施全面升级，为了应对美国企业的压迫，华为有条不紊地进行业务布局和调整。在一份内部讲话中，任正非直率地说："十年来我天天

思考的都是失败，对成功视而不见，也没有什么自豪感、荣誉感，而是危机感。"即使是在华为 CFO 孟晚舟在加拿大被捕、华为 5G 业务被一些国家拒之门外的时候，任正非也并不认为华为当时面临的危机有多严重。华为的底气有两个，一是十多年的未雨绸缪，二是全球领先的 5G 技术。很显然，华为把更多的钱花在了研发上，就是为了预防不可知的风险。对于 5G 技术，任正非举过一个例子：全世界能做微波的厂家也不多，华为做到最先进；全世界能做 5G 的厂家很少，华为做得最好。能够把 5G 基站和最先进的微波技术结合起来成为一个基站的，世界上只有一家公司能做到，就是华为。强大的技术底蕴，以及未雨绸缪的眼光，华为完全有底气不惧怕美国的制裁。2022 年 3 月 17 日消息，根据 Dell'Oro 集团的数据，按销售额计算，华为 2022 年占全球通信设备市场 28.7% 的份额，同比增长 7%，位居全球第一。

问题：
面对国内外复杂的环境，华为是如何进行战略决策的？

案例思考
企业发展战略是否正确，直接决定着企业的兴衰成败。战略管理的重要意义在于对外部环境做好充分的准备，并能够明确企业的发展方向，及时做出战略调整。在此过程中企业的领导者即战略领袖也发挥着重要的作用——制定战略并指导战略实施。此案例中，华为每一步的发展都说明企业战略方向的制定和执行在其中起到了重要的作用。同时案例也反映出在制定企业战略的过程中必须随时关注市场环境和自身条件。只有做到知己知彼，才能百战不殆。

知识闻述

企业在开展日常生产经营活动之前，一般应先明确企业在社会经济活动中所扮演的角色、所履行的责任、所从事的业务性质，即弄清企业的愿景、使命。关于企业使命的思想是建立在彼得·德鲁克（Peter Drucker）在 20 世纪 70 年代提出的一些原则基础上的。德鲁克认为，如果不能弄清企业的愿景、使命，企业就无从进行环境分析，也无法结合自身的条件确定企业的经营目标和制定实现目标的经营战略。战略目标是企业在实现其愿景、使命过程中所追求的结果，是对企业使命的进一步具体化，它反映企业在一定时期内经营活动的方向和所要达到的水平、状态。

一、企业战略含义

关于战略的定义至今仍没有统一的认识，许多学者从多种角度进行探讨，赋予企业战略不同的含义。20 世纪 80 年代以后，明茨伯格以其独特的认识归纳总结了"战略"的五个定义：计划（plan）、计谋（ploy）、模式（pattern）、定位（position）和观念（perspective）。

根据理论界和企业界多数人的看法，企业战略可定义为：企业面对激烈变化、严峻挑战的环境，为求得生存和发展而做出的带有长远性、全局性的谋划或方案。它是企业经营思想的体现，是一系列战略性决策的结果，又是制订中长期计划的依据。这个定义包括了以下含义：

（1）企业战略是在市场经济条件下，企业在激烈竞争、严峻挑战的形势下所做出的对策集合。例如，西方国家一直实行市场经济，但只是在第二次世界大战后市场竞争日益激烈的条件下，企业才真正有了制定和实施战略的需要。

（2）企业战略是企业为了长期生存和发展所做出的谋划。显然，企业战略关系着企业的成败兴衰，决定着企业能否不断成长。

（3）企业战略是一系列战略性决策的成果。为了正确制定企业战略，企业必须从实际出发，正确总结历史经验，深入分析企业内外情况，科学预测未来发展，绝不能靠主观设想或单凭过去经验来制定企业战略。

（4）企业战略同经营思想、决策、计划等概念有密切关系，但不可以把它们混同。

二、企业战略的构成要素

企业战略一般由四种要素构成，即经营范围、成长方向、竞争优势和协同作用。安索夫认为这四种要素可以产生合力，成为企业的共同经营主线。有了这条经营主线，企业内外的人员就可以充分了解企业经营的方向和产生作用的力量，从而扬长避短，充分发挥自己的优势。

1. 经营范围

经营范围是指企业从事生产经营活动的领域。它可以反映出企业目前与其外部环境相互作用的程度，也可以反映出企业计划与外部环境发生作用的要求。有些学者认为，确定一个企业的经营范围，应该以那些与企业最密切相关的环境为准。因此，对于大多数企业来说，它们应该根据自己所处的行业、自己的产品和市场来确定经营范围。也就是说，只有产品与市场相结合，才能真正形成企业的经营业务。企业确定经营范围的方式可以有多种形式。从产品角度来看，企业可以按照自己产品系列的特点来确定经营范围，如半导体器件公司、机床公司等。企业还可以根据产品系列内含的技术来确定自己的经营范围，如计算机公司、光导纤维公司等。

从市场营销的角度来看，企业可以根据自己的市场来描述经营范围。这种描述可以有两个出发点：一个是企业的使命，另一个是企业的顾客。两者是截然不同的概念——从某种意义上讲，企业的使命是指企业如何能够满足市场上顾客对现有产品的需求；而顾客是指产品的现实购买者。这两者的关系有时是一致的，即企业现有的产品可以满足顾客的需求；有时又是不一致的，顾客可能有多种需求，需要不同的销售渠道和不同的产品来满足。因此，企业在描述自己的经营范围时，应该考虑从哪个角度出发，才能真正符合企业和社会的利益。

在一般情况下，企业的使命与顾客的需求是不矛盾的。但是，在多种经营的情况下，企业不能只从某一行业的角度来定义自己的经营范围，需要多方位、多层次地研究自己的市场和顾客，尽量保证经营范围定义的准确性。

2. 成长方向

成长方向又可称为增长向量，用以说明企业从现有产品与市场相结合向企业未来产品与市场移动的态势。

（1）市场渗透是通过对目前的产品在现有市场上的营销活动促使本企业产品的市场份额增长，并达到企业成长目的的一种战略模式。

（2）单纯的市场开发是企业的现有产品与一个新开发的市场的组合。通过这种组合力图为企业现有的产品寻找新的消费群，从而使现有的产品承担新的发展使命，以此作为企业成长的增长点。

（3）单纯的产品开发是指企业推出全新的产品，以逐步代替现有产品，从而保持企业成长的态势。

（4）多种经营则是一种企业变革较大的战略模式，通常都会给企业带来较大的变化，形成独有的特色。对于企业来讲，它的产品与使命都是全新的，也就是说，企业通过这一战略的实施，会步入一个新的经营领域。这一战略模式追求的是更高的目标和更大的发展空间。在市场渗透、市场开发和产品开发这三种选择中，其共同经营主线是明确的，或是通过实施新的市场销售方案，或是开发新产品和新技术，或是两者同时进行，从而实现战略目标。但是在多种经营战略中，其共同经营主线就显得模糊。所以，在当代经济社会中，确定一个企业，尤其是一个大企业或同时具有跨国经营业务的企业的经营性质，单从行业的概念去判断，已不容易做到。

应该看到成长方向指出了企业在一个行业里的变化方向。而且，它能指出企业战略方向所要跨越行业界线的方向，以这种方式描述共同经营主线是对以产品与市场范围来描述企业经营主线的一种补充，有利于更清晰地界定企业的经营范围。

3. 竞争优势

竞争优势是指企业通过其资源配置的模式与经营范围的正确决策，所形成的与其竞争对手不同的市场竞争地位。20世纪60年代以来，无论是国际市场还是国内市场，竞争日趋激烈，战略管理的学者们将注意力转向了经营领域里的竞争行为，试图寻找出获得竞争优势的道路。有的学者认为个别产品和市场的特性可以给企业带来强有力的竞争地位。有的学者认为，企业的竞争优势来源于企业所选择的资源、技能和应用方式。实际上，竞争优势既可以来自企业在产品和市场上的地位，也可以来自企业对特殊资源的正确运用。

竞争优势可以来源于三个方面：①通过兼并方式，谋求并扩大企业竞争优势。②进行新产品开发并抢在对手之前将产品投放市场。③保持或提高竞争对手的进入壁垒，如利用专利和贸易壁垒等。

4. 协同作用

协同作用是指企业从资源配置和经营范围的决策中所能发现的各种共同努力的效果。就是说，分力整体大于各力简单相加之和。在企业管理中，企业总体资源的收益要大于各部分资源收益之和，即"1+1>2"的效果。

一般来说，企业的协同作用可以分为以下四类：

（1）投资协同。投资协同作用表现为企业内各经营单位联合利用企业的设备、共同的原材料储备、共同研究开发的新产品，以及分享企业专用的工具和专有的技术。

（2）生产协同。生产协同作用表现为充分地利用已有的人员和设备，共享经验曲线造成的优势等。这里所指的经验曲线，是指当某一产品的累积生产量增加时，产品的单位成本趋于下降的趋势。

（3）销售协同。销售协同作用表现为企业使用共同的销售渠道、销售机构和推销手段来实现产品销售活动。老产品能为新产品引路，新产品又能为老产品开拓市场；老市场能为新市场提供示范，新产品又能为老产品扩大范围。这样，企业便可以减少费用，获得较大的收益。

（4）管理协同。管理协同作用不能用简单的定量共识明确地表示出来，但它是相当重要的。当企业的经营领域扩大到新的行业时，如果在管理上遇到过去曾处理过的类似问题，企业管理人员就可以利用在原行业中积累起来的管理经验，有效地解决这些问题。这种不同的经营单位可以分享以往的管理经验的做法就是管理协同，这是一种无形的力量。

三、战略的层次

战略决策不仅仅是企业领导者的任务，不同区域、不同职能和较低级别的管理人员都应该参与到战略的制定过程中来。企业战略需要遵循逻辑性、层次性、过程性、明晰性、战略性等原则。企业战略可以划分为公司层战略、业务层战略和职能层战略三个层次。公司层战略覆盖企业整体；业务层战略是为公司每个业务部门制定的战略；其则是针对企业内部的每项职能制定的战略，其必须符合企业整体战略。

四、企业总体战略

企业战略管理者在确定了企业使命和目标体系之后，必须根据企业的内外部环境条件和宗旨、目标的要求来选择相应的公司的战略态势。总的说来，企业可以有三种发展态势的战略：成长型战略、稳定型战略、紧缩型战略。在特定的内外部环境下，这三种战略都是合适的选择方案，也都是明智的选择。因此，企业在作战略态势评估时，不能光凭借主观的臆断和美好的愿望，而应当审时度势，果断作出明智的选择。

笔记

思考

1. 企业成长型战略

这主要有三种具体实现形式：集中成长战略、一体化成长战略和多元化成长战略。

（1）集中成长战略。

早在 1957 年，战略管理学家安索夫就在《哈佛商业评论》中提出了"产品与市场组合"的概念。他认为集中成长战略有四种要素，即现有产品、新产品、现有市场和新市场。这四项要素又有四种组合，即市场渗透战略，将现有产品和现有市场进行组合；市场开发战略，将现有产品和新市场进行组合；产品开发战略，将新产品和现有市场进行组合；一体化战略，将新产品和新业务进行组合，是向经营业务的深度和广度发展的一种战略。

（2）一体化成长战略。

一体化成长战略（integrative growth strategy）是指企业充分利用自身在产品（业务）上的生产、技术、市场等方面的优势，沿着其产品（业务）生产经营链条的纵向或水平方向不断地扩大其业务经营的深度和广度，以扩大经营规模、提高收入水平和利润水平，使企业得到发展壮大。其中，企业若是沿着延长原有产品（业务）生产经营链条的纵向方向发展，叫作纵向一体化成长战略；若是沿着水平方向发展，则叫作水平一体化成长战略。

知识链接

纵向一体化

纵向一体化实质上就是扩大单一业务的经营范围，向后延伸进入原材料供应经营范围，向前延伸可直接向最终使用者提供最终产品。纵向一体化分为两种：①后向一体化战略，指企业生产所需的原材料和零部件等，由外部供应改为自己生产。②前向一体化战略，指企业对自己所生产的产品做进一步深加工，或建立自己的销售组织来销售本企业的产品或服务。

（3）多元化成长战略。

多元化成长战略是企业同时生产和提供两种以上基本经营用途不同的产品或劳务的一种经营战略。目前，多元化战略已成为大中型企业适应新形势、开拓新市场的必然选择。

2. 稳定型战略

稳定型战略就是企业在战略规划期内内外部环境与条件的约束下，对产品、技术、市场等方面都采取基本维持现状的一种战略，企业不再进入新领域，而是在现有经营领域内使产销规模和市场地位大致不变或以较小幅度增减。从企业经营风险的角度来说，稳定型战略的风险是相对小的，对于那些曾经成功地在一个处于上升趋势的行业和一个不大变化的环境中活动的企业来说会很有效。由于稳定型战略从本质上追求的是在过去经营状况基础上的稳定，因此它具有如下特征：

（1）企业对过去的经营业绩表示满意，决定追求既定的或与过去相似的经营目标。例如，企业过去的经营目标是在行业竞争中处于市场领先者的地位，稳定型战略意味着在今后的一段时期里依然以这一目标作为企业的经营目标。

（2）企业在战略规划期内所追求的绩效按大体的比例递增。与增长型战略不同，这里的增长是一种常规意义上的增长，而非大规模的和非常规的迅猛发展。例如，稳定型增长可以指在市场占有率保持不变的情况下，随着总的市场容量的增长，企业的销售额也相应地增长，而这种情况并不能算典型的增长型战略。实行稳定型战略的企业，总是在市场占有率、产销规模或总体利润水平上保持现状或略有增加，从而稳定和巩固企业现有的竞争地位。

（3）企业准备以与过去相同的或基本相同的产品和劳务服务于社会。公司继续以基本相同的产品或服务来满足它的顾客。这意味着企业在产品上的创新较少。从以上特征可以看出，稳定型战略主要参照前期战略，它坚持前期战略对产品和市场领域的选择，它以前期战略所达到的目标作为本期希望达到的目标。因此，实行稳定型战略的前提条件是企业过去的战略是成功的。对于大多数企业来说，稳定型战略也许是最有效的战略。

3. 紧缩型战略

企业的资源是有限的，既然企业采取了各种方式进入新的产业或扩大了业务范围，就需要在必要时退出某些业务。而且企业的经营环境在不断变化，原本有利的环境在经过一段时间后会变得没有吸引力；原来能容纳许多企业发展的产业会因进入衰退阶段而无法为所有企业提供最低的经营报酬，或企业为了进入某个新业务领域需要大量的投资和资源的转移等。所有上述情况的发生都会迫使企业考虑紧缩目前的经营，甚至退出目前的业务或实施公司清算，即考虑紧缩型战略态势。

所谓紧缩型战略，是指企业从目前的战略经营领域和基础水平收缩撤退，且偏离战略起点较大的一种经营战略。与稳定型战略和成长型战略相比，紧缩型战略是一种消极的发展战略。

一般来说，企业实行紧缩型战略只是短期性的，其根本目的是使企业挨过风暴后转向其他的战略选择。有时，只有采取收缩和撤退的措施，才能抵御对手的进攻，避开环境的威胁和迅速地实行自身资源的最优配置。可以说，紧缩型战略是一种以退为进的战略态势。与此相适应，紧缩型战略有以下特征：

（1）对企业现有的产品和市场领域实行收缩、调整和撤退策略。比如，放弃某些市场和某些产品线系列，因而从企业的规模来看是缩小的，同时一些效益指标，比如利润和市场占有率等，都会有较为明显的下降。

（2）企业对资源的运用加以严格的控制并尽量削减各项费用支出，往往只投入最低限度的经管资源，因而紧缩型战略的实施过程往往会伴随着大量员工的裁减，一些奢侈品和大额资产的暂停购买等。

（3）紧缩型战略具有短期性。与稳定型和成长型两种战略态势相比，紧缩型战略具有明显的过渡性，其根本目的并不在于长期节约开支、停止发展，而是为今后的发展积聚力量。

五、竞争战略

根据波特的理论，企业获得竞争优势的三个基点是：成本领先、差异化和集中化。由此他将竞争战略具体分为三种：成本领先战略、差异化战略和集中化战略，这三种战略又被称为通用的竞争战略或者一般竞争战略。

1. 成本领先战略

成本领先战略于 20 世纪 70 年代由于经验曲线概念的流行而被得到普遍应用，它是指通过有效的途径实现成本的降低，以建立一种不败的竞争优势的战略。这种战略要求企业努力取得规模经济，以经验曲线为基础，严格控制生产成本和管理费用，最大限度地减少研究、开发、服务、营销等领域的成本费用，成为行业中的成本领先者。为了达到成本目标，企业有必要在管理方面对成本控制给予高度的重视。尽管质量、服务等方面也不容忽视，但成本领先的主题贯穿于整个战略中，成为一种主导的思想。企业凭借其成本优势，可以在激烈的市场竞争中获得有利的竞争优势。

2. 差异化战略

差异化战略是将公司提供的产品或服务标新立异，形成一些在全产业范围内具有独特性的东西。差异化战略的重点不是成本，而是不断的投资和开发顾客认为重要的产品或服务的差异化特征。而且企业的产品或服务与竞争对手之间的相似性越少，企业受竞争对手行动的影响也就越小。实现差异化战略可以有许多方式：设计品牌形象、技术特点、客户服务、经销网络及其他方面的独特性。

3. 集中化战略

集中化战略是主攻某个特定的顾客群、某产品系列的一个细分区段或某一个地区市场。集中化战略的核心是集中资源于目标市场，取得在局部区域上的竞争优势，至于目标市场的大小、范围既取决于企业的资源，也取决于目标市场中各个方面联系的紧密程度。如产品的接近性、顾客的接近性、销售渠道的接近性和地理位置的接近性。

六、战略的实施：目标管理

目标是目的或宗旨的具体化，一般是指人们从事某种活动所要达到的预期成果。具体地讲，目标是根据企业（组织）宗旨而提出的企业（组织）在一定时期内要达到的预期成果。目标是根据企业（组织）宗旨而提出的企业（组织）在这一时期内要达到的预期成果。

思考

知识链接

二十大指出的未来五年的八大目标任务

党的二十大报告指出，"未来五年是全面建设社会主义现代化国家开局起步的关键时期，主要目标任务是：

经济高质量发展取得新突破，科技自立自强能力显著提升，构建新发展格局和建设现代化经济体系取得重大进展；

改革开放迈出新步伐，国家治理体系和治理能力现代化深入推进，社会主义市场经济体制更加完善，更高水平开放型经济新体制基本形成；

全过程人民民主制度化、规范化、程序化水平进一步提高，中国特色社会主义法治体系更加完善；

人民精神文化生活更加丰富，中华民族凝聚力和中华文化影响力不断增强；

居民收入增长和经济增长基本同步，劳动报酬提高与劳动生产率提高基本同步，基本公共服务均等化水平明显提升，多层次社会保障体系更加健全；

城乡人居环境明显改善，美丽中国建设成效显著；

国家安全更为巩固，建军一百年奋斗目标如期实现，平安中国建设扎实推进；

中国国际地位和影响进一步提高，在全球治理中发挥更大作用。"

（一）制定目标的原则及依据

1. 制定目标的原则

制定目标应遵循 SMART 原则，即具体（specific）；可衡量（measurable）；可实现（attainable）；相关联（relevant）；有时限（time-bound），如图 2-10 所示。

总体要求	具体的 specific	明确不含糊，员工能明确组织期望他做什么，什么时候做以及做到何种程度。同时，资源是有限的，就只能将努力集中于最重要的事情上，每一层面的目标数量要有一定的限制；目标表述要简明扼要、易懂易记
目标值	可衡量 measurable	如果目标无法衡量，就无法检查实际与期望之间的差异。为此，目标值不应该用形容词，而应尽可能用数字和表程度、状态、时间等的词准确客观表述，衡量方法不应是主观判断而应是客观评价
	能实现 attainable	目标值应尽可能高而合理，过高或过低都会影响目标作用的发挥
目标内容	相关联 relevant	目标是实现组织使命和远景的重要工具，目标内容的确定必须与组织宗旨和远景相关联。在分解目标时则应与员工的职责相关联，使组织目标成为员工日常工作的一部分
时间要求	有时限 time-bound	目标必须有起点、终点和固定的时间段。没有确切的时间要求，就无法检验；没有时间要求的目标，容易导致被拖延，即一项没有截止期限的目标常常是一项永远不会完成的目标

图 2-10　目标制定的 SMART 原则

2. 制定目标的依据

根据组织的宗旨、要解决的问题、外部环境的变化、上级部门的要求、国内外水平比较等合理制定目标。

制定目标有三种方式："由上而下""由下而上""上下结合"。

（二）目标管理

1. 目标管理的概念

目标管理（management by objectives，MBO）是 20 世纪 50 年代中期出现于美国，最早由德鲁克提出的一套管理制度。目标管理的产生：目标管理以泰勒的科学管理和行为理论（特别是其中的参与管理），以及美国学者麦格雷戈的 Y 理论为基础。其中，Y 理论认为，人性善良，人们愿意体现自身价值。

目标管理是让组织的主管人员和员工亲自参与目标的制订，在工作中实施自我控制并努力完成目标的一种管理方法。下级与上级共同决定具体的业绩目标，并且定期检查目标的进展情况，而奖励则是根据目标的完成情况来确定的。

2. 目标管理的特点

目标管理的核心是：让员工自己当老板，自己管理自己，变"要我干"为"我要干"。

目标管理具有以下特点：

（1）目标管理是参与管理的一种形式。目标的实现者同时也是目标的制订者，即由上级与下级在一起共同确定目标。首先确定出总目标，然后对总目标进行分解，逐级展开，通过上下协商，制订出企业各部门、各车间直至每个员工的目标和目标实现的手段；用总目标指导分目标，用分目标保证总目标，各目标构成一个目标层级结构，最终形成一个"目标—手段"链。

（2）强调"自我控制"。目标管理用"自我控制的管理"代替"压制性的管理"，它使管理人员能够控制他们自己的成绩。这种自我控制可以成为更强烈的动力，推动他们尽自己最大的力量把工作做好，而不仅仅是"过得去"就行了。

（3）促使下放权力。集权和分权的矛盾是组织的基本矛盾之一，推行目标管理有助于协调这一对矛盾，促使权力下放，有助于在保持有效控制的前提下，把局面搞得更有生气一些。

（4）注重成果第一的方针。采用传统的管理方法评价员工的表现，往往容易根据印象、本人的思想和对某些问题的态度等定性因素来评价。目标管理以制定目标为起点，以目标完成情况的考核为终结。工作成果是评定目标完成程度的标准，也是人事考核和奖评的依据，成为评价管理工作绩效的唯一标准。至于完成目标的具体过程、途径和方法，上级并不过多干预。所以，在目标管理制度下，监督的成分很少，而控制目标实现的能力却很强。

3. 目标管理的基本过程

组织目标是上级与下级共同商定的，而不是上级下达指标，下级仅仅是执行者；每个部门和个人的任务、责任及应该达到的分目标是根据组织的总目标决定的；每个部门和个人的一切活动都围绕着这些目标展开，这就使履行职责与实现目标紧密地结合起来；个人和部门的考核均以目标的实现情况为依据。

MBO 计划有 4 个共同要素：明确目标、参与决策、规定期限、反馈绩效。

目标管理可以概括为：一个中心、三个阶段、四个环节和九项工作。

一个中心：以目标为中心统筹安排工作。

三个阶段：计划、执行、检查（总结）三个阶段。

四个环节：目标确定、目标展开、目标实施和目标考核。

九项工作：九项工作又分为三个阶段，每个阶段包括三项工作，即计划阶段：论证决策、协商分解、定责授权；执行阶段：咨询指导、反馈控制、调节平衡；检查阶段：考评结果、实施奖惩、总结经验。

而传统目标的设定方法是，目标由组织的最高管理者设定，然后分解成子目标落实到组织的各个层次上（假定最高管理者最了解应当设立什么目标）。其存在以下缺点：目标的模糊与扭曲，下属对目标不负责任。目标管理应采用上下结合的方法设定目标，如图 2-11 所示。

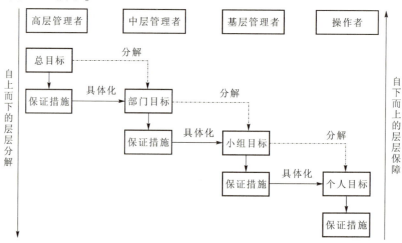

图 2-11　目标管理过程图

4. 目标管理的优缺点

（1）目标管理优点。

在目标管理中，下级参与设定目标，不会出现目标的模糊与扭曲及下属对目标不负责任等现象。其有利于提高管理水平；有利于调动员工积极性、主动性、创造性，增强责任心；有利于进行更有效的控制；有利于暴露组织结构中存在的缺陷。

（2）目标管理缺点。目标管理也存在以下缺点：恰当的目标不易准确确定；目标一般是短期的，缺乏灵活性；我国目标管理理论宣传普及落后；目标管理的哲学假设不一定都存在；缺乏组织内最高级领导人的支持（下级负责）；目标的商定很费时间。

因此，实施目标管理需具备以下条件：目标容易设置，具有操作性；成员的自我管理能力较强；管理者对组织成员要有信心；组织人际关系良好，无个人间不健康的竞争。

导入案例分析思路

华为作为全球领先的ICT（信息与通信）基础设施和智能终端提供商，致力于把数字世界带入每个人、每个家庭、每个组织，构建万物互联的智能世界。华为通过多年持续不断的加大研发投入，在行业内建立了强大的技术壁垒。华为战略落地的能力如此强，有两个核心原因：一是管理体系起到了非常重大的作用；二是企业文化，文化导致华为的执行力特别强。华为战略管理框架模型用两句话来形容，叫以客户为中心，以目标为导向。战略洞察和战略制定必须以客户为中心，方能够保证正确的发展方向，保障做正确的事。以目标为导向就是讲如何把事情做正确，这个核心的纵轴就是目标，要把目标确定好。华为的目标制定非常明确，要分解到产品线、行业或客户销售线，也一定要分解到各个部门，这个过程就是战略解码的过程。即把战略目标分解成不同的目标，落地到各个组织，让各个组织得以实现。

任务四

进行管理决策

 笔记

 思考

 案例导入

王厂长的会议

佳迪饮料厂在全厂上下齐心合力、同心同德、共献计策的努力下不断发展，其中，王厂长作为全厂领头羊，功劳不可磨灭，4年前王厂长决定购买二手设备（国外淘汰生产设备）的举措，使饮料厂挤入国内同行业强手之林，令同类企业刮目相看。今天王厂长又通知各部门主管及负责人晚上8点在厂部会议室开会。部门领导们都清楚地记得4年前在同一时间、同一地点召开会议时王厂长作出了购买进口二手设备这一关键性的决定。在他们看来，晚上的会议又有一项新举措即将出台。

晚上8点会议准时召开，王厂长庄重地讲道："我有一个新的想法，我将大家召集到这里是想听听大家的意见或看法。我们厂比起4年前已经发展了很多，可是，比起国外同类行业的生产技术、生产设备来，还差得很远。我想，我们不能满足于现状，我们应该力争世界一流水平。当然，我们的技术、我们的人员等诸多条件还差得很远，但是我想为了达到这一目标，我们必须从硬件条件入手，引进世界一流的先进设备，这样一来，就会带动我们的人员、带动我们的技术等一起前进。我想这也并非不可能，4年前我们不就是这样做的吗？现在厂的规模扩大了，厂内外事务也相应地增多了，大家都是各部门的领导及主要负责人，我想听听大家的意见，然后再作决定。"

会场一片肃静，大家都清楚记得，4年前王厂长宣布他引进二手设备的决定时，有近70%成员反对，即使后来王厂长谈了他近3个月对市场、政策、全厂技术人员、工厂资金等厂内外环境的一系列调查研究结果后，仍有半数以上人持反对意见，10%的人持保留态度。因为当时很多厂家引进设备后，由于不配套和技术难以达到等因素，均使高价引进设备成了一堆闲置的废铁。但是王厂长在这种情况下仍采用了引进二手设备的做法。事实表明这一举措使佳迪饮料厂摆脱了企业由于当时设备落后、资金短缺所陷入的困境。二手设备那时价格已经很低，但在我国尚未被淘汰。佳迪厂也由此走上了发展的道路。

王厂长见大家心有余悸的样子，便说道："大家不必顾虑，今天这一项决定完全由大家决定，我想这也是民主决策的体现，如果大部分人同意，我们就宣布实施这一决定；如果大部分人反对的话，我们就取消这一决定。现在大家举手表决吧。"

最后会场上有近70%人投了赞成票。

问题：

（1）王厂长的两次决策过程合理吗？为什么？

（2）如果你是王厂长，在两次决策过程中应做哪些工作？

（3）影响决策的主要因素是什么？

案例思考

决策是指为实现某一目标，从若干可以相互替代的可行方案中选择一个合理方案并采取行动的分析判断过程。决策是一个过程。它包括四个步骤：①发现问题（确定目标）。②拟订各种可行备选方案。③对备选方案进行评价与选择。④实施和审查方案。

决策对于一个企业至关重要。如何进行科学的决策？决策时应采取什么样的方式？考虑哪些因素？什么是民主决策？本案例为上述问题提供了可供讨论的素材。本案例主要涉及决策的影响因素、决策过程、领导在决策中的作用等内容。

知识阐述

决策与计划是两个既相互区别又相互联系的概念。

决策与计划的区别之处在于，这两项工作需要解决的问题不同。决策是组织管理者活动的选择，它决定组织做什么与不做什么，要选择一个行动方案来实现一个期望目标；计划则不仅要决定组织做什么，选择一个行动方案来实现一个期望目标，而且要对这一行动方案和这一期望目标的实现进行组织管理活动的安排。计划详细规定了不同部门和成员在该时期内从事活动的具体内容和要求，它决定了怎样完成这些管理活动。

但计划与决策又是相互联系的，首先，计划包括决策，决策是计划的核心，决策是计划的前提，计划是决策的逻辑延续，决策为计划的任务安排提供了依据，计划则为决策所选择的目标活动的实施提供了组织保障。其次，在实际工作中，决策与计划相互渗透，有时是不可分割地交织在一起的。

通俗地说，决策就是作出决定。人们在采取行动之前，总是要考虑和比较各种行动方案，然后才决定应当做什么和应当怎样做，这就是决策。决策是普遍存在的，而且是至关重要的。无论个人还是组织，几乎每时每刻都在作出决策。

在棋界有句话："一着不慎，满盘皆输；一着占先，全盘皆活。"它喻示一个道理，无论做什么事情，其成败取决于决策的正确与否。科学的经营决策能使企业充满活力，兴旺发达，而错误的经营决策会使企业陷入被动，濒临险境。决策的正确与失误关系到组织和事业的兴衰存亡，因此，每一个管理者都必须认真研究决策科学，掌握决策理论、决策的科学方法和技巧，在千头万绪中找出关键之所在，权衡利弊，及时作出正确的可行的决策。

美国管理学家赫伯特·A·西蒙认为"管理就是决策"。决策是管理工作的本质，管理的各项职能都离不开决策，可以说整个管理活动就是紧紧围绕着如何制定和实施决策而进行的，决策是实施其他管理职能的前提和基础。

一、决策与决策理论

1. 决策的概念

关于决策的概念有狭义和广义之分。狭义地说，决策就是人们为了达到一定目标，在充分掌握信息和对有关情况进行全面深刻的分析基础上，用科学的方法拟订并评估各种方案，从中选出合理方案的过程。广义地说，决策不仅包括拟订和选择方案的过程，还包括在作出选择之后的决策执行以及执行后的效果评价。

一般我们使用广义的决策概念，这样对决策的理解才能更完整和更系统。决策对管理者每一方面的工作都是十分重要的，它渗透于管理的所有职能，因此管理者经常被称为决策者。

管理者识别并解决问题以及利用机会的过程就是决策，此定义包括以下三方面的含义：

第一，决策的主体是管理者。

第二，决策的本质是一个过程，这一过程由多个步骤组成。

第三，决策的目的是解决问题或利用机会。

2. 决策的特征

（1）目标性。

决策目标就是决策所需要解决的问题，只有在存在问题的情况下，而且决策者认为这些问题必须解决的时候才会有决策。决策是通过解决某些问题来达到目标的。任何组织决策都必须首先确定组织的活动目标。目标是组织在未来特定时限内完成任务程度的标志。没有目标，人们就难以拟订未来的活动方案，评价和比较这些方案就没有了标准，对未来活动效果的检查也就失去了依据。

（2）超前性。

任何决策都是针对未来行动的，是为了解决现在面临的、待解决的新问题以及将来会出现的问题，所以决策是行动的基础。这就要求决策者要具有超前意识且思想敏锐、目光远大，能够预见事物的发展变化，适时地作出正确的决策。

（3）科学性。

科学决策并非易事，它要求决策者能够透过现象看到事物的本质，认识事物发展变化的规律性，作出符合事物发展规律的决策。科学性并不否认决策有失误，有风险，而是要善于从失误中总结经验教训，要尽量减少风险，这是决策科学性的重要内涵。

（4）可行性。

决策的可行性主要是指方案能够解决存在的问题，实现预定的目标；方案本身具有实行的条件，如在技术上、经济上都是可行的；方案的影响因素及效果可进行定性和定量的分析。组织的任何活动都需要拥有和利用一定的资源。缺乏必要的人力、物力和技术条件，理论上比较完善的方案在实践中并不可行，因此，决策所做的若干个备选方案应是可行的，这样才能在实践中贯彻决策方案。

（5）选择性。

决策的实质是选择，没有选择就没有决策。而要有所选择，就必须提供可以相互替代的多种方案。因此，决策必须具有两个以上备选方案，通过比较、评定来进行选择。如果无法制订方案或只有一个方案，那决策就失去意义。事实上，为了实现相同的目标，组织总是可以从事多种不同的活动。这些活动在资源要求、可能结果以及风险程度等方面均有所不同。因此，不仅有选择的可能，而且也有选择的必要。

（6）过程性。

决策既非单纯的出谋划策，又非简单的拍板定案，而是一个多阶段、多步骤的分析判断过程。虽然决策的重要程度、过程繁简以及所耗费时间长短不同，但都具有过程性。

（7）动态性。

决策的动态性与过程性相联系。决策是一个不断循环的过程。作为过程，决策是动态的，没有真正的起点，也没有真正的终点。决策的主要目的之一便是使组织活动的内容适应外部环境的要求。我们知道，外部环境是在不断发生变化的，决策者必须监视并研究这些变化，从小处找到可以利用的机会，据此调整组织的活动，实现组织与环境的动态平衡。

（8）风险性。

决策在其贯彻实施之前，一方面，客观事物在不断变化；另一方面，人的认识有一定的局限性。决策能否达到预期的结果，能否实现预期目标，不是百分之百有把握，因此要冒不同程度的风险。

3. 决策的依据

决策的依据是信息，信息的数量和质量直接影响决策的水平。收集的信息应该是适量的。信息量过大固然有助于决策水平的提高，但对组织而言可能是不经济的；而信息量过少则使管理者无从决策或导致决策达不到应有的效果。管理者在决定收集什么样的信息、收集多少信息以及从何处收集信息等问题时，要进行成本—收益分析。

家里几头牛？

宿舍里，一名同学来自内蒙古，大一报到时互相做自我介绍，内蒙古同学说："学费真贵，我们家是卖头牛交的学费！"我们5个人听了都挺同情他，就在生活上多加照顾他，能请吃饭就请，毕竟人家为了上学把家里的牛都卖了，太不容易了！第二年开学，内蒙古同学又说："学费真贵，卖头牛交的学费！"宿舍同学又为他担心起来，毕竟中国西部的经济状况，的确让有良知的知识分子忧心忡忡啊。第三年开学，内蒙古同学又说："学费真贵，卖头牛交的学费！"终于，有人忍不住问他："你家到底几头牛啊？"内蒙古同学沉默了一会儿，说："我也算不过来了，有几千头吧！"

4. 决策的原则

决策原则分为两类：一类是在决策整个过程都需要掌握的原则；一类是在决策各个阶段中需要掌握的原则。两类都可细分为十个原则。

前者的十个原则如下：

（1）信息原则。信息是决策的基础，对信息的要求是准确、完整、及时，有的信息还要求保密。

（2）预测原则。科学的预测是决策可靠性的保证，也是选择实施途径的重要方法。

（3）系统原则。要用系统论考虑决策所涉及的整个系统和相关系统，决策对象和外部的相互联系及相互作用。

（4）可行性原则。决策的目标和途径都要同主客观条件相符合，有很大的现实可能性。

（5）优选原则。要从两个或两个以上方案中，对比分析选出满意方案。

（6）效益原则。选出的方案要有明显经济效益、社会效益、生态效益。花费代价小，而取得的效果大。

（7）外脑原则。重视利用参谋、顾问、智囊团的作用，发挥集体智慧的优势。

（8）行动原则。决策是要付诸行动，否则无价值可言。

（9）跟踪原则。对决策实施跟踪反馈，及时进行控制调节，使决策实现。

（10）科学原则。自始至终都必须体现决策的科学性，保证决策的正确和目标的实现。

后者的十个原则如下：

（1）差距原则。决策目标应该着眼于解决应有现象与实际现象之间的差距，也就是需要与现实之间的差距问题。所谓应有现象，是指人的更高要求的现象，这种现象或者是人们美好的追求，或者是其他国家、社会、地区已达到的现象，或者是标准规定。实际现象是指现实的现象。应有现象同实际现象之间通过对比找出了差距。而缩短差距、消除差距就是决策目标所要解决的问题。

（2）紧迫原则。决策目标所要解决的差距问题，是紧迫性的问题。这个紧迫性有两方面的含义：一是现在就要解决的问题，即解决问题的重要性。二是现在有利于问题的解决，即解决问题的机遇性。如我国的经济发展水平与发达国家相比是落后了，落后就是差距。解决这个差距就把经济建设搞上去，这是紧迫的任务，而且要抓住现在机遇，不能坐失良机。

（3）力及原则。决策目标应具有实现的可能，既充分发挥主观能动性，又充分利用客观可能性，两者结合下能实现目标，即目标有其可行性、可能性。

（4）弹性原则。决策目标在实施过程中有伸缩的余地。在顺利进行中，情况越来越好，可以提前或超额完成目标；而在不顺利中进行，或出现了意外，目标难以如期实现的就要留有余地。

（5）瞄准原则。方案必须瞄准目标，准确度越高越好，不能南辕北辙。瞄不准目标的方案是无意义的方案。

（6）差异原则。几个备选方案在路线、途径、方法、措施上有明显的差异，有差异才有选择性，雷同就无法选择。

（7）时机原则。在信息充分、根据充分、论证充分的基础上及时选定方案，当断必断，不能贻误时机。

（8）排斥原则。应充分听取不同的方案、排斥的意见，并作出抉择。

（9）追踪原则。决策实施后要随时检查验证，不能认为一经决策就放手不管。

（10）反馈原则。将实施决策过程中的进展情况、新情况、新问题及时反馈给决策者，以便决策者掌握情况，对新出现问题作出对策。

二、决策的类型

1. 从决策的影响时间来划分

从决策的影响时间来划分，可分为长期决策和短期决策。

（1）长期决策。长期决策指有关组织今后发展方向的长远性、全局性的重大决策，又称长期战略决策，如投资方向选择、人力资源开发等。

（2）短期决策。短期决策指为实现长期战略目标而采取的短期策略手段，又称短期战术决策，如日常营销、物资储备等。

2. 从决策的重要性（范围）来划分

从决策的重要性（范围）来划分，可分为战略决策、战术决策和业务决策。

（1）战略决策。战略决策指对组织最重要，具有长期性、方向性的决策。如组织目标、方针的确定、组织机构的调整等。战略决策指关系到企业或组织未来发展方向与远景的全局性、长远性的施政方针方面的决策，具有全局性、长期性和战略性的特点。

（2）战术决策。战术决策又称管理决策，是在组织内贯彻的决策，属于战略决策执行过程中的具体决策。如生产计划、销售计划制订，产品定价、资金筹措等。战术决策是对企业的人力、资金、物资等资源进行合理配置的一种决策，具有局部性、中期性与战术的特点。

（3）业务决策。业务决策又称执行性决策，是日常工作中为提高生产效率、工作效率而作出的决策。如工作任务的日常分配和检查、岗位责任制的制订和执行等。业务决策是日常业务活动中为提高工作效率与生产效率，合理组织业务活动进程所作出的决策，具有琐碎性、短期性与日常性的特点。

高层领导应侧重于战略决策，中层领导应侧重于战术决策，基层领导应侧重于业务决策。

3. 从决策的主体来划分

从决策的主体划分，可分为集体决策和个人决策。

（1）集体决策。集体决策指多个人一起作出的决策。

（2）个人决策。个人决策指单个人作出的决策。

之所以有个人决策，一种情况是和体制有关，个体企业的决策者一般是个人，而股份制企业和国有企业一般采用集体决策。但是，在现有的体制下，有时国有企业和所谓的股份制企业也采用个人决策，这种情况既有体制的原因，即某些组织实际上还是由个人说了算，集体决策只是一种形式。也有个性的原因，即组织的主管有个性、能力强、经验丰富。集体决策也称为群体决策。相对于个人决策来说，群体决策有如下的优点和缺点。

集体决策有以下优点：

（1）提供更完整的信息，产生更多的方案。国外有教材用"两个人的智慧胜于一人"来表达集体决策的重要性，就是我们说的"三个臭皮匠，赛过一个诸葛亮"，集体决策能够集思广益。

（2）增加对解决方案的接受性。由于方案的制订有了相对更多人的参与，他们将更可能接受该方案，并可能鼓励更多的人也接受它。因为一般来说群体成员不愿违背他们自己参与制订的决策，否则将会被认为自己没有水平，自己打自己的耳光。

（3）提高合法性。人们的正常感觉是，个人决策往往代表着独裁和武断，而群体决策往往体现了民主，因此也就更为合法。

集体决策有以下缺点：

集体决策也并不是一定奏效的。有时也会造成"三个和尚没水喝"的局面。

（1）花费时间。集体决策的集体选拔、召集、讨论、利益制约、相互牵制等都使集体决策相对于个人决策需要花费更多的时间。

（2）流于形式。前面已经说过，集体决策往往会流于形式，常常会是个人或少数人说了算，也就是少数人对最终决策有过分的影响。这种情况还将导致所谓的"集体思维"，即个人的思维必须屈从集体的思维，它抑制不同的观点和创新精神，削弱了集体中的批判精神，也就是我们所说的批评和自我批评精神，造成决策质量的降低。

（3）责任边界模糊。集体成员共同分担责任，但最终谁也不承担责任，出了问题往往互相推诿。

集体决策与个人决策的优劣比较见表2-3。

表2-3　集体决策与个人决策的优劣比较

类型	优点	缺点	适用范围
个人决策	效率高、责任明确	质量低、接受性差	简单、次要、无须广泛接受的决策
集体决策	质量高、接受性强	效率低、责任不明确、屈从压力	复杂、重要、需广泛接受的决策

个人决策是由企业领导者凭借个人的智慧、经验及所掌握的信息进行的决策。决策速度快、效率高是其特点,适用于常规事务及紧迫性问题。个人决策的最大缺点是带有主观和片面性,因此对全局性重大问题则不宜采用。

集体决策分为会议机构决策和上下相结合决策。会议机构决策是通过董事会、经理扩大会、职工代表大会等权力机构集体成员共同作出的决策。上下相结合决策则是领导机构与下属相关机构结合、领导与群众相结合形成的决策。集体决策的优点是能充分发挥集团智慧,集思广益,决策慎重,从而保证决策的正确性、有效性;缺点是决策过程较复杂,耗费时间较多。它适宜于制订长远规划、全局性的决策。

知识链接

决策者的有限理性

决策者的有限理性是指决策者知识有限、预见能力有限、设计能力有限。决策者与有限理性是分析决策与风险源关系的基点,在此基础上才推演出决策的结构与过程、机制等层次分析。20 世纪 50 年代美国学者赫伯特·西蒙、马奇(James A. March)、纽厄尔等人提出了"有限理性"(bounded rationality)理论来批判"理性全知决策"模式。西蒙等人依据认知科学研究成果指出,"人类追求目标,但他们通常在做错误的事。这些错误并非简单,而是源自人类认知结构,此外还因为决策者面临的环境是复杂的。"有限理性既非理性不及也不是非理性的,而是理性受到一定约束,这个约束来自人类的认知结构(包括注意力、情感、习惯、记忆等)和变动的环境复杂性。

西蒙用剪刀比喻"有限理性"(这个词也是西蒙首次使用的),一边刀刃是"认知的约束",另一边刀刃是"环境的约束"。认知结构成分的多样性使理性决策不能简单按照手段—目标计算能力进行,决策具有主观性特征。环境的约束体现在决策信息的搜寻成本昂贵而且具有不完整性,对决策后果的预测以及替代性选择方案比较都难以做到精确的算计。有限理性对决策理论的主要贡献是根据或然性(probabilities)的计算来理解"不确定性"。

在决策过程中,决策者的记忆、经验、注意力、情感以及信息处理能力等都直接影响对决策的判断。其中理解决策者信息处理过程的关键是注意力的分配。"注意力具有选择性,选择环境的一个方面来研究必然以牺牲其他方面不关注为代价。"注意力的配置影响解决问题优先顺序的决策。根据有限理性,决策后果与决策目标和价值之间不一定存在一一对应的关系。决策者总是在特定情境下作出决策的,决策目标总是在平衡与取舍(trade-offs)中进行的,西蒙提出用"满意"而非效用最大化作为取舍的标准。有限理性理论对"决策的优化"提出质疑,认为有限理性不是在约束条件下的优化过程,在信息、注意力、记忆等约束下,理性对决策判断的作用是有限度的。有限理性给我们揭示了决策过程有着难以预料到的后果,有的后果是意外的收获,但有的后果是负面的。在决策过程中,对于可能形成负面后果的因素分析是风险评估。

简要地说，有限理性理论对具有选择特征的决策而言，有着两个方面的贡献：一是信息的不充分，包括决策者记忆信息和外部环境信息，制约了对决策计算、替代性方案的判断以及决策结果的预判；二是决策者认知结构的约束，认知结构包括注意力、经验、价值等。有限理性理论认为所有决策都有可能带来意料不到的后果，人都是会犯错误的。决策者不能有致命的自负。因此对重大决策进行社会稳定风险评估的目的一是为决策者提供更多的信息，尤其是对预料之外后果的预判；二是增加更多行动主体参与决策过程，特别是专业人士的参与来弥补决策者认知结构的不足。

4. 从决策的起点来划分

从决策的起点来划分，决策可分为初始决策和追踪决策。

（1）初始决策。初始决策又叫零起点决策，它是在有关活动尚未进行从而环境未受到影响的情况下进行的。

（2）追踪决策。追踪决策是在初始决策已实施，组织环境发生变化的情况下的决策。追踪决策有以下作用。

一是回溯分析，即从起点开始，找出最初几个"失误点"，分析原因。其重点是扬弃。

二是非零起点，即原决策已实施，已消耗了资源，并对环境造成了影响，追踪决策必须审慎、迅速。

三是双重优化。双重优化又分为两种情况：①追踪决策方案优于原有决策方案。②在几个新方案中进一步优化，即一般决策益大于损；追踪决策益大于损，或损中取小。

5. 从决策涉及问题（重复程度）的性质来划分

从决策涉及问题（重复程度）的性质来划分，决策可分为程序化决策和非程序化决策。

（1）程序化决策。决策可以程序化到呈现出重复和例行的状态，并能制订一套处理这些决策的固定程序。程序化决策也称为结构良好决策，一般用于处理例行问题；有固定程序、规则和方法。

（2）非程序化决策。决策要非程序化到使之表现为新颖、无结构、具有不寻常影响的程度，一般只能采取"现裁现做"的方式加以处理。因此，非程序化决策一般用于处理例外问题；无先例可循；依赖于决策者的经验、知识、价值观（风险观）、决断能力。

企业高层管理者面临的大多是非程序化决策，而中、基层管理者面临的大多为程序化决策。若决策结构不良，高层非程序化决策；决策结构良好，低层程序化决策。只要有可能，管理决策都应该程序化。

6. 从环境因素（中间变量）的可控程度来划分

从环境因素（中间变量）的可控程度来划分，决策可分为确定型决策、风险型决策和不确定型决策。

（1）确定型决策。确定型决策指在稳定可控条件下的决策。决策者确定环境条件，每一种备选方案只有一种确定的执行后果，决策过程中只要直接比较各种备选方案的执行后果就可以作出决策。如把钱存银行。

（2）风险型决策。风险型决策又称随机决策。在这类决策中，自然状态不止一种，决策者不能确切知道自然状态的发生，但能知道有多少种自然状态及每种自然状态发生的概率。如投硬币。决策者不能预先确知环境条件未来会处于一种什么样的状态，但可能的状态及其概率可以预先客观估计，在每种不同的状态下，每个备选方案会有不同的执行后果，所以不管哪个备选方案都有风险。

（3）不确定型决策。不确定型决策指在不稳定条件下进行的决策。决策者可能不知道有多少种自然状态，即便知道，也不能知道每种自然状态发生的概率。如打鸡蛋。决策者不能预先确知环境条件，未来可能的状态和各种状态的概率无从估计，决策者对各种备选方案的执行后果也难以确切估计，这就是不确定条件下的决策。

确定型、风险型、不确定型决策含义解析如图 2-12 所示。

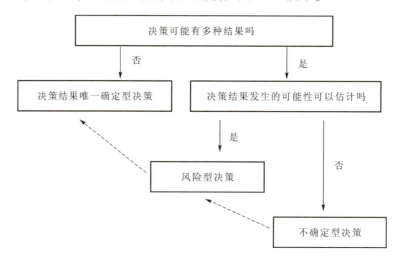

图 2-12　确定型、风险型、不确定型决策含义解析

7. 从决策的依据来划分

从决策的依据来划分，决策可分为经验决策和科学决策。

（1）经验决策。经验决策是依靠过去的经验和对未来的直觉进行决策。

（2）科学决策。科学决策是指决策者按科学的程序，依据科学的理论，用科学的方法进行决策。

三、决策程序

科学的决策，必须遵循一定的程序。程序是指先做什么、后做什么，按照一定的章法、步骤办事，使思维或行为规范化、条理化。决策过程是从提出问题、确定目标开始，经过方案选优、作出决策、交付实施为止的全部过程。这一过程强调了决策的实践意义，明确决策的目的在于执行，而执行又反过来检查决策是否正确、环境条件是否发生重大的变化，把决策看成是"决策—实施—再决策—再实施"的整个过程（图 2-13）。

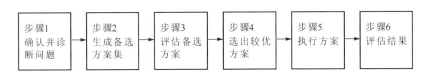

图 2-13 决策程序

四、决策的影响因素

(一) 环境因素

1. 环境的稳定性

一般来说，在环境比较稳定的情况下，组织过去针对同类问题所作的决策具有较高的参考价值，因为过去决策时所面临的环境与现时差不多。有时，今天的决策仅是简单地重复昨天的决策。这种情况下的决策一般由组织的中低层管理者进行。

而在环境剧烈变化的情况下，组织所要作的决策通常是紧迫的，否则可能被环境淘汰；同时过去的决策的借鉴意义也不大，因为已经事过境迁。为了更快地适应环境，组织可能需要对经营活动的方向、内容与形式进行及时的调整。这种情况下的决策一般由组织的高层管理者进行。

2. 市场结构

如果组织面对的是垄断程度较高的市场，则其决策重点通常在于：如何改善生产条件，如何扩大生产规模，如何降低生产成本等。垄断程度高容易使组织形成以生产为导向的经营思想。

如果组织面对的是竞争程度较高的市场，则其决策重点通常在于：如何密切关注竞争对手的动向，如何针对竞争对手的行为作出快速反应，如何才能不断向市场推出新产品，如何完善营销网络等。激烈的竞争容易使组织形成以市场为导向的经营思想。

3. 买卖双方在市场的地位

在卖方市场条件下，组织作为卖方，在市场居于主动、主导地位。组织所作的各种决策的出发点是组织自身的生产条件与生产能力，"我生产什么就向市场提供什么""我能生产什么就销售什么"。

而在买方市场条件下，组织作为卖方，在市场居于被动、被支配的地位。组织所作的各种决策的出发点是市场的需求情况，"市场或用户需要什么我就生产什么。""消费者主权""用户就是上帝""顾客永远是对的"等意识被融入决策中。

(二) 组织自身的因素

影响决策的组织自身因素包括组织文化、组织的信息化程度、组织对环境的应变模式。

1. 组织文化

在保守型组织文化中生存的人们倾向于维持现状，他们害怕变化，更害怕失败。对任何带来变化（特别是重大变化）的行动方案会产生抵触情绪，并以实际行动抵制。在这种文化氛围中，如果决策者想坚持实施一项可能给组织成员带来较大变化的行动方案，就必须首先勇于破除旧有的文化，建立一种欢迎变化的文化，而这谈何容易。决策者会在决策之前预见到带来变化的行动方案在实施中将遇到很大阻力,很可能失败。生存在保守型文化中的人们不会轻易容忍失败,因而决策者就会产生顾虑,从而将会带来重大变化的行动方案从自己的视野中剔除出去。其结果是,那些旨在维持现状的行动方案被最终选出并付诸实施,进一步强化了文化的保守性。

而在进取型组织文化中生存的人们欢迎变化,勇于创新,宽容地对待失败。在这样的组织中,容易进入决策者视野的是给组织带来变革的行动方案。有时候,他们进行决策的目的就是制造变化。

此外,组织文化是否具有伦理精神也会对决策产生影响。具有伦理精神的组织文化会引导决策者采取符合伦理的行动方案,而没有伦理精神的组织文化可能会导致决策者为了达到目的而不择手段。

2. 组织的信息化程度

信息化程度对决策的影响主要体现在其对决策效率的影响上。信息化程度较高的组织拥有较先进的信息技术,可以快速获取质量较高的信息;另外,在这样的组织中,决策者通常掌握着较先进的决策手段。高质量的信息与先进的决策手段便于决策者快速作出较高质量的决策。不仅如此,在高度信息化的组织中,决策者的意图易被人理解,决策者也较容易从他人那里获取反馈,使决策方案能根据组织的实际情况进行调整从而得到很好的实施。因此,在信息时代,组织应致力于加强信息化建设,借此提高决策的效率。

3. 组织对环境的应变模式

通常,对一个组织而言,其对环境的应变是有规律可循的。随着时间的推移,组织对环境的应变方式趋于稳定,形成组织对环境特有的应变模式。这种模式指导着组织今后在面对环境变化时如何思考问题、如何选择行动方案等,特别是在创立该模式的组织最高领导尚未被更换时,其制约作用更大。

(三) 决策问题的性质

1. 问题的紧迫性

如果决策涉及的问题对组织来说非常紧迫,急需处理,则这样的决策被称为时间敏感型决策。对于此类决策,快速行动要比如何行动更重要,也就是说,对决策速度的要求高于对决策质量的要求。战场上军事指挥官的决策多属于此类。组织在发生重大安全事故、面临稍纵即逝的重大机会时以及在生死存亡的紧急关头所面临的决策也属于此类。需要说明的是,时间敏感型决策在组织中不常出现,但每次出现都会给组织带来重大影响。

相反,如果决策涉及的问题对组织来说不紧迫,组织有足够的时间从容应对,则这样的决策可被称为知识敏感型决策,因为在时间宽裕的情况下对决策质量的要求必然提高,而高质量的决策依赖于决策者掌握足够的知识。组织中的大多数决策均属于此类。对决策者而言,为了争取足够的时间以便作出高质量的决策,需要未雨绸缪,尽可能在问题出现之前就将其列为决策的对象,而不是等问题出现后再匆忙作决策,也就是将时间敏感型决策转化为知识敏感型决策。

2. 问题的重要性

问题的重要性对决策的影响是多方面的:①重要的问题可能引起高层领导的重视,有些重要问题甚至必须由高层领导亲自决策,从而决策可得到更多力量的支持。

②越重要的问题越有可能由集体决策，因为与个人决策相比，在集体决策时，对问题的认识更全面，决策的质量可能更高。③越重要的问题越需要决策者慎重决策，越需要决策者避开各类决策陷阱。

(四) 决策主体的因素

1. 个人对待风险的态度

人们对待风险的态度有三种类型：风险厌恶型、风险中立型和风险爱好型。可以通过举例来说明如何区分这三种类型。假如你面临两个方案：一个方案是，不管情况如何变化，你都会在 1 年后得到 100 元收入；另一个方案是，在情况朝好的一面发展时，你将得到 200 元收入，而在情况朝坏的一面发展时，你将得不到收入，情况朝好的一面发展和朝坏的一面发展的可能性各占一半。试问你更愿意要哪个方案。如果选择第一个方案，那么你将得到 100 元确定性收入；而如果选择第二个方案，那么你将得到期望收入 $200 \times 0.5 + 0 \times 0.5 = 100$（元）。如果你宁愿选择第一个方案，你就属于风险厌恶型；如果你宁愿选择第二个方案，你就属于风险爱好型；如果你对选择哪个方案无所谓，你就属于风险中立型。可见，决策者对待风险的不同态度会影响行动方案的选择。

需要避免的
决策偏向

2. 个人能力

决策者个人能力对决策的影响主要体现在以下方面：①决策者对问题的认识能力越强，越有可能提出切中要害的决策。②决策者获取信息的能力越强，越有可能加快决策的速度并提高决策的质量。③决策者的沟通能力越强，他提出的方案越容易获得通过。④决策者的组织能力越强，方案越容易实施，越容易取得预期的效果。

3. 个人价值观

组织中的任何决策既有事实成分，也有价值成分。对客观事物的描述属于决策中的事实成分，如对组织外部环境的描述、对组织自身问题的描述等都属于事实成分。事实成分是决策的起点，能不能作出正确决策很大程度上取决于事实成分的准确性。对所描述的事物所作的价值判断属于决策中的价值成分。显然，这种判断受个人价值观的影响，决策者有什么样的价值观，就会作出什么样的判断。也就是说，个人价值观通过影响决策中的价值成分来影响决策。

4. 决策群体的关系融洽程度

如果决策是由群体作出的，那么群体的特征也会对决策产生影响。我们此处仅考察决策群体的关系融洽程度对决策的影响：①影响较好行动方案被通过的可能性。在关系融洽的情况下，大家心往一处想，劲往一处使，话往一处说，事往一处做，较好的方案容易获得通过。而在关系紧张的情况下，最后被通过的方案可能是一种折中方案，未必是较好的方案。②影响决策的成本。在关系紧张的情况下，方案可能长时间议而不决，决策方案的实施所遇到的障碍通常也较多。

五、集体决策方法

1. 头脑风暴法（brain storming）

头脑风暴法又称智力激励法、BS 法，是由美国创造学家 A·F·奥斯本于 1939 年首次提出、1953 年正式发表的一种激发创造性思维的方法。它是一种邀请专家内行针对组织内某一问题，经过研讨和相互启发、集思广益后进行决策的方法。

头脑风暴法的讨论准则如下。

（1）任何时候都不批评别人的想法。

（2）思想越好。

（3）强调产生想法的数量。

（4）鼓励别人改进想法。

头脑风暴的规则与流程　　　头脑风暴会后的观点处理

2. 认知冲突法

这种方法与头脑风暴法的规则正好相反，它要求参会者针对他人提的见解、方案，直接提出相反的意见或进行否定，并鼓励争论，以求在不同意见与方案的冲突争论中辨明是非，发现各种方案的缺陷，逐步趋于一致。

3. 名义小组技术（nominal group technique）

管理者召集一些有知识的人，告知他们要解决的问题的关键内容，并请他们独立思考，写下自己的备选方案和意见，然后请他们按次序陈述各自的方案和意见。在此基础上，由小组成员对提出的备选方案进行投票，根据投票结果，选择方案。

4. 德尔菲法

德尔菲法（Delphi technique）也称专家会议法，在 20 世纪 40 年代由赫尔默和戈登首创，1946 年，美国兰德公司为避免集体讨论存在的屈从于权威或盲目服从多数的缺陷，首次用这种方法来进行定性预测。20 世纪中期，当美国政府执意发动朝鲜战争的时候，兰德公司提交了一份预测报告，预告这场战争必败。政府完全没有采纳，结果一败涂地。从此以后，德尔菲法得到广泛认可。它是按规定程序，背靠背地征询专家对组织有关问题的意见，然后进行决策的方法。

德尔菲法的具体规则是：先向专家提出相关的研究专题，请专家分别发表意见；主持人把意见综合整理后，再反馈给每个人；请他们重新作出分析和判断；主持人再进行意见综合，再反馈给每个人。如此反复，直到意见大体趋于一致，或意见分歧明朗化为止。其特点：各专家背靠背，互不见面；匿名方式；有效避免迷信权威（不沟通讨论）。

5. 电子会议法（electronic meetings）

电子会议法是名义群体法与复杂的计算机技术相结合的一种决策方法，其具体实施步骤是：群体成员围坐在马蹄形的桌子旁，面前除了一台计算机终端之外，一无所有。问题通过大屏幕呈现给参会者，要求他们把自己的意见输入计算机终端屏幕上。个人的意见和投票都显示在会议室中的投影屏幕上。电子会议法的主要优点是匿名、可靠、迅速。

通过对集体决策中存在的心理和行为倾向的分析，可以看出集体决策中存在从众现象、风险转移等缺陷，必须采取以下有效措施，尽可能克服集体决策中的缺陷。

（1）知识结构上的互补。

（2）性格、气质和决策风格上的互补。

（3）年龄、性别、所处阶层的合理分布。

（4）控制决策群体的人数。

（5）坚持民主集中制。

六、确定型决策方法

（一）确定型决策方法的特点

确定型决策方法有以下特点：存在决策者希望达到的决策目标；只存在一个确定的自然状态；存在两个以上的备择方案；不同方案在自然状态下的损益值可以估算出来。

（二）决策方法

1. 线性规划

在一些线性等式或不等式的约束条件下，求解线性目标函数的最优解。其决策步骤：①确定影响目标的变量。②列出目标函数方程。③找到实现目标的约束条件。④求得最优解。

2. 量本利分析法

量本利分析法又称为盈亏平衡分析法，是通过考查产量、成本和利润的关系以及盈亏变化的规律为决策提供依据的方法，其基本模型如图 2-14 所示。

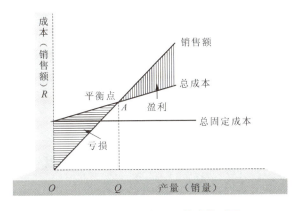

图 2-14　盈亏平衡分析基本模型图

量本利分析法是以盈亏平衡点产量或销量作为依据进行分析的方法。

其基本公式为：

$$Q = \frac{C}{P-V}$$

式中，Q 为盈亏平衡点产量（销量）；C 为总固定成本；P 为产品价格；V 为单位变动成本。

要获得一定的目标利润 B 时，其公式为：

定量决策方法类型

$$Q = \frac{C+B}{P-V}$$

七、风险型决策方法

（一）风险型决策方法的特点

风险型决策方法具有以下特点：决策目标一般是经济性的；存在两个以上可供选择的方案；未来环境可能出现多种自然状态；可测算不同方案在不同状态下发生的概率和损益值。

（二）决策树法

决策树法利用树枝状图形列出决策方案、自然状态、自然状态概率及其条件损益，然后计算各个方案的期望损益值，进行比较选择。

决策树图形由决策节点、方案枝、状态节点和概率枝、结果节点组成，如图 2-15 所示。

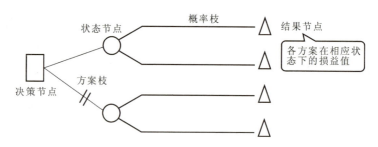

图 2-15　决策树图形构成

注：□为决策节点，指决策期望损益值；

　　○为状态（机会）节点，指本方案期望效益值。

（三）风险型决策方法步骤

第一步：从左到右绘制决策。

第二步：从右到左计算期望值。期望值公式如下：

$$期望值 = \sum (损益值 \times 概率值) \times 经营年限$$

第三步：通过比较期望值，选择合理决策方案。

例题：某商场要经营一种全新商品，据预测在 3 年内市场销售情况如表 2-4 所示，请用决策树法进行决策。

表 2-4　某商场 3 年内市场销售情况

方案	畅销 0.2	一般 0.5	滞销 0.3
大批进货	盈利 40	盈利 30	亏损 10
中批进货	盈利 30	盈利 20	盈利 8
小批进货	盈利 20	盈利 18	盈利 14

用决策树法进行决策如图 2-16 所示。

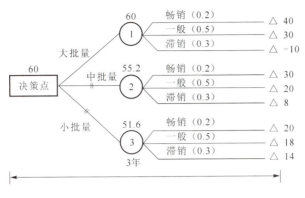

图 2-16　决策树图

大批量生产期望值＝［40×0.2＋30×0.5＋（−10）×0.3］×3＝60（万元）
中批量生产期望值＝［30×0.2＋20×0.5＋8×0.3］×3＝55.2（万元）
小批量生产期望值＝［20×0.2＋18×0.5＋14×0.3］×3＝51.6（万元）
因此选择大批量进货。

八、不确定型决策方法

（一）不确定型方法的特点

这类决策的特点是决策者不能判定未来各种可能状态出现的概率。因此，这类决策实际上带有更大的风险性，而采取的决策方法主要取决于决策者的主观判断，同一决策问题，可以有完全不同的方案选择。不确定型决策是在对未来自然状态完全不能确定的情况下进行的，由于决策主要靠决策者的经验、智慧和风格，便产生不同的评选标准，因而形成了多种具体的决策方法。

（二）决策方法

1. 乐观准则法（大中取大法）

首先选择出每个方案在不同自然状态下的最大可能收益值，再从这些最大收益值中选择一个最大值，找出其对应方案作为决策方案，所以乐观准则法也称为"大中取大法"，即最大化其最大的可能收入。

例题：某企业拟开发新产品，有三种设计方案可供选择。因不同设计方案的制造成本、产品性能各不相同，在不同的市场状态下的损益值也各异。由于无确切的统计资料，各种自然状态出现的概率无法估计，具体资料如表 2-5 所示。

表 2-5　某企业开发新产品的三种设计方案

方案	畅销	一般	滞销	max
Ⅰ	50	40	20	50
Ⅱ	70	50	0	70
Ⅲ	100	30	−20	100

注：表格中阴影部分的方案Ⅲ为备选方案

2. 悲观准则法（小中取大法）

决策者对客观情况总是抱悲观态度，总觉得不会万事如意；为了保险起见，总是把事情结果估计得很不利，因而悲观准则法也叫保守方法。可是在这种最坏的条件下又想从中找个好一点的方案。其基本思想是：首先选择出每个方案在不同自然状态下的最小可能收益值，再从这些最小收益值中选择一个最大值，找出其对应方案作为决策方案，所以悲观准则法也称为"小中取大法"，即最大化其最小的可能收入。

3. 折中准则法

折中准则是介于悲观准则法和乐观准则法之间的一个准则方法。其特点是对客观状况的估计既不完全乐观，也不完全悲观，而采用一个乐观系数来反映决策者对状态估计的乐观程度。

折中准则具体运用的基本步骤如下。

第一，决策者根据自己的态度，预先确定一个折中系数，并按 $a \cdot Max + (1-a) Min$，这一公式来计算各方案的折中值，其中 Max 和 Min 分别为每个方案的最大和最小收益值，用乐观系数 a 表示乐观程度（$0 \leqslant a \leqslant 1$），而（$1-a$）就是悲观系数，它表示悲观程度。

第二，计算折中值，如果折中值为收益，则最大者为最优方案；如果折中值为成本，显然最小值为最优方案。

4. "后悔值"决策准则法

决策者在作出决策之后，若情况未能符合理想，必将有后悔的感觉。这个方法的思路是，希望能找到这样一个策略，能最小化其最大可能的"后悔值"，以使在实施这个策略时，能产生较少的后悔。其原因在于作出决策后，并不意味着一定有利可图，还存在因放弃其他方案而失去赢得更多利润的可能性，这个可能性就是决策者的"后悔值"。

具体步骤：首先将每种自然状态的最高值（指收益矩阵，若是损失矩阵应取最低值）定为该指标的理想目标，并将该状态中的其他值与最高值相减所得之差称为未达到理想的后悔值。而把后悔值排列成的矩阵称为后悔矩阵，它可以从收益矩阵中导出来；接着把每个行动方案的最大后悔值求出来，最后再求出所有最大后悔值中最小的一个对应的方案作为决策方案。

例题：某公司要提高产品质量，有三种方案，具体资料见表 2-6，采用"后悔值"法作出决策见表 2-7。

表 2-6　某公司三种方案

项目	销路好	销路一般	销路差
改进生产线	180	120	-40
新建生产线	240	100	-80
外包生产线	100	70	16

表 2-7　某公司"后悔值"决策过程

项目	销路好（最大后悔值）	销路一般（最大后悔值）	销路差（最大后悔值）	最大后悔值
改进生产线	60	0	56	60
新建生产线	0	20	96	96
外包生产线	140	50	0	140

注：表格中阴影部分为备选方案

5. 等概率决策法

等概率决策法是当决策人在决策过程中，不能肯定哪种状态容易出现，哪种状态不容易出现时，可以一视同仁，认为各种状态出现的可能性是相等的。如果有 n 个自然状态，那么每个自然状态出现的概率即为 $1/n$，然后按收益最大的或损失最小的期望值（或矩阵法）进行决策。

导入案例分析思路

（1）从案例来看，王厂长的两次决策分别是个人决策和集体决策。第一次的决策合理，因为王厂长是在掌握充分的信息和在对有关情况分析的基础上作出购买进口二手设备的决策的，充分发挥了个人决策的作用，效率高且责任明确。这一决策使佳迪饮料厂摆脱了企业由于当时设备落后、资金短缺所陷入的困境，并由此走上了发展之路。而第二次决策引进世界一流的先进设备的决策过程不够合理，王厂长虽然说民主决策，但集体决策的效果没有得以充分体现。由于屈从压力，存在少数人的权威作用，使集体决策成员从众现象较为明显，影响了决策的质量。

（2）作为佳迪饮料厂的厂长，第一次决策购买进口二手设备，采取个人决策是成功的。但由于个人决策受到有限理性和个人行为特征（如行动的持久性、知觉、成见、个人价值系统、对问题的感知方式）等的影响，所以王厂长应充分考虑企业自身的实际和外部环境因素，在信息充足、备选方案充分的前提下作出决策。由于企业规模扩大，第二次决策引进世界一流的先进设备时采取集体决策，不仅可提供更完整的信息，产生更多的方案，提高方案的接受性和合法性，而且可减少个人决策因知识所限、能力所限，个人价值观、决策环境的不确定性和复杂性等造成的影响，提高决策的质量。所以，在第二次决策时，王厂长应精心营造集体决策的氛围，引导集体决策成员积极参与，明确责任，以充分发挥集体决策的作用。

（3）影响决策的主要因素有：①决策者。如决策者对风险的态度。②决策方法。③决策环境。④组织文化。⑤时间。

决策方式的选择，主要视决策问题的性质、参与者的能力和相互作用的方式等而定。

赫伯特·西蒙——决策理论学派的代表人物

赫伯特·西蒙（Herbert A. Simon，1916—2001），美国管理学家和社会经济组织决策管理大师，第十届诺贝尔经济学奖获奖者。1916年生于美国威斯康星州密尔沃基，毕业于芝加哥大学，1943年获得博士学位。曾先后在加利福尼亚大学、伊利诺工业大学和卡内基-梅隆大学任计算机科学及心理学教授，曾从事过计量学的研究。他还担任过企业界和官方的多种顾问。他倡导的决策理论，是以社会系统理论为基础，吸收古典管理理论、行为科学和计算机科学等的内容而发展起来的一门边缘学科。由于在决策理论研究方面的突出贡献，他被授予1978年度诺贝尔经济学奖。

赫伯特·西蒙

西蒙指出组织中经理人员的重要职能就是作决策。西蒙决策理论的核心思想有两点：有限理性与满意准则。

西蒙认为，长期以来，在关于人类行为的理性方面存在两个极端。一个极端是由弗洛伊德开始的，就是试图把所有人类的认知活动都归因于情感的支配。对此，西蒙提出了批评。他强调，组织成员的行为如果不是完全理智的，至少在很大程度上是符合理性的，情感的作用并不支配人的全部。另一个极端是经济学家的经济人假设，赋予了人类无所不知的理性。在经济人的观察角度下，似乎人类能够拥有完整、一致的偏好体系，让他始终可以在各种备选方案之中进行选择；他始终十分清楚到底有哪些备选方案；为了确定最优备选方案，他可以进行无限复杂的运算。对此，西蒙也进行了反驳。他指出，单一个体的行为不可能达到完全理性的高度，因为他必须考虑的备选方案的数量太大，评价备选方案所需要的信息太多。事实上，现实中的任何人不可能掌握全部信息，也不可能先知先觉，决策者只能通过分析研究来预测结果，因此决策者也只能在考虑风险和收益等因素的情况下作出自己较为满意的抉择。所以西蒙认为，人类行为是理性的，但不是完全理性的，一句话：理性是有限的。

从有限理性出发，西蒙提出了满意型决策的概念。从逻辑上讲，完全理性会导致人们寻求最优型决策，有限理性则导致人们寻求满意型决策。以往的人们研究决策，总是立足于最优型决策，在理论上和逻辑上，最优型决策是成立的。然而在现实中，或者是受人类行为的非理性方面的限制，或者是最优选择的信息条件不可能得到满足，或者是在无限接近最优的过程中极大地增加决策成本而得不偿失，最优决策是难以实现的。因而，西蒙提出用满意型决策代替最优型决策。所谓满意，是指决策只需要满足两个条件即可：一是有相应的最低满意标准，二是策略选择能够超过最低满意标准。在这里，如果把决策比作大海捞针，最优型决策就是要求在海底所有的针中间捞出最尖最好的那枚针，而满意型决策则只要求在有限的几枚针中捞出尖得足以缝衣服的那枚针即可，即使还有更好的针，对决策者来说已经无意义。与传统的决策理论及其他学派相比，以西蒙为代表的决策理论学派的理论有以下基本特征。

1. 管理的中心

决策是管理的中心，决策贯穿管理的全过程。西蒙认为，任何作业开始之前都要先做决策，制订计划就是决策，组织、领导和控制也都离不开决策。

2. 满意性准则

在决策准则上，用满意性准则代替最优化准则。西蒙认为，完全的合理性是难以做到的，管理中不可能按照最优化准则来进行决策，原因有三：首先，未来含有很多的不确定性，信息不完全，人们不可能对未来无所不知；其次，人们不可能拟订出全部方案，这既不现实，有时也是不必要的；最后，即使用了最先进的计算机分析手段，也不可能对各种可能结果形成一个完全而一贯的优先顺序。

3. 决策的影响

西蒙指出，经理的职责不仅包括本人制定决策，也包括负责使他所领导的组织或组织的某个部门能有效地制定决策。他所负责的大量决策制订活动并非仅仅他个人的活动，同时也是他下属人员的活动。

西蒙有关组织决策的理论和意见，应用到现代企业和公共管理所采用的规划设计、预算编制和控制等系统中及其技术方面，效果良好。这种理论已成功地解释或预示如公司内部信息和决策的分配、有限竞争情况下的调整、选择投资各类有价证券投资和对外投资投放国家选择等多种活动。现代企业经济学和管理研究大部分都建立在西蒙的思想之上。因此，1978 年，由于他"对经济组织内的决策程序所进行的开创性研究"，获得诺贝尔经济学奖。

◆ **重点概念**

滚动计划　网络计划技术　标杆瞄准法　PEST 分析　SWOT 分析　目标管理　头脑风暴　名义群体法　德尔菲法 决策树

◆ **闯关考验**

一、单项选择题

1. 每当出现这类工作或问题时，就利用既定的程序来解决，而不是重新研究，这类计划是（　　）。

　A. 程序性计划　　B. 指导性计划　　　C. 战术性计划　　　D. 中期计划

2. 网络计划技术中（　　）既不消耗资源，也不占用时间，只表示前一活动的开始、后一活动的结束的瞬间。

　A. 活动　　　　　B. 事项　　　　　　C. 路线　　　　　　D. 网络图

3. 目标管理是（　　）提出来的。

　A. 泰勒　　　　　B. 西蒙　　　　　　C. 德鲁克　　　　　D. 法约尔

4. 各专家背靠背，互不见面；匿名方式；有效避免迷信权威，具备上述特点的决策方法是（　　）。

　A. 电子会议法　　B. 头脑风暴法　　　C. 德尔菲法　　　　D. 认知冲突法

5. 决策者确定环境条件,每一种备选方案只有一种确定的执行后果,决策过程中只要直接比较各种备选方案的执行后果就可以决策的决策是(   )。

A. 确定型决策   B. 风险型决策

C. 不确定型决策   D. 非程序化决策

二、多项选择题

1. SWOT 分析中(   )用来分析内部条件。

A. S   B. W   C. O   D. T

2. 通常公司中层次越低的部门,其目标(   )。

A. 内容越具体   B. 时间跨度越长

C. 内容越抽象   D. 时间跨度越短

3. 供应商将拥有较强的讨价还价能力的情况有(   )。

A. 供应商的数量有限

B. 供应商提供的商品不存在替代品

C. 供应商的价格占企业总成本的比例很大

D. 供应商的前向一体化能力

4. PEST 分析中属于社会文化因素的有(   )。

A. 法制建设情况   B. GDP   C. 人口预期寿命   D. 宗教信仰

5. 按照决策问题的可控程度,将决策划分为(   )。

A. 确定性决策   B. 风险型决策   C. 非确定型决策   D. 危险型决策

三、思考题

1. 影响行业内竞争的因素有哪些?

2. 德尔菲法的主要流程是什么?

3. 常见的企业竞争战略有哪些?

◆ 技能训练

进入大学校园已经有一段时间,高中校园生活肯定和大学校园生活有所不同。在高中阶段有清晰的学习目标——考入理想的大学。现在已经进入大学学习,请问有没有明确的学习目标?大学结束之后你是就业、升学深造还是有其他选择?请结合自己的专业,根据本项目所学内容,合理分析就业环境、就业趋势和自身条件,和老师、同学充分交流,确定自己将来的选择方案,进行正确合理的决策,确定自己大学期间的学习目标,制订切实可行的行动计划,撰写、制订一份大学期间的计划书。

项目三　构建组织

【篇首语】

　　组织职能是指按计划对企业的活动及其生产要素进行的分派和组合。组织职能对于发挥集体力量、合理配置资源、提高劳动生产率具有重要的作用。党的二十大报告指出，"转变政府职能，优化政府职责体系和组织结构，推进机构、职能、权限、程序、责任法定化，提高行政效率和公信力。"管理学认为，组织职能一方面是指为了实施计划而建立起来的一种结构，该种结构在很大程度上决定着计划能否得以实现；另一方面是指为了实现计划目标所进行的组织过程。

　　通过本项目的学习，需要掌握组织部门化的原则、管理幅度及其影响因素、各种组织结构形式的特点等理论知识和相关的技术方法，培养责任意识、团队合作意识和沟通能力。

🔄 学习目标

●。知识目标

1. 了解组织的含义、要素以及组织的职能。
2. 了解组织变革的动因、内容、阻力及管理。
3. 了解人力资源规划的含义、作用、内容、步骤。
4. 理解组织结构设计的原则、内容。
5. 理解组织变革的原理与要求。
6. 理解培训与考核的原理与要求。
7. 掌握组织结构的类型、特点及其适用环境。
8. 掌握人力资源规划的步骤。
9. 掌握员工招聘的方法、途径。

●。能力目标

1. 能够进行具体组织结构设计、分析和评价。
2. 能够分析具体组织的优缺点，并能为组织变革提出合理化建议。
3. 能够按照组织的一般程序、方法与要求，有效地组织招聘、培训和绩效考核工作。

●。素质目标

1. 增强学生遵章守纪的意识、团队合作的精神。
2. 养成勤于思考、系统分析的习惯。

🔄 知识导图

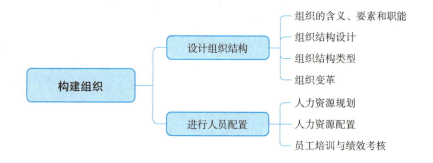

任务一
设计组织结构

王经理的烦恼

天利公司是一家服装生产企业，经过几年的发展已经拥有员工 300 多人，公司规模越来越大，公司管理中也出现了很多问题。前不久，公司根据生产流程和工作职能重新调整了部门，设置了采购部、设计开发部、生产部（下设裁剪班、缝纫班、后整理班、包装检验班）销售部、后勤部、办公室等部门，理顺了工作关系。王经理想能轻松一下。

有一天王经理发现会议室的窗户很脏，好像好久没有打扫过，便打电话告诉后勤部负责人，该负责人立即打电话告诉事务科长，事务科长又打电话给公务班长，公务班长便派了两名员工，很快就将会议室的窗户擦干净了。过了一段时间，王经理发现同样的问题再次出现。

问题：

1. 公司在进行部门设置时采用了什么方法？
2. 你认为公司在管理方面最可能存在什么问题？

知识阐述

一、组织的含义、要素和职能

（一）组织的含义

1. 一般意义上

组织泛指各种各样的社会组织或事业单位、企业、机关学校、医院、工会等。

2. 管理学意义上

组织指按照一定目的和程序而组成的一种权责角色结构。

其基本特征：

（1）组织有一个共同目标。

（2）组织是实现目标的工具。

（3）组织包括不同层次的分工协作。

3. 组织职能

为了实施和落实组织的各项工作任务，必须为组织设计、建立和保持一个分工合理、精干灵活、权责分明的职务结构体系，制定出相应的规则、程序，选配符合职务要求的工作人员，以保证整个组织能够协调有序、高效率地运转。

（二）组织的构成要素

1. 有形要素

一般要构成一个组织，需要的有形要素包括：①人员。②职务。③职位。④关系。⑤生存条件。

2. 无形要素

构成一个组织的无形要素包括：①共同目标。②协作意愿。③信息沟通。

（三）组织的职能

组织职能，又叫组织工作，是指为了实现组织的共同目标而确定组织内各要素及其相互关系的活动或过程。即通过设立机构、建章立制、职权配置、人员配置、运行与变革、文化建设等来完成组织任务和实现组织目标的活动或过程。组织职能的具体内容包括以下六个方面。

1. 组织结构设计

组织结构设计是组织工作中最重要、最核心的一个环节，其内容是建立一种有效的组织结构框架，对组织成员在实现组织目标中的分工协作关系作出正式的、规范的安排，即形成正式的组织结构。

2. 制度规范

制度规范是指对组织管理活动及其组织成员行为进行规范、制约与协调而制定的各种规定、规程、方法与标准等制度的总称。制定制度规范就是用制度形式规定管理活动的内容、程序和方法，界定人员行为规范和准则的过程，从而使管理活动有章可循，规范高效。

3. 职权配置

职权是构成组织结构的核心要素，是组织联系的主线，对于组织的合理构建与有效运行具有关键性作用。在组织内部，基本的信息沟通也是通过职权来实现的。通过职权关系上传下达，使下级按指令行事，上级得到及时反馈的信息，作出合理的决策，进行有效的控制。

4. 人员配置与管理

人员配置是根据组织目标和任务正确选择、合理使用、科学考核和培训人员，以合适的人员去完成组织结构中规定的各项任务，从而保证整个组织目标和各项任务完成的职能活动。其目的是让合适的人去做合适的事，其内容是将人力资源配置到各个部门、地区、下属组织的职业岗位之中，使之与其他经济活动相匹配。

5. 组织变革

组织变革指通过对组织结构进行调整和修正，使其适应不断变化的外部环境和内部条件的过程。组织变革和组织发展虽有所区别，但二者又密切联系。组织发展要通过组织变革来实现，变革是手段。变革的目的是使组织得到发展，以适应组织内外条件的要求，有效地行使组织职能。

6. 组织文化建设

组织文化是指在一定的社会政治、经济、文化背景条件下，组织在生产与工作实践中所创造或逐步形成的价值观念、行为准则、作风和团体氛围的总和。通过组织文化建设，可以充分发挥组织的导向、凝聚、激励、约束和辐射功能，进一步促进组织职能的有效发挥。

二、组织结构设计

组织结构是表明组织各构成要素及其相互关系的结构模式，其内容是进行部门和人员的划分，明确各自的职务、职责、职权及其相互关系，其本质是确定部门和成员之间的分工与协作关系。组织结构设计是围绕着组织目标，结合组织的内部环境，设计组织的机构、职位、职责、职权以及确立其之间的关系，从而实现纵横结合，组建不同类型组织结构的过程。组织结构是随着社会的发展而发展起来的，各类组织没有优劣之分，不同的环境、不同的企业、不同的管理者，有不同的组织结构设计。组织结构设计一般分为横向结构设计和纵向结构设计两个方面，前者主要解决部门划分和职责的委派问题，后者主要解决管理幅度和管理层次的合理确定问题。

（一）组织结构设计的原则

组织结构是组织正常运营和提高经济效益的支撑和载体。现代组织如果缺乏良好的组织结构，没有一套分工明确、权责清楚、协作配合、合理高效的组织结构，其内在机制就不可能充分发挥出来。在设计组织结构时要遵照以下原则。

1. 任务目标原则

每个机构和这个机构的每一部分，都与特定的任务、目标有关，否则就没有存在的意义。任务、目标就是机构或机构的每一部分、每一成员要干的企业活动所必需的事情。机构设计以事为中心，因事设机构、设职务、配人员。人与事要高度配合，不能以人为中心，因人设职，因职找事。

2. 专业分工原则

为提高效率必须分工。把实现任务目标所需要的全部活动，划分成各种基本作业。把各种基本作业，按其职能要求，分配给这方面的专业人员。要合理划分专业，注重使用专家。

3. 管理幅度原则

管理幅度是指一个主管能够直接有效地指挥下属的数目。一个管理人员能领导若干个隶属人员，高层管理人员的管理幅度在 4~8 人。但经过调查和实际工作的证明，在许多组织中，其管理幅度比这个结果要高。因此，确定管理幅度时，要根据企业的实际情况，考虑某些因素的影响，合理地确定。

4. 管理层次原则

管理层次是指机构分设的自上而下或自下而上的管理阶梯。在总量一定的情况下，管理层次和管理幅度呈反向变化。管理幅度越小，管理层次越多；相反，管理幅度越大，管理层次越少。一般来说，在企业最高领导人和最基层的职工之间，如果层次过多，往往会使信息失真，受到歪曲或者变得过时。因此，许多企业主张组织中的层次应尽可能地少。

5. 责权对等原则

权力是在规定的职位上行使的。领导人员率领隶属人员去完成某项工作，必须拥有包括指挥、命令等在内的各种权力。责任是在接受职位、职务后必须履行的义务。在任何工作中，权与责必须大致相等。

6. 职能相称原则

管理人员的才智、能力与担任的职务相适应。设计了各种职位、职务之后，就要安排相应的人员担任工作，或通过培训，使其胜任工作。每种职位、职务都有其所要求的能力水平。

7. 统一指挥原则

下级机构只能接受一个上级机构的命令和指挥。一个机构不能受到多头指挥。上下级之间的上报下达，都要按层次进行，一般情况下不得越级。执行者负执行之责，指挥者负指挥之责，在指挥和命令上，严格实行"一元化"的联系。

8. 精干高效原则

精干高效原则表现为机构精简，队伍精干。机构精简就要对管理业务进行具体分析，减少业务中的重复现象。队伍精干即设置必要的、胜任的工作人员，调整不必要的、不胜任的工作人员，减少机构的管理费用。

9. 适应性原则

组织机构对客观环境的变化要有适应性。组织机构适应内部条件、外部环境，满足生产、技术、管理、市场等各方面的需要，才有存在和发展的可能性。能否适应社会和经济发展的需要是组织机构优劣的重要标准。

(二) 组织横向结构设计

1. 部门划分

（1）部门划分的含义。

部门划分是把工作和人员组织成若干管理单元并组建成相应的机构和单位。不同的管理或者业务部门，是整个管理系统有机地运转起来的细胞和工具。部门划分的目的在于确定组织中各项任务的分配与责任的归属，以求分工合理，职责分明，有效地实现组织的目标。

（2）部门划分的方法。

①按人数划分。即完全按照人数的多少划分部门，这是最原始、最简单的划分方法。部队中的师、团、营、连、排、班就是这种划分方法。这种划分部门的特点是，划归在同一部门的人员在同一个主管人员的指挥下执行同类的工作任务。该方法仅仅考虑人力的数量因素，所以，在高度专业化的现代社会中有逐渐被淘汰的趋势。

②按时间划分。这是指将人员按时间进行分组，即倒班作业。在一些需要不间断工作的组织中，或者由于经济和技术的需要，常按照时间来划分部门，采取轮班作业的方法。例如，企业按早、中、晚班编制生产计划。

③按职能划分。这是最普遍采用的部门划分方法。它遵循专业化的原则，以工作或任务的性质为基础划分部门，并按这些工作或任务在组织中的重要程度，分为主要职能部门和次要职能部门。主要职能部门处于组织的首要一级，在主要职能部门之内再划分次要部门。

④按产品划分。即按组织向社会提供的产品来划分部门。它是随着科学技术的发展，为了适应新产品的生产而产生的。其优点是：有利于发挥专用设备的效益；有利于发挥个人的技能和专业知识；有利于部门内的协调；有利于产品的增长和发展。其

缺点是：要求更多的人具有全面管理的能力；产品部门独立性强，整体性差，增加了主管部门协调、控制的困难。

⑤按地区划分。即按地理位置来划分部门，其目的是调动地方、区域的积极性，谋求取得地方化经营的某种经济效果。只有当各地区的政治、经济、文化等因素影响到管理时，按地区划分部门才能充分发挥其优势。其优点是：有利于改善地区的协调，取得地区经营的经济效益；有利于培养管理人才。其缺点是：需要更多具有全面管理能力的人才；增加了主管部门控制的困难；地区部门之间往往不易协调等。

⑥按服务对象划分。即按组织服务的对象类型来划分部门。例如在商店中，按服务对象划分为老年用品部、妇女用品部和儿童用品部等。

⑦其他。在一些组织中，也常出现按市场营销渠道、英文字母的顺序等来划分部门的方法。

以上部门划分的方法只是就某一方面的因素而言的，实际上，在现实的管理活动中，还常常会采用混合的方法划分部门，即在同一组织层次或同一组织内部采用两种或者两种以上的方法划分部门，采用这种混合方法的目的，就是为了更有效地实现组织的目标。

2. 组织职责的委派

部门划分之后就涉及各项具体业务工作的分配、部门职责的委派等问题。部门任务分配和职责委派的一个最基本的依据是业务工作的类似性，这就需要对业务工作的一些项目进行分类，把从事类似业务工作的人集中到一个部门，从而实现职务专业化。同时，分派责任时也应该考虑彼此联系的密切程度。有时根据工作需要，也可以将多种性质的业务工作集中到一个部门中来，但这些业务工作必须是有着密切联系的，以便能最有效地进行工作。在向各部门委派职责时，应注意防止发生下列问题。

某企业人力资源部工作职责

（1）重复。把生产、经营及管理方面的同类问题，同时分派给不同机构，使它们都有解决问题的权力和责任，这就会发生职责上的重复，也等于机构设置上的重复。一旦发生问题，几家来回"扯皮"，谁都有"责"，谁都不"负责"，问题反而难以解决。如果有的特殊问题，的确需几个部门协调才能解决，那么，将该职责同时授予这几个部门的时候，必须明确划清各自的权限和责任范围，并确定牵头部门。

（2）遗漏。当某项基本的例行工作，任何机构都没有将其列为自己的工作职责范围之内时，这就发生了职责的遗漏，出现有事无人管的现象，必然影响组织目标的实现和工作的正常进行。如果属于例外工作，当重复发生时也应将其及时委派给有关部门作为例行的职责。

（3）不当。这是指将某项职责委派给了不适于完成这一职责的部门。每个机构都有其基本的职能及其有助于完成这一职能的有利条件。因此，对某一具体工作，总有某一个部门能利用其有利的条件，最好地加以完成。所以，应将工作交给最能有效解决这一问题的工作部门。

 思考

管理故事

牙科医生

有一位牙科医生，第一次给病人拔牙时，非常紧张，他刚把牙齿拔下来，不料手一抖，没有夹住，牙齿掉进了病人的喉咙。

"非常抱歉，"医生说，"你的病已不在我的职责范围之内，你应该去找喉科医生。"

当病人找到喉科医生时，他的牙齿掉得更深了。喉科医生给病人做了检查。

"非常抱歉，"医生说，"你的病已不在我的职责范围之内了，你应该去找胃病专家。"胃病专家用 X 光为病人检查后说："非常抱歉，牙齿已掉到你的肠子里了，你应该去找肠病专家。"

肠病专家同样做了 X 光检查后说："非常抱歉，牙齿不在肠子里，它肯定掉到更深的地方了，你应该去找肛肠科专家。"

最后，病人趴在了肛肠科医生的检查台上，医生用内窥镜检查一番，然后吃惊地叫道："啊，天哪！你这里长了颗牙齿，你应该去找牙科医生。"

管理启示：细化组织部门并没有错，但若只知道设立很多的部门，而没有有效的协调机制，就会出现相互推卸责任的现象。这是一个企业，特别是大企业最容易出现的致命弱点。

（三）组织纵向结构设计

组织的纵向结构设计主要包括管理幅度与管理层次的合理确定。在进行组织的纵向结构设计时，首先应根据企业的具体条件，正确规定管理幅度；然后，在这个数量范围内，再考虑影响管理层次的其他因素，科学地确定管理层次；同时，在此基础上，进行职权配置，从而建立基本的纵向结构。

1. 管理幅度

管理幅度亦称管理跨度，是指组织的一名管理者直接管理下属人员的数量。合理的管理幅度有利于管理的控制和沟通，可以加快上情下达和下情上报的传递速度，便于管理者及时做出决策，也有利于下属贯彻上级的决策意图。

2. 管理层次

管理层次亦称组织层次，是指组织内部在职权等级链上所设置的由最高层到最低层的级数。管理层次实际上反映的是组织内部的纵向分工关系，各个层次将负担不同的管理职能。管理实践表明，理想的管理层次有三个，即最高管理层、中间管理层和基层管理层。

3. 管理幅度与管理层次的关系

管理层次与管理幅度密切相关，在公司人员规模一定的情况下，管理层次与管理幅度之间存在负相关的关系，即一个公司操作人员在一定情况下，管理者直接管理的下属越多，管理层次也就越少；反之，管理者直接管理的下属越少，管理层次也就越多。在管理幅度与

影响管理幅度
的因素

管理幅度的
确定方法

管理层次关系方面，起主导作用的是管理幅度，即管理层次的多少取决于管理幅度的大小。

 知识链接

扁平结构与多层结构

1. 多层结构

多层结构是指管理幅度较小，管理层次较多的一种纵向组织结构。

多层结构的外形特征是高而窄，管理权力往往集中于上级手中。其优点表现为：有利于统一指挥；员工分工明确，职责分明；有利于管理者控制和监督下属；有利于员工晋升。其缺点是：层级之间沟通困难，信息易失真；不利于员工主观能动性和创造性的发挥；管理难度加大；管理成本较高。

2. 扁平结构

扁平结构是指管理幅度较大，管理层次较少的一种纵向组织结构。

扁平结构的外形特征是短而宽，管理权力往往下放于下级手中。其优点表现为：信息沟通与交流速度快，利于快速准确决策；有利于组织体制精简高效；有利于管理人才的培养；有利于管理成本的降低。其缺点是：管理难度增大；对管理者的要求较高；员工晋升的机会减少。

多层结构和扁平结构的比较如图 3-1 所示。

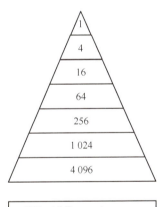

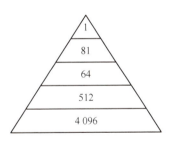

一线员工总数4 096人：
管理幅度4人，管理层次6层，
管理人员总数1 365人（1~6层）

一线员工总数4 096人：
管理幅度8人，管理层次4层，
管理人员总数585人（1~4层）

图 3-1　多层结构和扁平结构的比较

三、组织结构的类型

1. 直线制结构

直线制结构是最为简单也是最早出现的集权式组织结构形式，又称军队式结构。其基本特点是组织中的各种职位按垂直系统直线排列，不设专门的职能机构（图 3-2）。

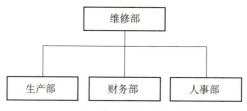

图 3-2　直线制组织结构图

优点：

（1）结构简单，命令统一。

（2）责权明确。

（3）联系便捷，易于适应环境变化。

（4）管理成本低。

缺点：

（1）有违专业化分工的原则。

（2）权力过分集中，易导致权力的滥用。

因此，这种组织形式只适用于规模较小、生产技术比较单一的企业。

2. 职能制结构

职能制结构亦称"U"型组织。该模式是在直线制形式的基础上，为各职能领导者设置相应的职能机构和人员（图 3-3）。

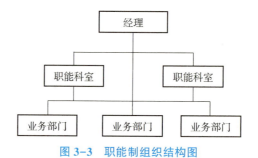

图 3-3　职能制组织结构图

优点：

（1）管理工作分工较细。

（2）由于吸收专家参与管理，可减轻上层管理者的负担。

缺点：

（1）多头领导，不利于组织的集中领导和统一指挥。

（2）各职能机构往往不能很好配合。

（3）过分强调专业化。

因此，这种组织形式在现代企业中很少采用。

3. 直线职能制结构

直线职能制结构是以直线制为基础，在各级行政领导下，设置相应的职能部门。即在直线制组织统一指挥的原则下，增加了参谋机构（图 3-4）。

优点：既保证了集中统一的指挥，又能发挥各种专家业务管理的作用。

缺点：

（1）各职能单位自成体系，不重视信息的横向沟通，工作易重复，造成效率不高。

（2）若授权职能部门权力过大，容易干扰直线指挥命令系统。

（3）职能部门缺乏弹性，对环境变化的反应迟钝。

（4）可能增加管理费用。

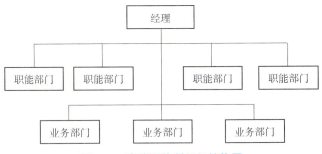

图 3-4　直线职能制组织结构图

4. 事业部制结构

事业部制是一种高层集权下的分权管理体制，是分级管理、分级核算、自负盈亏的一种组织结构形式，即一个企业按地区或按产品类别分成若干个事业部，从产品的设计、原料采购、成本核算、产品制造，一直到产品销售，均由事业部及所属工厂负责，实行单独核算，独立经营，企业总部只保留人事决策、预算控制和监督大权，并通过利润等指标对事业部进行控制。

还有某些事业部则按区域来划分。总体来说，事业部必须具有三个基本要素，即相对独立的市场，相对独立的利益和相对独立的自主权。

（1）产品事业部制。按照产品或产品系列组织业务活动，在经营多种产品的大型企业中早已显得日益重要。产品部门化主要是以企业所生产的产品为基础，将生产某一产品有关的活动，完全置于同一产品部门内，再在产品部门内细分职能部门，进行生产该产品的工作。这种结构形态，在设计中往往将一些共用的职能集中，由上级委派以辅导各产品部门，做到资源共享。典型的组织结构示例如图 3-5 所示。

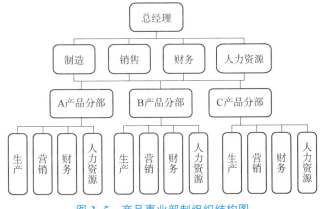

图 3-5　产品事业部制组织结构图

1）优点：适应企业的扩展与业务多元化要求，有利于采用专业化设备，并能使个人的技术和专业化知识得到最大限度的发挥；同时每一个产品部门都是一个利润中心，能独立评估其绩效，而在同一产品部门内有关的职能活动协调比较容易，比完全采用职能部门管理来得更有弹性。

2）缺点：需要的具有全面管理才能的人才不易找到；每一个产品分部都有一定的独立权力，高层管理人员有时会难以控制；产品分部间会因为资源、内部交易等问题发生冲突，导致不同产品线间的不协调和信息不畅通。

3）适用范围：最适合在变化迅速和不稳定环境中经营的企业。

（2）区域事业部制。其又称为区域部门化，对于在地理上分散的企业来说，按地区划分部门是一种比较普遍的方法。一个国家的每一个地区可能会有截然不同的爱好和需要，企业可能发现在当地生产销售更能满足该地区的特殊需要。其原则是把某个地区或区域内的业务工作集中起来，委派一位经理来主管其事。这种组织结构形态，在设计上往往设有中央服务部门，如采购、人事、财务、广告等，向各区域提供专业性的服务。典型的组织结构示例如图3-6所示。

1）优点：每一个区域都有相应的权力和责任，都是一个利润中心，部门能根据不同地区的特殊需要妥善解决市场需求，有利于地区内部协调，也有利于培养通才管理人员。

2）缺点：随着地区的增加，需要更多具有全面管理能力的人员，而这类人员往往不易得到；每一个区域都是一个相对独立的单位，加上时间、空间上的限制，总部难以控制，难以维持集中的经济服务工作。各地区间也会因为资源等问题产生冲突。

3）适用范围：特别适用于规模大的企业，尤其是跨国企业。

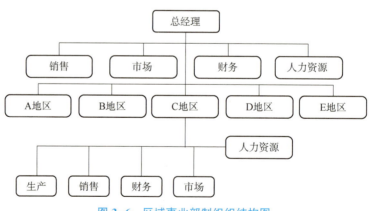

图3-6 区域事业部制组织结构图

5. 矩阵式结构

这指由纵横两套管理系统组成的矩阵式组织结构，一套为纵向的职能管理系统，另一套为完成某项任务而组成的横向项目系统，横向和纵向的职权具有平衡对等性，它打破了传统的统一指挥原则，有多重指挥线（图3-7）。

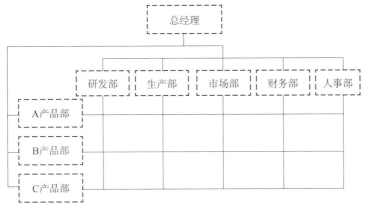

图 3-7   矩阵式组织结构图

优点：

（1）组织可以满足环境的多重要求。

（2）资源可以在不同的产品或地区或流程之间柔性分配，具有良好的内部沟通，信息传递快，组织可及时地对外部需求的变化作出反应。

（3）员工可以依据个人兴趣获得专业或一般管理技能。

缺点：

（1）有些员工接受双重命令，而且这些命令可能是矛盾和冲突的，加上纵向和横向权力不平衡的矛盾，使得组织需要良好的居中调停和解决冲突的技能，这些技能往往需要经过人际关系方面的特殊训练。

（2）矩阵式结构迫使管理者花费大量的时间在开会上，并且可能提高管理成本。

适用范围：

矩阵式结构最适应于环境高度不确定，目标反映了多重需求的情况。双权力结构使得交流和协调可以随环境迅速的变化而变化，以及可以在产品和职能之间实现平衡。矩阵式结构也适用于非常规技术，职能部门内部和相互之间的依赖程度很高的情况。矩阵式结构是一个有机的结构，可以及时讨论解决不可预料的问题，在中等规模和少量产品线的高新技术企业中最为有效。

6. 动态网络式结构

动态网络式结构是一种以项目为中心，通过与其他组织建立研发、生产制造、营销等业务合同网，有效发挥业务专长的协作性组织形式。其是基于信息技术的高度发达和市场竞争的日益激烈而发展起来的一种临时性组织。其有时也被称为"虚拟组织"，即组织中的许多部门是虚拟存在的，管理者最主要的任务是集中精力协调和控制组织的外部关系（图 3-8）。

优点：

（1）组织结构具有更大的灵活性和柔性。

（2）组织结构简单精练，组织结构扁平化，管理效率更高了。

缺点：

（1）组织可控性很差。

（2）组织风险性大。

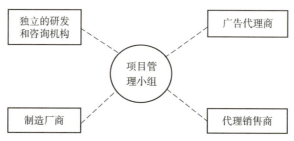

图 3-8　动态网络式组织结构图

（3）工人的组织忠诚度低。

适用范围：

早期适用于一些劳动密集型企业，如：飞机制造厂、汽车制造厂等，但随着信息技术的快速发展，更多的知识型企业（高新技术企业为主体）选择了这种组织结构或制定了虚拟运作的企业外扩张的成长战略。

7. 立体多维型结构

立体多维型结构是职能制组织结构、矩阵式组织结构和事业部制组织结构的综合发展，是为了适应新形势的发展需要而产生的组织结构形式（图 3-9）。立体多维型结构就是一个企业的组织结构包括三类以上的管理机构，主要包括：①按产品或服务项目划分的事业部，是产品利润中心。②按职能划分的参谋机构，是专业成本中心。③按地区划分的管理机构，是地区利润中心。这样，企业内部的一个员工可能同时受到来自三个不同方面的部门或者组织的领导。立体多维型组织结构适用于体制健全的跨国或跨地区的规模庞大的企业集团。

优点：这种结构把产品事业部经理、参谋机构及地区部门经理三者的管理职能协调起来，有利于使产品事业部和地区部门以利益为中心的管理同参谋机构以成本为中心的管理较好地结合起来，同时，协调产品事业部之间、地区部门之间的矛盾，有助于及时互通信息，集思广益，共同决策。

适用范围：适用于跨国企业或规模庞大的跨地区企业。

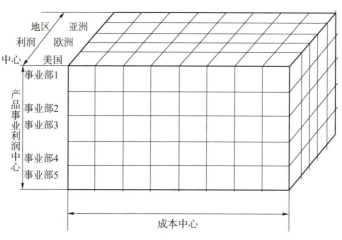

图 3-9　立体多维型结构图

表 3-1 为各种组织结构形式比较。

表 3-1　各种组织结构形式比较

类型	优点	缺点	适用范围
直线制组织结构	1. 结构比较简单； 2. 责任与职权明确（权力集中，责任分明，命令统一，控制严密，信息交流少）	1. 在组织规模较大的情况下所有管理职能都集中由一个人承担，是比较困难的； 2. 部门间协调差	劳动密集、机械化程度比较高、规模较小的企业
职能制组织结构	1. 管理分工较细； 2. 由于吸收专家参与管理，可减轻上层管理者的负担	1. 多头领导，不利于组织的集中领导和统一指挥； 2. 各职能机构往往不能很好配合； 3. 过分强调专业化	劳动密集、重复劳动的大中型企业
直线职能制组织结构	既保证了集中统一的指挥，又能发挥各种专家业务管理的作用	1. 各职能单位自成体系，工作易重复，造成效率不高； 2. 职能部门缺乏弹性，对环境变化的反应迟钝； 3. 可能增加管理费用	大部分中、小型企业
事业部制组织结构	集中决策，分散经营，风险多元化，反应灵活，权力适当下放	1. 结构重叠，成本高； 2. 高层复合型管理人员难找到； 3. 事业部之间可能出现恶性竞争	特别适用于规模大的企业，尤其是跨国企业
矩阵式组织结构	1. 灵活性、适应性强； 2. 集思广益，有利于把组织垂直联系与横向联系更好地组合起来，加强各职能部门之间的协作	1. 小组是临时性的，所以稳定性较差； 2. 小组成员要接受双重领导，当两个意见不一致时，就会使他们的工作无所适从	集权、分权优化组合，员工素质较高，技术复杂的企业

四、组织变革

一个组织的内外结构必须与其所面临的环境相适应。企业面临的环境是动态的，充满不确定性，所以组织的内部结构也应进行变革。组织变革就是组织根据内、外环境的变化，主动地、积极地对组织的原有状态进行改变，以适应未来组织发展要求的活动。随着环境的发展对组织提出越来越高的要求，组织变革的内涵也越来越丰富，现在已发展到对组织整体进行有计划、有目的的变革，并形成了一整套变革的战略、措施和方法。

（一）组织变革的原因

组织进行变革有多种原因，这些原因可以归纳为外部原因和内部原因：

1. 外部原因

一是社会经济环境的变化。社会经济不断发展，人民生活水平不断提高，使得市场更为广阔，产品更新换代速度加快，加上工作自动化程度的提高等，均会迫使组织进行变革。同时，社会经济环境还包括国家的经济政策、法规以及环境保护等。

二是科学技术的发展。科学技术的迅速发展及其在组织中的应用，如新发明、新产品、自动化、信息化等，使组织的结构、组织的运行要素等都产生了巨大变化，这些变化也会推动组织不断地进行变革。

三是管理理论与实践的发展。管理的现代化，新的管理理论和管理实践，都要求组织变革过去的旧模式，对组织要素和组织运行过程的各个环节进行合理的协调和组织，从而对组织提出变革的要求。

2. 内部原因

一是组织目标的选择与修正。组织的目标并不是一成不变的，当组织目标在实施过程中与环境不协调时，需要对目标进行修正。

二是组织结构与职能的调整和改变。组织会根据内、外环境的要求对自身的结构进行适时的调整与改变，如管理幅度和层次的重新划分、部门的重新组合、各部门工作的重新分配等。同时，组织在发展的过程中，亦会不断抛弃旧的不适用的职能并不断承担新的职能，如社会福利事业、防止公害、保护消费者权益等。这些均会促使组织进行不断的变革。

三是组织员工的变化。随着组织的不断发展，组织内部员工的知识结构、心理需要以及价值观等都会发生相应的变化。现代组织中的员工更注重个人的职业发展和管理中的平等自主。组织员工的这些变化必将带动组织的变革。

组织变革往往是在面对危机的时候才变得分外重要，危机会通过各种各样的形式表现出来，成为组织变革的先兆。一般来说，一个组织在下列情况下应考虑进行变革：一是决策效率低或经常出现决策失误；二是组织沟通渠道阻塞、信息不灵、人际关系混乱、部门协调不力；三是组织职能难以正常发挥，目标不能如期实现，人员素质低下，产品产量及质量下降等；四是缺乏创新。

（二）组织变革的类型

1. 战略性变革

战略性变革是指组织对其长期发展战略或使命所做的变革。如果组织决定进行业务收缩，就必须考虑如何剥离非关联业务；如果组织决定进行战略扩张，就必须考虑并购的对象和方式，以及组织文化重构等问题。

2. 结构性变革

结构性变革是指组织需要根据环境的变化适时对组织的结构进行变革，并重新在组织中进行权力和责任的分配，使组织变得更为柔性灵活、易于合作。

3. 流程主导性变革

流程主导性变革是指组织紧密围绕其关键目标和核心能力，充分应用现代信息技术对业务流程进行重新构造。这种变革会对组织结构、组织文化、用户服务、质量、成本等各个方面产生重大的改变。

4. 以人为中心的变革

组织中人的因素最为重要，组织如若不能改变人的观念和态度，变革就无从谈起。以人为中心的变革是指组织必须通过对员工的培训、教育等引导，使他们能够在观念、态度和行为方面与组织保持一致。

（三）组织变革的目标

所有的变革都应与整个组织的发展目标紧密联系在一起。组织变革是由人进行的，并且是整个组织有计划的工作。实施变革应努力实现以下目标：

1. 使组织更具环境适应性

环境因素具有不可控性，人们无法阻止或控制环境的变化。组织要想在动荡的环境中生存并得以发展，就必须顺势变革自己的任务目标、组织结构、决策程序、人员配备、管理制度等。只有如此，组织才能有效地把握各种机会，识别并应对各种威胁，使组织更具环境适应性。

2. 使管理者更具环境适应性

在一个组织中，管理者是决策的制定者和组织资源的分配人。在组织变革中，管理者必须要能清醒地认识到自己是否具备足够的决策、组织和领导能力来应对未来的挑战。因此，管理者一方面需要调整过去的领导风格和决策程序，使组织更具灵活性和柔性，另一方面，管理者要能根据环境的变化要求重构层级之间、工作团队之间的各种关系，使组织变革的实施更具针对性和可操作性。

3. 使员工更具环境适应性

组织变革的最直接感受者就是组织的员工。组织若不能使员工充分认识到变革的重要性，顺势改变员工对变革的观念、态度、行为方式等，就可能无法使组织变革得到员工的认同、支持和贯彻执行。

（四）组织变革的内容

组织变革是指组织需要根据环境的变化适时对组织的体制、机制、责任权力关系等方面进行变革。它包括权利关系、协调机制、集权程度、职务和工作再设计等其他结构参数的变化。

1. 技术与任务方面的变革

技术与任务变革是指对业务流程、技术方法的重新设计、修正和组合，包括更换设备，采用新工艺、技术、方法等。管理者应注意利用最先进的科学技术对企业业务流程进行再造，还需要用先进的管理技术对组织中各部门或各层级的工作任务进行重新组合，如工作任务的丰富化、工作范围的扩大化等。

2. 组织人员方面的变革

组织人员变革是指对人的思想与行为的变革。组织如若不能改变人的观念和态度，变革就无从谈起。变革的主要任务是组织成员之间在职、责、权、利等方面的重新分配。要想顺利实现这种分配，组织必须注重员工的参与，注重改善人际关系并提高实际沟通的质量。

3. 组织目标方面的变革

对组织目标的变革是由战略变革所决定的，它是指组织在发展战略或使命上发生的变革。要收缩业务，则必须剥离不良资产和非相关业务；要扩大业务，则要考虑并购的对象和方式，以及重构组织文化。

（五）组织变革的程序

组织变革的程序可以分为以下四个步骤：

第一步，通过组织诊断，发现变革征兆。组织变革的首要任务就是要对现有的组织进行全面的诊断。这种诊断必须要有针对性，要通过搜集资料的方式，对组织的职能系统、工作流程系统、决策系统以及内在关系等进行全面的诊断。

第二步，分析变革因素，制定变革方案。组织诊断任务完成之后，就要对组织变革的具体因素进行分析，如职能设置是否合理、决策中的分权程度如何、员工参与变革的积极性怎样、流程中的业务衔接是否紧密、各管理层级间或职能机构间的关系是否易于协调等。

第三步，选择正确方案，实施变革计划。制定变革方案的任务完成之后，组织需要选择正确的实施方案，然后制订具体的变革计划并贯彻实施。推进变革的方式有多种，组织在选择具体方案时要考虑到变革难度及其影响程度、变革速度以及员工的可接受和参与程度等，做到有计划、有步骤、有控制地进行变革。当变革出现某些偏差时，要有备用的纠偏措施及时地进行纠正。

第四步，评价变革效果，及时进行反馈。变革结束之后，管理者必须对变革的结果进行总结和评价，及时反馈新的信息。对于没有取得理想效果的变革措施，应当进行必要的分析和评价，然后再 组织变革的趋势
做取舍。

> ## 📧 知识链接
>
> ### 变革的先兆
>
> 西斯克的研究指出，当组织具有以下现象时，就必须进行变革：
> (1) 组织的主要功能显得无效率或不能发挥其真正的作用。
> (2) 组织的决策进程过于缓慢。
> (3) 组织内部有不良意见沟通（即小道消息广泛传播）。
> (4) 组织缺少创新，无新观念。

（六）组织变革的阻力及其管理

1. 组织变革的阻力

组织变革是一种对现有状况进行改变的努力，任何变革都会遇到来自各种变革对象的阻力和反抗。产生这种阻力的原因可能是传统的价值观念和组织惯性，也有一部分来自对变革不确定后果的担忧，这集中表现为来自个人的组织力和来自团体的阻力两种。

个人对变革的阻力包括两个方面。一是利益上的影响。变革从结果上看可能会威胁到某些人的利益，如机构的撤并、管理层级的扁平化等都会给组织成员造成压力和紧张感。过去熟悉的职业环境已经形成，而变革要求人们调整不合理的或落后的知识结构，更新过去的管理观念、工作方式等，这些新要求都可能会使员工面临着失去权利的威胁。二是心理上的影响。变革意味着原有的平衡系统被打破，要求成员调整已经习惯了的工作方式，而且变革意味着要承担一定的风险。对未来不确定性的担忧、对失败风险的惧怕、对绩效差距拉大的恐慌以及对公平竞争环境的担忧，都可能造成人们心理上的倾斜，进而产生心理上的变革阻力。另外，平均主义思想、厌恶风险的保守心理、因循守旧的习惯心理等也都会阻碍或抵制变革。

团体对变革的阻力来自两个方面。一是组织结构变动的影响。组织结构变革可能

会打破过去固有的管理层级和职能机构，并采取新的措施对责任和权利重新做出调整和安排，这就必然要触及某些团体的利益和权力。如果变革与这些团体的目标不一致，团体就会采取抵制和不合作的态度，以维持原状。二是人际关系调整的影响。组织变革意味着组织固有的关系结构的改变，随之，组织成员之间的关系也需要调整。非正式团体的存在使得这种新旧关系的调整需要有一个较长过程。在这种新的关系结构未被确立之前，组织成员之间很难达成一致，一旦发生利益冲突就会对变革的目标和结果产生怀疑和动摇，特别是一部分能力有限的员工将在变革中处于相对不利的地位。随着利益差距的拉大，这些人必然会对组织的变革产生抵触情绪。

2. 消除组织变革阻力的管理对策

为了确保组织变革的顺利进行，必须要事先针对变革中的种种阻力进行充分的研究，并要采取一些具体的管理对策。

首先，要客观分析变革的推力和阻力的强弱。勒温曾提出运用力场分析的方法研究变革的阻力。其要点是：把组织中支持变革和反对变革的所有因素分为推力和阻力两种力量，前者发动并维持变革，后者反对和阻碍变革。当两力均衡时，组织维持原状，当推力大于阻力时，变革向前发展，反之变革受到阻碍。管理层应当分析推力和阻力的强弱，采取有效措施，增强支持因素，削弱反对因素，进而推动变革的深入进行。

其次，要创新策略方法和手段。为了避免组织变革中可能会造成的重大失误，使人们坚定变革成功的信心，必须采用比较周密可行的变革方案，并从小范围逐渐延伸扩大。特别是要注意调动管理层变革的积极性，尽可能削减团体对组织变革的抵触情绪，力争使变革的目标与团体的目标相一致，提高员工的参与程度。

总之，无论是个人还是组织都有可能对变革形成阻力，变革成功的关键在于尽可能消除阻碍变革的各种因素，减小反对变革的力量，使变革的阻力尽可能降低，必要时还应该运用行政的力量来保证组织变革的顺利进行。

知识链接

力场分析法

力场分析法是由心理学家勒温提出来的，它是一种用于改变员工对组织变革阻力的方法。其操作程序如下。

（1）将需要解决的问题和有关人员或者部门的情况描述在纸上。

（2）详细列出解决这些问题的推力和阻力。

（3）把列出的推力与阻力分别用线段的长短表示出来。

（4）对第三步进行分析比较，寻找相关因素，提出问题解决的顺序。

（5）把阻力按不可改变、很难改变、可以改变、容易改变、可以立即着手改变分为五种等级。

（6）按阻力等级进行解决。

导入案例分析思路

（1）公司在设置职能部门时采用了按工作职能设置部门的方法；在生产部内部部门设置时则采用了按流程设置部门的方法。

（2）公司在管理方面最可能存在的问题是各部门职责不清晰，各级员工对自身职责没有清晰的了解，职责没有落实到人，管理层之间缺乏有效的监控机制，管理问题出现后只解决了现象没有解决本质。

任务二

进行人员配置

思考

▶ **案例导入**

人力资源规划？那是什么？

你是一个人力资源顾问，一家大型造纸公司新任命的总经理给你打来了电话：

总经理：我在这个职位上大约一个月了，而我要做的所有事情似乎只是与人们面谈和听取人事问题。

你：你为什么总在与人面谈？你们没有人力资源部吗？

总经理：我们有。然而，人力资源部没雇用最高层管理人员。我一接管公司，就发现两个副总经理要退休，而我们还没有一个代替他们的人。

你：你雇用什么人了吗？

总经理：是的，雇用了，而这是问题的一部分。我从外部雇用了一个人。我一宣布这个决定，就有一个部门经理前来辞职。她说她想得到副总经理的职位已经有 8 年了，她因为我们从外边雇用了某人而生气。我怎么知道她想得到这个职位呢？

你：对另一个副总经理你们做了些什么？

总经理：什么也没做，因为我怕又有其他人由于没有被考虑担任这个职位而辞职，但这只是问题的一半。我刚刚发现在最年轻的专业员工中——工程师和会计师——在过去的三年中有80%的流动率，他们是在我们这里得到提升的人。正如你所知道的，这就是我在这个公司怎样开始工作的。我是一个机械工程师。

你：有人问过他们为什么要离开吗？

总经理：问过，他们都给了基本相同的回答，他们说感觉到在这里没有什么前途。也许我应该把他们所有的人都召集到一起，并解释我将怎样使公司取得进步。

你：你考虑过一个人力资源规划系统吗？

总经理：人力资源规划？那是什么？

问题：

1. 你如何回答总经理的问题？

2. 如果要你帮助这个公司建立人力资源规划系统，你将怎样开展工作？

知识阐述

一、人力资源规划

人力资源规划是指为实施企业发展战略、实现组织目标，根据组织内外部环境的变化，利用科学的方法对其所属的人力资源的供需进行预测，制定相应的政策和措施，从而使组织人力资源的供给和需求达到平衡的过程。

（一）人力资源规划的目标

确保组织在适当的时间和适当的岗位获得适当的人员，实现人力资源的最佳配置，最大限度地开发利用人力资源的潜力，使企业和员工的需要得到充分的满足。

（二）人力资源规划的基本要求

（1）人力资源规划必须与企业的经营目标相结合。

企业的各项活动必须围绕企业的经营目标的实现来进行。人力资源管理同样必须以此为基础，企业的人员配置、培训和开发、对员工的激励必须与工作目标相结合。只有这样，才能充分调动员工的积极性、主动性和创造性，从而保证企业目标的实现。

（2）人力资源规划必须与企业的发展相结合。

员工的智慧和创造性是促进企业发展的根本源泉，而企业的无为而治也必须以一定数量和质量的人员为基础。企业人员的招聘、培养等都必须考虑到企业长期发展的要求。

（3）人力资源规划必须有利于吸引外部人才。

现代企业的竞争归根到底是人才的竞争，但对一个企业来说，单从企业内部有时很难配齐企业竞争和发展所需的各种人才，因此必须得向外招聘优秀人才。企业只有招进企业所需的优秀人才，才能在激烈的竞争中立于不败之地。

（4）人力资源规划必须有利于增强企业的凝聚力。

能否把企业员工的思想和行为统一到实现企业总体目标上来，是人力资源管理的关键。这就要求企业必须建立"以人为本"的企业文化，真正关心人、爱护人，充分挖掘人的潜能，使企业目标与个人目标、企业文化紧密结合在一起，增强企业员工的凝聚力。

（三）人力资源规划的内容

1. 总计划（人力资源总计划）

总计划陈述人力资源计划的总原则、总方针、总目标。

2. 职务编制计划

职务编制计划陈述企业的组织结构、职务设置、职务描述和职务资格要求等内容。

3. 人员配置计划

人员配置计划陈述企业每个职务的人员数量、人员的职务变动、人员职务空缺数量等。

4. 人员需求计划

通过总计划、职务编制计划、人员配置计划可以得出人员需求计划。需求计划中应陈述需要的职务名称、人员数量、希望到岗时间等。

5. 教育培训计划

教育培训计划包括教育培训需求、培训内容、培训形式、培训考核等内容。

6. 人力资源管理政策调整计划

计划中明确计划期内的人力资源政策的调整原因、调整步骤和调整范围等。

7. 投资预算

上述各项计划的费用预算。

8. 员工薪酬激励计划

此计划保证人工成本与企业经营状况之间恰当的比例关系，对未来薪酬总额进行预测，并设计、制定、实施未来一段时间的激励措施。

9. 员工职业生涯规划

此计划把员工个人职业发展同组织结合起来，有效地留住人才、稳定企业的员工队伍。

10. 人员供给计划

人员供给计划是人员需求计划的对策性计划，主要陈述人员供给的方式、人员内部流动政策、人员外部流动政策、人员获取途径和获取实施计划等。

（四）人力资源规划的制订程序

人力资源规划的制订必须对企业发展战略、企业内外部环境、组织结构及组织内部人力资源的现状进行认真分析，做好人力资源供给预测、人力资源需求预测、人力资源供需平衡工作。具体有以下六个步骤（图3-10）：

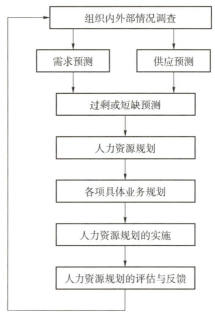

图3-10　人力资源规划制订程序

1. 组织内外部情况调查阶段

这一阶段主要是对组织所处的社会环境状况、组织的战略规划、组织内部的人力资源利用状况进行调查，以取得第一手信息资料，为人力资源规划的制订打下良好的基础。

2. 人力资源需求预测阶段

根据组织的组织结构状况和组织未来的发展目标，同时，根据第一阶段搜集来的信息，可以对组织未来的人力资源需求进行预测。

3. 人力资源供给预测阶段

首先对组织内部的人力资源利用状况进行调查分析，然后根据组织内部人力资源供给状况以及组织外部人力资源供给状况，结合第一阶段获取的信息，对组织未来的人力资源供给进行预测。

4. 制订人力资源规划阶段

通过对组织人力资源的需求预测和供应预测进行分析后，便可以确定组织未来人力资源的剩余和缺额，在此基础上，制订出具体的、切合实际的人力资源规划。这是制订人力资源规划中非常重要的一个阶段。

本阶段制订的人力资源规划，是一个人力资源管理和开发的总体规划，在这个总体的人力资源规划的基础上，要制订出各项具体的业务计划和相应的人力资源政策，以便在组织内部实施。

5. 实施人力资源规划阶段

在实施过程中对确定的人力资源总体规划和各项具体业务规划进行检验，掌握第一手资料，为人力资源规划的修改做好准备。

6. 人力资源规划的评估和反馈阶段

由于组织所处的环境是一个动态环境，组织内外部都存在着许多不确定的因素，因此，组织的战略目标也会发生变化。另外，在人力资源规划制订过程中，由于种种主客观条件的限制，对于人力资源的需求和供给预测不准确，在人力资源规划实施过程中，出现了不少问题，需要对人力资源规划进行修订。

对人力资源规划进行评估，是制订人力资源规划的一个重要阶段。如果不对人力资源规划进行评估，就很难知道我们制定的人力资源规划是否正确？是否与组织的战略目标相吻合？是否能有效地组织人力资源的开发与管理？如果不进行评估也就失去了其自身的意义。根据评估的结果，及时地反馈信息，以便修订人力资源规划。

在对人力资源规划进行评估时，要有一个客观、公正的态度，要广泛征求组织内部各业务部门领导者的意见，一个规划，只有被业务部门的领导者也就是人力资源规划的实施者和直接受益者所接受，才能称其为好的规划。

二、人力资源配置

（一）人员配置的内容

人员配置的内容包括：制订用人计划；确定人员的来源；根据岗位标准要求确定备选人选；确定人选，必要时进行上岗培训，以确保能适用于组织的需要；将所确定的人选配置到合适的岗位上；对员工的业绩进行考核，并据此决定员工的续聘、调动、升迁、降职或辞退。

笔记

（二）人员选聘

人员选聘是指组织及时寻找、吸引并鼓励符合要求的人，到本组织中任职和工作的过程。组织需要选聘员工可能基于以下几种情况：新设立一个组织；组织扩张；调整不合理的人员结构；员工因故离职而出现的职位空缺等。

人员选聘是人员配备中最关键的一个步骤，因为这一工作的好坏，不仅直接影响到人员配备的其他方面，而且对整个管理过程的进行，乃至整个组织的活动，也都有着极其重要和深远的影响。"得人者昌，失人者亡"，这是古今中外都公认的一条组织成功的要诀。

1. 人员选聘的途径

人员选聘的途径主要有两种，一是从组织外部招聘，二是从组织内部提升。

（1）外部招聘。

外部招聘是根据规定的标准和程序，从组织外部的众多候选人中选拔符合空缺职位工作要求的管理人员。

外部招聘管理人员具有以下优点：具备难得的外部竞争优势，所谓外部竞争优势是指被招聘者没有太多顾虑，可以放手工作；有利于平息并缓和内部竞争者之间的紧张关系；能够为组织输送新鲜血液——来自外部的候选人可以为组织带来新的管理方法和经验，他们没有太多的框框程序束缚，工作起来可以放开手脚，从而为组织带来更多的创新机会。

外部招聘也有许多局限性，主要表现在：外聘人员不熟悉组织的内部情况，同时也缺乏一定的人事基础，因此需要一段时期的适应才能进行有效的工作；组织对应聘者的情况不能深入了解；外聘人员的最大局限性莫过于对内部员工的打击。大多数员工都希望在组织中有不断发展的机会，都希望能够担任越来越重要的工作。如果组织经常从外部招聘人员，且形成制度和习惯，则会堵死内部员工的升迁之路，从而会挫伤他们的工作积极性，影响他们的士气。同时，有才华、有发展潜力的外部人才在了解到这种情况后也不敢应聘，因为一旦应聘，虽然在组织中工作的起点很高，但今后提升的希望却很小。

思考

由于这些局限性，许多成功的企业强调不应轻易地外聘人员，而主张采用内部培养和提升的方法。

（2）内部提升。

内部提升是指组织成员的能力增强并得到充分地证实后，被委以需要承担更大责任的更高职务作为填补组织中由于发展或伤老病退而空缺的管理职务的主要方式。

内部提升制度具有以下优点：有利于调动员工的工作积极性，内部提升制度可以给每个人带来希望和机会，且会带来示范效应；有利于被聘者迅速开展工作，被聘者了解组织运行特点，所以可以迅速地适应新的工作，工作起来要比外聘者显得更加得心应手，从而迅速打开局面。

同外部招聘一样，内部提升制度也可能带来某些弊端，主要有：可能会导致组织内部"近亲繁殖"现象的发生；可能会引起同事之间的矛盾，在若干候选人中提升一名员工时，虽然可能提升士气，但也可能使其他旁落者产生不满情绪，这种情绪可能出于嫉妒，也可能出于欠公平感觉，无论哪种情况都不利于被提拔者展开工作，不利于组织中人员的团结与合作。

（3）确定选聘途径的依据。

确定从内部还是从外部选聘管理者时，需要考虑以下三个方面的因素。

①职务的性质。涉及对组织的发展具有重要意义的技术骨干与重要管理者应注意从组织外部招聘。大部分一般性职务，则多从内部提升。

②企业经营状况。小型的、新建的及快速增长的企业，需要从外部招聘技术人员及有经验的管理者；而大型的、较成熟的企业因有经验、有才干的备选人才众多，则多半靠自己的力量。

③内部人员的素质。

2. 人员选聘的程序

为了保证员工选聘工作的有效性和可行性，应当按照规定的程序并通过竞争来组织选聘工作，包括以下五个具体步骤。

（1）制订并落实选聘计划。当组织中出现需要填补的工作职位时，有必要根据职位的类型、数量、时间等要求确定选聘计划，同时成立相应的选聘工作委员会或小组。选聘工作机构可以是组织中现有的人事部门，也可以是代表所有者利益的董事会，或由各方利益代表组成的临时性机构。选聘工作机构要以相应的方式，通过适当的媒介，公布待聘职务的数量、类型以及对候选人的具体要求等信息，向组织内外公开"招聘"，鼓励那些符合条件的候选人积极应聘。

（2）对应聘者进行初选。当应聘者数量很多时，选聘小组需要对每一位应聘者进行初步筛选。内部候选人的初选可以根据以往的人事考核记录来进行；对外部应聘者则需要通过简短的初步面谈，尽可能多地了解每个应聘者的工作及其他情况，观察他们的兴趣、观点、见解、独创性等，及时排除那些明显不符合基本要求的人。

（3）对初选合格者进行知识与能力的考核。在初选的基础上，需要对余下的应聘者进行材料审查和背景调查，并在确认之后进行细致的测试与评估，具体内容包括：智力与知识测试；竞聘演讲与答辩；案例分析与候选人实际能力考核。

（4）选定录用员工。在上述各项工作完成的基础上，需要利用加权的方法，算出每个候选人知识、智力和能力的综合得分，并根据待聘职务的类型和具体要求决定取舍。对于决定录用的人员，应考虑由主管再一次进行亲自面试，并根据工作的实际与拟聘用者再作一次双向选择，最后决定选用与否。

（5）评价和反馈招聘效果。最后要对整个选聘工作的程序进行全面的检查和评价，并且对录用的员工进行追踪分析，通过对他们的评价检查原有招聘工作的成效，总结招聘过程中的成果与不足，及时反馈到招聘部门，以便改进和修正。

3. 人员选聘的方法

员工招聘的来源可以是多方面的，一般来讲，组织可以通过以下几种渠道来获取必要的人力资源。

（1）校园定向招聘：一般而言，校园招聘的计划性比较强，招聘新人的数量、专业往往是结合企业的年度人力资源规划或者阶段性的人才发展战略要求而定的。因此，进入校园招聘的通常是大中型企业，他们通常会在几个大类专业中挑选综合素质高的大学生。

（2）媒体广告招聘：当前，媒体广告主要有专业的人才招聘报纸，如《前程无忧》。通常，公司采用这种方式招聘有实际工作经验的社会人员。

（3）网络招聘：这是伴随网络日益普及的趋势下产生的一种新的媒体招聘形式，招聘信息可以定时定向投放，发布后也可以管理，其费用相对比较低廉，理论上可以覆盖到全球。但是，这种渠道不能控制应聘者的质量和数量，海量的信息会加大招聘工作的压力，在信息化不充分的地区效果差。

（4）劳动力市场招聘：这是传统的人才招聘方式，费用适中。HR 们不仅可以与求职者直接面对面交流（相当于初试），而且可以直观展示企业实力和风采。这种方式通常用于招聘一般型人才。

（5）猎头公司招聘：猎头是一种由专业咨询公司利用其储备人才库、关系网络，在短期内快速、主动、定向寻找企业所需要的人才的招聘方式。目前，猎头公司主要面向的对象是企业中高层管理人员和企业需要的特殊人才。

（6）员工推荐：员工推荐在国内外公司中应用得比较广，特别是需求不是太大的专业人士和中小型企业。其特点是招聘成本小，应聘人员与现有员工之间存在一定的关联相似性，基本素质较为可靠，可以快速找到与现有人员素质技能相近的员工。但是这种方式的选择面比较窄，往往难以招到能力出众、特别优异的人才。

（7）现实中间还有广播招聘、电视招聘、借助某项活动推广物色人选等不同方式。

三、员工培训与绩效考核

（一）员工培训

员工培训能提高经营管理者能力水平和员工技能，为企业提供新的工作思路、知识、信息、技能，增长员工才干和敬业、创新精神，是最为重要的人力资源开发，是比物质资本投资更重要的人力资本投资。

1. 培训的作用

（1）培训能增强员工对企业的归属感和主人翁责任感。就企业而言，对员工培训得越充分，对员工越具有吸引力，越能发挥人力资源的高增值性，从而为企业创造更多的效益。培训不仅提高了职工的技能，而且提高了职工对自身价值的认识，对工作目标有了更好的理解。

（2）培训能增强企业凝聚力，塑造优秀的企业文化。培训能促进企业与员工、管理层与员工层的双向沟通，增强企业向心力和凝聚力。

（3）培训能提高员工综合素质。通过培训可以提高员工的综合素质和能力，有益于提高生产效率和服务水平，树立企业良好形象，增强企业盈利能力。

（4）增强企业竞争优势。纵观现代经济的发展，不难看出，企业之间的竞争归根到底也是人才的竞争，从某种意义来讲，也是企业培训的竞争；未来企业，获得优于竞争对手的唯一途径，就是比竞争对手学得更快。

（5）员工培训不仅对企业，对员工本人也是非常有益的。如：有利于增强员工的就业能力；有利于获得较高收入的机会；有利于增强职业的稳定性等。

2. 培训的内容

员工培训内容大体上可分为知识培训、技能培训和心理素质培训三种。

（1）知识培训：是员工获取持续提高和发展的基础，员工只有具备一定的基础及专业知识，才能为其在各个领域的进一步发展提供坚实的支撑。

（2）技能培训：知识只有转化成技能，才能真正产生价值，我们常说的"知识就是力量"，就是这个道理；"科技是第一生产力"，只有当科技转化成为生产力的时候，它才能成为第一生产力；员工的工作技能，是企业生产高质量的产品和产生最佳效益、获得发展的根本源泉。因而，技能培训也是企业培训中的重点环节。

（3）素质培训：员工具备了扎实的理论知识和过硬的业务技能，但如果没有正确的价值观、积极的工作态度和良好的思维习惯，那么，他们给企业带来的很可能不是财富，而是损失。而高素质员工，即使暂时在知识和技能方面存在不足，但他们会为实现目标而主动、有效地去学习和提升自我，从而最终成为企业所需的人才。此类培训是企业必须持之以恒进行的核心重点。

3. 培训的方法

员工培训的方法多种多样，依据培训是否在岗，可以分为岗前培训、在岗培训、离岗培训。

（1）岗前培训。应聘者一旦决定被录用之后，组织中的人事部门应该对他将要从事的工作和组织的情况给予必要的介绍和引导。岗前培训的目的在于减少新来人员在新的工作开始之前的担忧和焦虑，使他们能够尽快地熟悉所从事的本职工作以及组织的基本情况，如组织的历史、现状、未来目标、使命、理念、工作程序及相关规定等，并充分了解他应尽的义务和职责以及绩效评估制度和奖惩制度等，例如人事政策、福利以及工作时数、加班规定、工资状况等。

（2）在岗培训。在岗培训是为了使员工通过不断学习掌握新技术和新方法，从而达到新的工作目标要求所进行的不脱产培训。工作轮换和实习是两种最常见的在职培训。

（3）离岗培训。离岗培训是指为了使员工能够适应新的工作岗位要求而让员工离开工作岗位一段时间，专心致志于一些职外培训。

课堂讨论

我们该需要怎样的培训？

胡总召集他的三位高级经理开了一个令人惊讶的午餐会。"在小食堂吃午饭，"胡总说，"我有个重要话题提请你们注意。"

在张经理、李经理和王经理点好饭菜后，胡总就开始了议程。

"我认为我们必须开始对我们的一线主管实施正规的人际关系培训与开发计划了。问题不再是我们是不是应当实施这一计划，现在的问题是在什么时候、实施什么样的计划。"

王经理说："胡总，你说，是什么使你觉得我们需要一个人际关系计划？"

"看看我们正面临的问题。职员和秘书类雇员流动率高达25%；生产率低于行业的平均水平。谁还能提出比要对我们所管理的雇员进行适当培训的更有力的理由吗？"

张经理说："胡总，培训不可能是答案。我认为我们的高人员流动率和低生产率是由于监督管理所无法控制的原因所引起的。问题是雇员的工资低，而且是在狭窄、拥挤和肮脏的办公室里工作。"

"胡总，我看有另一个问题，"王经理说，"我们的基层主管人员已经是在过度工作，他们会抵制培训的。如果你将培训安排在上班时间，他们会说他们的工作任务完不成。如果在下班后或周末培训，他们会说这是在侵犯他们休息的权利。"

"胡说。"胡总回答道。"每个基层主管都认为良好的人际关系很重要。而且，他们会将这看作是工作丰富化的一种方式。"

"在我们公开讨论的时候，让我发表一点看法，"李经理开口说："如果我们让一线的基层主管接受人际关系培训的话，那我们就在从错误的一端出发。真正需要培训的是我们的高层管理人员。除非他们有良好的人际关系行为，否则你不能指望你的基层主管人员能有这样的行为。你怎么可能拥有一个对人麻木不仁的高层管理队伍和一个关心人的基层管理队伍呢？这样的系统将无法运行。"

"你说的有些道理，"胡总说："但我不会说高层管理人员对人麻木不仁这样的话。也许，午饭后可以对人际关系计划讨论得更深一些。"

讨论：

1. 你认为胡总的"人际关系培训"的含义是什么？胡总是否应当推行他的人际关系培训与开发计划？为什么？

2. 你认为李经理关于高层管理人员应当首先参加人际关系培训的看法如何？如果你处在胡总的地位，你会不会让高层管理人员参加人际关系培训计划？

3. 针对胡总关于好的领导可以补偿不良的工作条件的说法，你的看法是什么？

4. 你会建议对一线基层主管人员进行何种培训与开发活动？

5. 还有其他什么因素可能引起胡总提到的问题？

4. 培训的程序

一个完整的培训系统的运作过程通常包括培训需求分析、确立培训目标、制订培训计划、实施培训计划和评价培训效果五个步骤。

（1）培训需求分析。一个组织如何选择和实施培训计划，必须以真正的需要作为标准，这就要进行培训需求分析。培训需求分析是指在规划与制订培训计划前，由有关员工采用各种方法和技术对组织及其成员的目标、知识和技能等方面进行系统的分析，以确定组织内需要接受培训的员工和需要接受培训的项目或者培训内容。培训需求分析是培训活动的首要环节，在培训中的地位也日趋重要，它是制订培训计划的前提，也是进行培训评估的基础。

（2）确立培训目标。根据培训需求分析来确立培训目标，以使培训更加有效。培训目标是指培训效果的目的和预期效果。有了培训目标，才能确定培训对象、内容、方法等具体工作，并可在培训之后对照此目标进行培训效果评估。

（3）制订培训计划。培训计划是培训目标的具体化，培训计划包括长期计划、中期计划与短期计划。在制订培训计划的同时必须考虑到许多具体的情境因素，如行业规模、企业规模、用户要求、技术发展水平和趋势以及员工现有的水平等。要明确培训的对象，如大学毕业生、新员工、晋升的管理员工。

（4）实施培训计划。在培训计划制订好之后，按照既定目标开展培训工作，通过各种培训方法使学员学有所获。具体包括：确定培训员工和参训员工；确定教材；确定培训地点；准备培训设备；确定具体的培训时间；拟定并下发培训通知以及进行培训控制等。

（5）评价培训效果。培训是否起到作用，无论对培训的组织部门、业务部门的经理还是投资培训的决策层，这都是一个应该明确回答的问题，否则，就会产生盲目投资的行为，不利于企业的发展，也不利于下一个培训项目的立项和审批。这就需要对培训进行评估，一般来说，培训的效果可以通过以下四个指标来进行评估。第一，反应。即测定受训者对培训项目的反应，主要了解培训对象对整个培训项目和项目的某些方面的意见和看法，包括培训项目是否反映了培训需求，项目所含各项内容是否合理和适用等。第二，学习。即测试受训者对所学的原理、技能、态度的理解和掌握程度。第三，行为。即测定受训者经过培训后在实际岗位工作中行为的改变，以判断所学知识、技能对实际工作的影响。第四，成果。测定培训对企业经营成果具有何种具体而直接的贡献，如生产率的提高、质量的改进、离职率的下降和事故的减少等。

（二）员工绩效考核

1. 员工绩效考核的含义与作用

（1）员工绩效考核是指考核主体对照工作目标和绩效标准，采用科学的考核方式，评定员工的工作任务完成情况、员工的工作职责履行程度和员工的发展情况，并且将评定结果反馈给员工的过程。

（2）员工考核的作用。考核有利于评价、监督和促进员工的工作，有明显的激励作用；为确定员工的劳动报酬与其他待遇提供科学依据；为个人认识自我、组织进行考核、促进员工的全面发展创造条件；有利于管理者了解下属，以便进行合理的岗位调整及职务晋升。

2. 绩效考核内容

（1）工作成绩的考核。

工作成绩是工作行为的结果，实质是员工对企业做出的贡献。成绩的考核就是对结果和贡献的考核评价。对企业来说，希望每一个员工的行为都有助于企业经营目标的实现，为企业多做贡献，所以对成绩的考核一直是企业对员工考核的重中之重。然而如果考核只关注一般成绩和效果，可能会助长员工不择手段达到目的的思想，从而导致一些不良行为的发生，影响企业的长远利益。此外，只针对效果，无法提供有助于员工提高的明确信息，对员工的未来发展不利。

（2）工作能力的考核。

工作能力是完成工作的必要条件，能力不同，所担当的工作不同，对企业做出的贡献当然也会不同，所以在成绩考核的同时，还必须进行能力的考核。考核能力是考核员工在职务工作中发挥出来的能力，考核员工在职务工作过程中显示出来的能力，依据他在工作中表现出来的能力，参照标准和要求，确定他能力发挥得如何，对应于所担任的工作、职务，能力是大是小，作出评定。

（3）工作态度的考核。

工作态度是工作能力向工作成绩转换的中介，因为能力强而成绩差或能力弱而成绩不错的现象并非少见。两种不同的工作态度会产生截然不同的工作结果，所以必须对工作态度进行考核。态度考核不考虑员工的职位高低和能力的大小，只考核员工是否做了努力，是否有干劲、有热情，是否忠于职守，是否服从命令，等等。

绩效考核中
易出现的问题

3. 绩效考核常用的方法

从绩效考核制度的要求出发，我们可以把诸多的考核评价方法分成四类，一是事实记录法，二是相对考核法，三是绝对考核法，四是量表测评法。

（1）事实记录法。

此法主要用于观察记录考核的事实依据。由于企业中考核观察期和考核实施期不同，如何在考核实施时，避免单纯以近期发生的事实或凭主观推测为依据进行考核评价，有必要把整个考核观察期中发生的有关考核事实依据及时记录下来。

（2）相对考核法。

用最通俗的说法，相对考核法就是人比人的评价方法。这类方法最大的优点是简便和综合性，因此，往往有主观随意的倾向。相对考核法主要有以下几种：

- 交替排序法：即对某一部门或单位的员工按绩效进行排序，这是对绝对考核即按工作标准进行考核的辅助性手段。
- 配对比较法：即把本部门或本单位的员工进行全数配对比较。依据配对法得出的结果，作为其他绝对考核的修正依据。
- 强制分布法：即按正态分布，对考核评价结果或被考核者进行合并归类或归档，常用于绝对考核之后的调整，即调整出优、良、中、差的分布。
- 人物比较法：就是以标准选择人，确定标准人；再以标准人的工作表现与工作能力为基准，对其他人进行考核评价。

（3）绝对考核法。

绝对考核法，就是按事先规定的考核标准，通常是职务职能标准进行考核评价的方法。一般采用以下几种方法：

- 图示尺度法：就是用示意图表示评价档次以及相应的评分标准或评价档次的含义、评语等。
- 要素评语法：就是赋予考核内容和考核要素以具体的内涵，使之更加直观、具体和明确；要素评语，也称作考核要点、考核着重点、考核着眼点等。考核者只需在给定的评语中选择最符合被评者实际的评语即可。
- 等级择一法：就是赋予评价档次 A、B、C、D、E 相应的等级内涵，根据这些规定的等级内涵，考核者作出单项选择。
- 减点评价法：就是以减分方式进行评价的方法。先是确定考核要素或考核项目，再确定该项要素的标准得分，最后根据是否达到标准，以及达到标准的程度，进行减分。

（4）量表测评法。

所谓量表测评法，就是用一系列标准的量表，进行考核评价，并按统计分析规律进行综合分析，得出考核评价结果。

4. 员工绩效考核的程序

（1）制订考核计划。首先，必须制订周密的考核计划。要根据组织的基本要求和具体的考核目的，结合当时的实际情况，确定考核的目标、对象、程序、实施时间与日程、考核主体等，并明确相应的考核要求与事项。

（2）制定考核标准、设计考核方法、培训考核员工。根据考核对象的工作性质与特点以及组织的实际情况科学地制定考核标准、灵活地选择与设计考核方法、积极全面地培训考核员工。

（3）收集信息、衡量工作。这是考核的具体实施阶段，是考核过程的主体。具体要求是：要深入实际，深入群众，获得真实而准确的信息；要做好相关员工的思想工作，获得知情人的积极配合；要采用事先设计的科学考核方法客观公正地进行衡量；搜集的信息要真实准确，并尽可能实现量化。

（4）分析考核信息、作出综合评价。对收集到的信息要进行审核、提炼、科学分类、系统分析，正确地作出考核结论。

（5）考核结果的运用。考核结果要上报给上层管理者，并同本人见面。考核结果可以作为了解员工、激励工作、开发能力、奖酬发放、调整使用、晋职晋升等方面的依据。

导入案例分析思路

（1）从案例中可以看出：公司人力资源部门的职能不完善，没有系统的人力资源规划，导致员工特别是中高层员工职业发展路径不清晰、人员招聘随意，挫伤了员工积极性、降低了企业的凝聚力。

（2）人力资源规划是为了实现组织目标，制定相应的政策和措施，从而使组织人力资源的供给和需求达到平衡的过程。制定人力资源规划要根据组织的发展战略、目标，对人力资源的需求、供给进行预测，然后制定系统的人力资源发展规划，在实施过程中进行评估并根据环境的变化及时修订完善。

一、组织的职权

1. 直线职权

直线职权是指给予一位管理者指挥其下属工作的权力。正是这种上级—下级职权关系从组织内的最高层贯穿到最底层，从而形成所谓的指挥链。在指挥链中，拥有直线职权的管理者均有权指导下属人员的工作，并无须征得他人意见而做出某些决策。直线职权是组织中一种最基本、最重要的职权，缺少了直线职权的有效行使，整个组织的运转就会出现混乱，甚至陷于瘫痪。

2. 参谋职权

参谋职权的产生是由于组织规模不断扩大，使得直线管理者所面临的管理问题日益复杂，因此仅凭直线人员个人的知识和经验已显得很不够。于是需要借助参谋职能来支持、协助，为他们提供建议，帮助他们行使直线指挥权力。

3. 职能职权

职能职权（functional authority）是某个职位、某个部门所拥有的原属直线主管的那部分权力。随着管理活动的日益复杂，主管人员不可能通晓所有的专业知识，为了提高管理效率，主管人员可能将职权关系作某些变动，把一部分本属自己的直线职权授予参谋人员或某个部门的主管人员，这便产生了职能职权。职能职权介于直线职权和参谋职权之间，是一种有限的权力，只有在被授权的职能范围内有效。

4. 三种职权比较

直线职权、参谋职权和职能职权分别由直线、参谋和职能人员行使。直线人员、参谋人员和职能人员的相互关系，本质上是一种职权关系。在管理工作中，应处理好三者的关系：参谋职权无限扩大，容易削弱直线人员的职权和威信；职能职权无限扩大，则容易导致多头领导，导致管理混乱、效率低下。为此，要注意发挥参谋职权的作用，同时适当限制职能职权的使用。

二、集权与分权

当公司管理层次划分出来以后，就需要解决各个管理层次之间的职权划分问题，即集权与分权问题。法约尔所论述的"集中"原则，就是用于解决这一问题的基本准则。由于公司各级管理者拥有的权力类型众多，这里主要探讨决策权力的集中与分散问题。

（一）集权与分权的含义

集权是指将决策权集中在上级，下级只能依据上级的决定和指示行事。

分权是指上级将决策权交给下级部门，使其能够自主做出决策。

上面所介绍的高层结构与扁平结构实际上就是集权与分权的表现形式，从这两种结构的优缺点中，已经可以知道集权与分权的一些优缺点。

公司决策权力的集中与分散是一个程度问题，需要找到适用于公司的最适宜度，即通过集权与分权产生最高的决策效率。

（二）决定公司各级管理层集权与分权适宜度的主要因素

1. 公司自身状况。

（1）公司的历史状况，是从内部逐步扩充形成还是由合并或联合组成。如系后者，分权的程度会大些。

（2）公司的规模。大型公司的分权程度一般大于小型公司。

（3）公司的部门、行业特点，主要指地域分散的程度。如采掘工业公司、交通运输公司就因地域分散，其分权程度要比集中于一地的公司更大些。技术复杂的公司，其分权程度也会大些。

（4）公司的动态特征，是稳定发展还是迅速发展。如系后者，则分权程度宜大些。

2. 公司的管理特点。

（1）职权的重要程度，也可以说是职责的重要程度。例如重大的决策权就必须由高层管理者掌握。

（2）方针政策连贯性的要求。涉及贯彻重大方针的事项，其分权程度应保持连贯性。

（3）控制技术和手段的运用。如控制效率高，则分权程度可大些。

3. 人事因素。

（1）领导人的领导风格与方式，是赞成专制还是赞成民主。如属后者，则分权程度可大些。

（2）下级人员的素质和能力，有无独立工作的愿望和要求，能否独立工作等。如答案是肯定的，则分权程度可大些。

4. 公司的外部环境

外部环境包括政治、经济、科技、社会诸因素，如这些因素的变化速度、政局是否稳定、经济是在顺利发展还是出现衰退或危机等。一般说来，如环境比较稳定，则分权程度可大些。

笔记

◆ 重点概念

组织　非正式组织　管理幅度　管理层次　直线职能制　绩效考核

◆ 闯关考验

一、单项选择题

1. 下列构成组织的要素中，哪个是无形要素？（　　）。

A. 人员　　　　　　B. 职位　　　　　　C. 生存条件　　　　D. 共同目标

2. 企业劳资处下设人事主管、工资主管、培训主管，人事主管、工资主管下有两名办事员，培训主管下有 3 名办事员，劳资处长的管理幅度是（　　）。

A. 3　　　　　　　B. 4　　　　　　　C. 7　　　　　　　D. 10

3. 在公司操作人员既定的情况下，管理者直接管理的下属越多，管理层次也就（　　）。

A. 相等　　　　　B. 无关　　　　　　C. 少　　　　　　D. 多

4. 决策权集中在上级，下级只能依据上级的决定和指示行事的管理方式是（　　）。

A. 分权式管理　　　　　　　　B. 集权式管理

C. 民主式管理　　　　　　　　D. 职能式管理

思考

5. 外部招聘的优点有（　　）。

A. 进入工作角色快　　　　　　B. 鼓舞内部职工士气

C. 有利于内部职工成长　　　　D. 为组织输送新鲜血液

二、多项选择题

1. 非正式组织的消极影响包括（　　）。

A. 与正式组织目标冲突　　　　B. 束缚其成员个人发展

C. 影响正式组织的变革进程　　D. 造成组织创新的惰性

E. 提高员工合作精神

2. 组织设计的原则包括（　　）。

A. 管理幅度原则　　B. 权责对等原则　　C. 专业分工原则

D. 任务目标原则　　E. 统一指挥原则

3. 影响管理幅度的因素包括（　　）。

A. 面对问题的种类　　　　　　B. 授权情况

C. 计划的完善程度　　　　　　D. 工作相似性程度

E. 工作任务的协调程度

4. 高层结构的优点包括（　　）。

A. 利于统一指挥　　B. 职责明确　　　C. 有利于管理者控制和监督下属

D. 利于员工晋升　　E. 管理成本高

5. 员工绩效考核的常用方法有（   ）。

A. 事实记录法   B. 相对考核法   C. 绝对考核法   D. 量表法

三、思考题

1. 组织设计的原则有哪些？

2. 管理层次与管理幅度有何关系？

3. 组织结构形式选择受哪些因素影响？

4. 员工招聘的方法有哪些？

◆ 技能训练

模拟建立公司组织结构与公司制度

【实训目标】

1. 培养组织结构的初步设计能力。

2. 培养制定制度规范的基本能力。

【实训内容与要求】

一、制定公司基本制度

具体制定哪几项制度，由各公司依本公司实际，自行决定。但既要有工商企业的制度，又有针对这次模拟管理的制度。

二、分别制定各领导人员的岗位权责制度

要分别各职位制定，内容应包括两大方面：工商企业中该职务应负的责任和拥有的权力；就本次模拟而言，担任不同职务的学生在模拟过程中应负的责任和拥有的权力。

三、制定本公司的管理方针和经营战略

（一）管理方针

应注意本公司的实际，要有自己的特点。

（二）经营战略

总体确定，到后面进行模拟游戏时再详细制定。

四、管理制度编写要领提示

（一）内容结构

1. 标题，应反映出内容与性质。

2. 目的。

3. 适用范围。

4. 正文。

5. 实施日期及有关问题。

（二）要领把握

1. 所规范的领域范围必须明确，标题与内容必须相符。

2. 有可操作性的规范或约束。

3. 结构合理，条理清楚，要点突出。

4. 用语要严肃、规范、准确、简练。

五、设置公司组织机构

运用所学知识，根据所设定的模拟公司的目标与业务需要，研究设置所需的模拟

公司组织机构，并画出组织结构框图。同时，建立公司的制度规范，包括公司的企业专项管理制度、部门（岗位）责任制和生产技术标准、生产技术规程等。

【成果与检测】

一、检查组建模拟公司的有关文件

1. 企业领导制度。

2. 总经理选举（竞聘）办法。

3. 每个成员的竞选讲演稿。

4. 组织结构模式及组织系统图。

5. 公司名称与管理人员组成情况。

6. 各职位岗位权责制度。

7. 公司管理方针。

8. 公司经营战略。

9. 公司考核制度。

10. 其他制度。

二、利用课余时间班级组织一次交流，每家公司推荐两名成员介绍其起草的管理制度；由教师与学生为各公司和学生评估打分。

项目四　领导员工

【篇首语】

　　领导问题也许是管理学领域中研究和讨论得最多的一个话题，每年都有大量的调查研究、新的方法来改进领导工作技能。党的二十大报告指出，"党的领导是全面的、系统的、整体的，必须全面、系统、整体加以落实""加强党的政治建设，严明政治纪律和政治规矩，落实各级党委（党组）主体责任，提高各级党组织和党员干部政治判断力、政治领悟力、政治执行力。坚持科学执政、民主执政、依法执政，贯彻民主集中制，创新和改进领导方式，提高党把方向、谋大局、定政策、促改革能力，调动各方面积极性。"领导力本质上是一种影响力，开发领导工作技能就是如何培育你的领导力。领导过程是领导者影响下属实现目标的过程，如何使被领导者积极、主动地工作是每一位领导者都非常关注的问题，这就是管理中的激励问题。管理者所做的每件事中都包含着沟通，但在组织中，有多种因素像"噪声"一样成为有效沟通的障碍，把握管理沟通相关理论、克服这些障碍对于管理者提升领导工作技能非常重要。

　　本项目围绕领导工作技能开发，首先探讨领导力的内涵、人性假设、领导方式和理论，其次介绍激励理论和激励过程，最后探讨人际沟通和组织沟通。

学习目标

知识目标

1. 了解领导的特质性论、行为论和权变理论的主要观点，掌握管理方格、目标—路径理论的中心思想及主要特点。

2. 了解需要、动机和行为的关系，激励理论的分类，需要层次理论、双因素理论、期望理论、公平理论、强化理论的中心思想及主要特点。

3. 了解有效沟通的障碍，掌握克服有效沟通障碍的方法。

能力目标

1. 能够通过观察、调查、搜集资料，参与案例讨论分析，阐述对激励内涵的理解。

2. 能够增强对员工激励的初步体验。

3. 能够初步培养应用沟通理论与处理实际管理问题的能力。

素质目标

1. 提高有关领导方式、员工激励、沟通协调的认识和感知能力。

2. 理解领导、激励、沟通对管理活动具有的重要价值意义。

3. 提高管理活动中有关影响力、积极性、协调能力的行动自觉。

知识导图

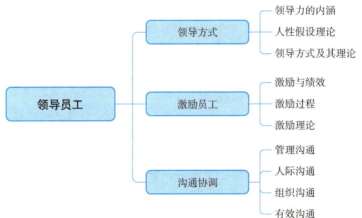

任务一

领导方式

案例导入

中国传统文化博大精深，源远流长，为我们提供了丰富的治国理政案例和智慧。《吕氏春秋》记载了这样一个故事。鲁国的单父县缺少县长，国君请孔子推荐一个学生，孔子推荐了巫马期。巫马期上任后工作十分努力，披星戴月，废寝忘食，兢兢业业工作了一年，单父县大治。

不过，巫马期却因为劳累过度病倒了。于是孔子推荐了另一个学生宓子贱。

宓子贱弹着琴、唱着小曲就到了单父县，他在官署后院建了一个琴台，终日鸣琴，身不下堂，日子过得很滋润，一年下来单父县大治。后来，巫马期很想和宓子贱交流一下工作心得，于是他找到了宓子贱。

俩人的谈话是从寒暄客套开始的，不过很快就进入了正题。

巫马期羡慕地握着子贱的手说："你比我强，你有个好身体啊，前途无量！看来我要被自己的病耽误了。"

子贱听完巫马期的话，摇摇头说："我们的差别不在身体，而在于工作方法。你做工作靠的是自己的努力，可是事业那么大、事情那么多，个人力量毕竟有限，努力的结果只能是勉强支撑，最终伤害自己的身体；而我用的方法是调动能人给自己做工作，事业越大，可调动的人就越多；调动的能人越多，事业就越大，于是工作越做越轻松。"

问题：

（1）如何理解宓子贱和巫马期在"工作方法"上的差别？从管理学的视角看，管理与领导是一回事吗？

（2）从领导风格和领导方式来看，如何理解宓子贱所说"我之谓任人，子之谓任力"？

（3）领导力是天生的吗？领导力是可以培养出来的吗？

宓子贱和
巫马期

案例思考

通过分析宓子贱和巫马期在"工作方法"上的差别，我们可以看到领导风格和领导方式的优劣。既然领导风格和领导方式存在如此重要的差别，那么很自然会有下一个问题：什么是领导？领导者与非领导者有哪些区别？最恰当的领导风格是什么样的？如果你希望人们把你看成一名领导者，你可以怎么做？本情境中我们将回答这些问题，以及其他一些与领导技能有关的问题。

知识阐述

古今中外，像宓子贱如此有关领导方式和领导艺术的故事比比皆是，似乎每个人都深深理解领导力对于管理和组织成功的重要性。回顾你身边的一位领导，想一想他或她具有的独特的领导风格有哪些？然后反思这样几个问题，领导与管理是一回事吗？领导力是天生的吗？领导力是可以培养出来的吗？

一、领导力的内涵

（一）领导的概念

"领导"一词由"领"和"导"二字组成。领：承上令下谓之领；导：甲骨文中的"导"字，上面是"首"表示人，下面是"止"表示脚；外面是行表示路口。合在一起的意思是人走到路口时，需要得到引导、引领。

关于领导的定义，不同角度或侧面有着不同的定义。综合分析，领导可表述为：领导是在一定条件下，指引和影响个人或组织实现某种目标的行动过程。其中把实施指引和影响的人称为领导者，把接受指引和影响的人称为被领导者，一定的条件是指所处的环境因素。因此，领导是影响群体去实现愿景或者目标的能力，领导的本质是影响力。

（二）领导者与管理者

所有的管理者都是领导者吗？从理论上来说，所有的管理者都应当是领导者，因为领导是四大管理职能之一。实际上管理和领导是两个不同的概念，二者既有联系，又有区别。

组织中有效的领导能提出考虑到组织各方合法利益的长远愿景，制定出一套实现愿景的战略，赢得员工的支持，并激励他们去实施战略。管理则是运用正式职权实行计划、组织、人事、激励和控制职能的过程。可见，管理者并不都是领导者，领导者也并不一定是管理者。

再者，管理者是被任命的，他们拥有合法权力进行奖励和处罚，其影响力来自他们所在的职位赋予的正式权力。相反，领导者可以是任命的，也可以是从一个群体中产生出来的，领导者可以不运用正式权力来影响他人的活动。

最后，一个组织如果要达到最佳效果，就需要强大的领导力与强大的管理能力。当今世界变化不断，我们需要领导有能力挑战现状、构建未来愿景，而且能够激发成员实现愿景的意愿，我们同样需要管理者制订具体的计划、构建有效的组织结构、监督每日的实施情况。在实践中，有效的领导和有效的管理最终必须是一致的。例如，汽车制造业的三大巨头，福特、通用、戴姆勒-克莱斯勒，都认为自己的管理工作很优秀，却发现自己在领导方面不够有效，因为它们不能准确预测未来趋势，而他们的竞争对手如丰田，却可以更加准确地预测未来趋势。

因此，领导和管理不是完全等同的，但也不是相互对立的。

名家论领导与管理

哈佛商学院教授约翰·科特（John Kotter）在《变革的力量》一书中指出，领导是一个永恒的话题，而目前人们所说的管理主要是近100年的产物，是随20世纪大批复杂组织的出现应运而生的。他认为领导和管理显然有很多相似之处，都涉及对所需做的事情做出决定，建立一个能完成某项计划的人际关系网，并尽力保证任务能得以顺利完成。但二者之间存在着极为明显的差异：领导主要处理变化的问题，领导者通过开发未来前景而确定前进的方向，然后把这种前景与其他人进行交流、联合，激励和鼓舞其他人克服障碍达到目标，从而带来企业的运动，带来建设性或适应性的变革；管理者主要处理复杂的问题，优秀的管理通过制订正式计划、设计规范的组织结构以及监督计划实施的结果而达到有序一致的状态，带来的是特定的企业秩序和经营规律，使事情高效运转。科特认为要达到组织的最佳效果，领导和管理具有同等的重要性，二者不可或缺。

（三）领导力和领导者

领导力（leadership）定义为影响群体去实现愿景或者目标的能力。这种影响力可以来自正式组织结构，就好像组织中的管理层一样；这种影响力也可以来自组织正式结构之外，即非正式领导力。非正式领导力往往和正式影响力同样重要，甚至更重要一些。换句话说，人们不仅可以正式指派领导者，领导者也可能从群体内部自然而然出现。领导力的实质是影响力。

领导者（leader）定义：能够影响他人并拥有管理职权的人。它是一种社会角色，指领导活动的行为主体，即能实现领导过程的人。

领导（leading）这一管理职能包括同别人一起或通过别人去完成组织目标。

（四）领导者的权力基础

领导者把权力作为实现群体目标的一种手段，权力从何而来，是什么赋予领导者影响他人的能力？这就是权力的基础或来源。权力的来源可以划分为两个大类——正式权力和个人权力，如表4-1所示。

表 4-1　权力的来源

正式权力	基　础
强制性权力	处罚的权力
奖赏性权力	能提供奖励的权力
法定性权力	个人在组织中的职位
个人权力	基　础
专家性权力	个人拥有的技能、专门技术和知识
感召性权力	使他人愿意与之交往的个性特征

1. 正式权力

正式权力（formal power）基于个体在组织中的职位。它包括：

（1）强制性权力。

强制性权力（coercive power），指的是真正实施、威胁会实施，或者允许他人采用施加痛楚、限制行为，或者控制生理和安全需要来实现权力。

（2）奖赏性权力。

强制性权力的对立面是奖赏性权力（reward power），人们之所以会顺从奖赏性权力，是因为它能带来利益。如果某人能够分派他人认为有价值的奖赏，那么就对他们具有权力。这些奖赏可以是经济上的奖赏，也可以是非经济上的奖赏。

（3）法定性权力。

在正式群体和组织当中，通过法定性权力（legitimate power）的途径来获取更多的权力源泉是最常见的手段。法定性权力指的是能够基于自己在组织结构中的位置来控制和使用组织资源的正式管辖权。

2. 个人权力

个人权力（personal power）来自个体的特征，它有两种权力源泉：专业的才能、他人的尊敬和羡慕。

（1）专家性权力。

专家性权力（expert power）指的是由于某人具有专业特长、特定的技能或者知识而对别人产生的影响力。随着职业分工越来越专业化，我们对专家的依赖性一直在增加，计算机专家、税务会计师、经济学家、工业心理学家还有其他各种各样的专家都因为其专业特长而拥有权力。

（2）感召性权力。

感召性权力（referent power）来自我们对一个具备我们所渴望的资源或特质的人所具有的认同感。如果我喜欢你、尊敬你并且羡慕你，那么你对我就拥有权力，因为我希望取悦于你。

哪种权力基础最有效？正式权力可以来自强制或奖赏，也可以来自正式的管辖权。然而，有证据表明，专家性权力和参照性权力等非正式权力是最重要的权力。

二、人性假设理论

对人的管理中的一个实质性问题是对人性的认识。在管理活动中管理者制定什么样的管理制度，采用什么样的管理方法，建立什么样的组织结构，都与他们关于人性的假设有关。

人性假设的历史源远流长，但管理学中的人性假设概念的提出，一般认为肇始于美国管理心理学家麦格雷戈（D. M. McGregor），他认为，"在每一个管理决策或每一项管理措施的背后，都必有某些关于人性本质及人性行为的假定"。1957年，麦格雷戈对历史上的一些人性假设进行了总结和归纳，提出了人性假设的 X 理论和 Y 理论。1965年，继麦格雷戈之后，美国心理学家沙因（E. H. Schein）把流行于西方的几种人性理论概括为"经济人""社会人""自我实现人"和"复杂人"。

（一）经济人的假设

经济人（economic man）这一假设，以英国经济学家亚当·斯密（Adam Smith）为先驱。亚当·斯密认为，人的本性是懒惰的，必须加以鞭策；人的行为动机源于经济诱因，必须以计划、组织、激励、控制等建立管理制度，并以金钱和权力维持员工的效力和服从。

麦格雷戈在他的《企业人性方面》（1960）一书中，提出了两种对立的管理理论，即 X 理论和 Y 理论。麦氏主张 Y 理论，反对 X 论。而 X 理论其实是对"经济人"假设的运用，其基本观点如下：

（1）多数人天生是懒惰的，他们都尽可能逃避工作。

（2）多数人都没有雄心大志，不愿负任何责任，而心甘情愿受别人的指导。

（3）多数人的个人目标都是与组织目标相矛盾的，必须用强制、惩罚的办法，迫使他们为达到组织目标而工作。

（4）多数人工作都是为了满足基本的生理需要和安全需要，因此只有金钱和地位才能鼓励他们努力工作。

（5）人大致可以分为两类，多数人都是符合上述设想的人，另一类是能够自己鼓励自己、能够克制感情冲动的人，这些人应负起管理的责任。

基于"经济人"假设的管理方式和要点

（1）管理工作的重点是提高生产率和完成生产任务，而在对人的情感和道义上，则可以不负责任。简单地说，就是只重视任务而不考虑感情，管理就是计划、组织、指导和监督。这种管理后来被称为任务型管理。

（2）管理工作只是少数人的事，工人的主要任务是听从管理者的指挥。

（3）在奖励制度方面，主要是用金钱刺激员工的积极性，同时对消极怠工者采用严厉的惩罚措施。用通俗的话说，就是采取"胡萝卜加大棒"的政策。

伶鼬和老鼠

13世纪亚美尼亚作家奥洛比安的寓言"伶鼬和老鼠"说明了人性的不变性。

有一只伶鼬狂热地爱上了一个小伙子，它向爱神祈祷把它变成一个美丽的少女。

爱神满足了它的心愿，它幸福地与自己心仪的小伙子结婚了。在热闹非凡的婚礼上，突然一只老鼠从门口跑过去，这位新娘忘却了一切，狂奔过去追老鼠。作者的寓意是：本性难移，动物和人概莫如此。中国的"白蛇传"与这个寓言同工异曲。你看，白蛇都变为人了，但蛇的本性仍不变，饮了雄黄酒就要露出本性。中国有句俗话说，"江山易改，本性难移。"这里的本性主要不是指个人的性格，而是指人类共同的本性。现在我们都承认，人的本性是利己，即所从事一切活动的目的是个人利益最大化。现代生物学证明了这是人和动物的本性。

经济学是建立在对这种人性承认的基础之上的，因此，经济学的基本前提是理性人假设。理性人就是一切行为的目标为个人利益最大化的人。经济学正是在这一假设之下研究资源既定时的最大化问题。对社会是 GDP 和社会福利最大化，对个人是收入和效用最大化，对企业是利润最大化和企业资产价值最大化。正是在对这种最大化的研究中得出了许多有意义的结论。离开了这个假设，经济学的全部内容都要被推翻。

（二）社会人的假设

社会人（social man）又称为"社交人"。依据社会人的假设，传统理论把人看成是"经济人"的观点是错误的，人的主导动机是社会需求。只有满足员工的社会需求时，工作的积极性才能得到充分的发挥。社会需求不仅仅是物质的满足，重要的还包括同事之间的接纳和喜爱，即良好的人际关系，这种社会需求往往比"经济人"的报酬更能激励工人。"社会人"的假设首先是由霍桑实验的主持人梅奥提出的。

梅奥认为，人是有思想、有感情、有人格的活生生的"社会人"，人不是机器和动物。作为一个复杂的社会成员，金钱和物质虽然对其积极性的产生具有重要影响，但是决定因素不仅仅是物质报酬，而是职工在工作中发展起来的人际关系。

小卡片

基于"社会人"假设的管理方式和要点

（1）管理人员不应只注意完成生产任务，而应把注意的重点放在关心人、满足人的需要上。

（2）管理人员不能只注意指挥、监督、计划、控制和组织等，而更应重视职工之间的关系、培养和形成职工的归属感和整体感。

（3）在实行奖励时，提倡集体的奖励制度，而不主张个人奖励制度。

（4）管理人员的职能也应有所改变，他们不应只限于制订计划、组织工序、检验产品，而应在职工与上级之间起联络人的作用。一方面要倾听职工的意见和了解职工的思想感情，另一方面要向上级反映和呼吁。

后来，一些组织行为学家，根据"社会人"的观点，提出了"参与管理"的新型管理方式。所谓"参与管理"，就是在不同程度上让职工和下级参与决策。

（三）自我实现人的假设

自我实现人（self-actuatizing man）的概念是由马斯洛提出来的。马斯洛认为，人的最高层次需要就是自我实现。

所谓"自我实现"，就是说人需要发挥自己的潜力、表现自己的才能，只有人的潜力和才能充分地发挥出来，人才会感到满足。用马斯洛的话说就是"每个人都必须成为自己所希望成为的那种人""能力要求被运用，只有发挥出来，才会停止吵闹"。在他的心目中，最理想的人就是自我实现的人。麦格雷戈总结了马斯洛及其他心理学家的观点，从管理的角度提出了与 X 理论相对应的 Y 理论。Y 理论可以看作"自我实现人"假设的运用，其基本内容如下：

（1）一般人都是勤奋的，如果环境有利，工作如同游戏或休息一样自然。

（2）控制和惩罚不是实现组织目标的唯一办法。人们在执行任务中能够自我指导和自我控制。

（3）在正常情况下，一般人不仅会接受责任，而且会主动寻求责任。

（4）在人群中广泛存在着高度的想象力以及谋求解决组织中问题的创造性。

（5）在现代工业条件下，一般人的潜力只利用了一部分。

基于"自我实现人"假设的管理方式和要点

（1）管理重点的改变。"自我实现人"假设认为，注意的重点应该从人的身上转移到工作环境上。但它对环境的重视与经济人重视工作任务不同，重点不放在计划、组织、指导、监督和控制上，而是创造了一种适宜的工作环境、工作条件，使人们能在这种条件下充分挖掘自己的潜力，充分发挥自己的才能，也就是说充分自我实现。

（2）管理人员职能的改变。从"自我实现人"假设出发，管理者的主要职能既不是生产的指挥者，也不是人际关系的调节者，而只是充当一个采访者。他们的主要任务在于能为人们充分发挥自己的聪明才智创造适宜的条件，减少或消除职工在自我实现中可能遇到的障碍。

（3）奖励方式的改变。依据"自我实现人"假设，对人的奖励可分为两大类：一类是外在奖励，如加工资、提升、良好的人际关系；另一类是内在奖励，如在工作中能够获得知识、增长才干、充分发挥自己的潜能等。这种观点认为，只有内在奖励，才能满足人的自尊和自我实现的需要，从而极大地调动职工的积极性。管理者的任务就在于创造适宜的工作环境，使职工获得内在奖励。

（4）管理制度的改变。"自我实现人"的观点认为，管理制度应该保证职工能够充分地表露自己的才能，达到自己所希望的成就。

（四）复杂人的假设

复杂人（comprehensive man）的假设是 20 世纪 60 年代末 70 年代初提出的。长期的实践证明，无论是经济人、社会人，还是自我实现人的假设，虽然各有其合理的一面，但并不适合一切人。因为人是很复杂的，不仅因人而异，而且一个人本身在不同的年龄、不同的时间和不同的地点会有不同的表现。人的需要和潜力，随着年龄的增长、知识的增长、地位的改变，以及人与人之间关系的变化而各不相同。根据复杂人的假设，提出了一种新的管理理论，称之为权变理论（Contingent theory）。权变是指应根据具体情况采取适当的管理措施。由于它既不同于 X 理论，也不同于 Y 理论，有人把它称为超 Y 理论。

这种理论的内容可以概括为以下几点。

（1）人的需要是多种多样的，而且这种需要随着人类社会的发展和社会条件的变化而改变。

（2）人在同一时间内的各种需要和动机会发生相互作用并结合为统一的整体，形成错综复杂的动机模式。例如，两个人都想得到高额奖金，但他们的动机可能很不相同。一个可能是要改善家庭的生活条件，另一个可能把高额奖金看成是技术熟练的标志。

（3）人在组织中的工作和生活条件是不断变化的，因此会不断地产生新的需要和动机。就是说，在人生活的某一特定时期，动机模式的形成是内部需要和外部环境相互作用的结果。

（4）一个人在不同的单位或同一单位的不同部门工作，会产生不同的需要。

（5）由于人的需要不同、能力各异，对于不同的管理方式会有不同的反应。因此，没有一套适用于任何时代、任何组织和任何个人的普遍行之有效的管理方法。

综上所述，可以看到西方组织行为学中从"经济人"的假设，提出了 X 理论；从"社会人"的假设，提出了"人际关系"理论；从"自我实现人"的假设，提出了 Y 理论，而从"复杂人"的假设，提出了权变理论，或超 Y 理论。

"文化人"假设

随着社会的发展和管理实践的深入，管理学界对人性的认识有了进一步的发展。1981 年，美国加利福尼亚大学教授威廉·大内发表了《Z 理论——美国企业界怎样迎接日本的挑战》，即企业文化 Z 理论的开山之作。书中提出了"文化人"的人性假设。"文化人"假设认为，人的行为与心理最终决定于人的价值观等文化因素，企业的发展离不开员工的价值观。企业文化的塑造与培育是企业的根本任务，而企业文化与企业所在国家的民族文化密不可分。不同民族的人各有其不同的民族性格，不同地区的人也各有其不同的地域性格。这些其实都是人类行为的文化模式差异。"文化人"假设至今依然在管理学界有着重要的影响，声势浩大的企业文化运动即肇端于此。

三、领导方式及其理论

（一）领导方式及其理论分类

领导方式指领导者在一定的领导环境下，为完成某个特定目标，在与被领导者的交互作用中所表现出的行为方式。领导方式是否有效取决于以下要素：①领导者，包括领导者的素质、对"人性"的假想以及对权力的认识等。②被领导者，包括被领导者的素质、对企业目标的认识程度、对领导者的信赖与拥戴程度以及由此产生的积极性与创造性。③环境，指企业方面的结构形态、经营方式、技术基础、价值取向、行为习惯，还包括企业外部的社会文化、技术经济等条件。

20 世纪 40 年代以前，有关领导的研究集中在领导者与非领导者相比应具备的特殊素质方面。从 40 年代开始到 60 年代中期，关于领导的研究主要侧重于领导行为方面。从 60 年代中期开始，领导理论的研究转向于权变理论的研究。这三个阶段的研究成果可依其内容大致分为三类：领导特质理论、领导行为理论、领导权变理论。

（二）领导特质理论

早期的领导理论以探讨领导者的特质为主，也就是那些能够把领导者从非领导者中区分出来的个性特点。这些研究旨在分离出一种或几种领导者具备而非领导者不具备的特质。人们对各种各样的特质进行研究，如体型、外貌、社会阶层、情绪稳定性、说话流畅性、社会交往能力等。这就是领导特质理论（trait theories of leadership）。

在这一领域的研究没能取得什么成果，即不可能有这样一套特质总能把领导者与非领导者区分开来。这在很大程度上是由于与领导相关的特质通常在某一场合适用，并不意味着在另一场合也适用。

不过，而后一些研究者发现七项特质与有效的领导有关，它们是内在驱动力、领导愿望、诚实与正直、自信、智慧、工作相关知识和外向性，具体见表 4-2。

研究表明，仅仅依靠特质并不能充分解释有效的领导，完全基于特质的解释忽视了领导者与下属的相互关系和情境因素。领导特质在一定程度上对领导能力会有一定影响，但是这些特质必须在一定的领导情境中加以分析。具备恰当的特质只能使个体更有可能成为有效的领导人。

人所具备的领导素质可以是通过对领导角色的认知、经由学习而获得的。领导者的环境、职位等外界因素会加速这一过程。另外，领导者的人格特征都是具体的、特定的，不同的组织、不同的工作性质要求领导者具备的人格特性也不同。没有一个普遍适用的领导素质标准。

表 4-2　与领导力有关的七项特质

1. 内在驱动力。领导者非常努力，有着较高的成就欲望，进取心强、精力充沛，对自己所从事的活动坚持不懈、永不放弃，并有高度的主动性。

2. 领导愿望。领导者有强烈的欲望去影响和领导别人，他们乐于承担责任。

3. 诚实与正直。领导者通过真诚无欺和言行一致在他们与下属之间建立相互信赖的关系。

4. 自信。下属觉得领导者从没有怀疑过自己，为了让下属相信自己的目标和决策的正确性，管理者必须表现出高度的自信。

5. 智慧。领导者需要具备足够的智慧来收集、整理和解释大量信息，并能够确立目标、解决问题和作出正确决策。

6. 工作相关知识。有效的领导者对有关企业、行业和技术的知识十分熟悉，广博的知识能够使他们作出睿智的决策，并能认识到这些决策的意义。

7. 外向性。领导者精力充沛，他们好交际、坚定而自信，很少会沉默寡言或离群。

但是也不能因此就否定领导素质理论的价值。许多工作由于其本身的性质，要求从事该工作的人员具有有效完成工作的个人特性，以适应工作的要求。这点已成为许多行业选拔人员的重要依据。例如，在我国，优秀的领导者的素质要求包括政治素质、知识素质、能力素质和身心素质四大方面。

（三）领导行为理论

领导行为理论（Behavioral theories of Leadership）侧重于领导的行为分析，下面介绍四种领导行为理论，即领导风格理论（爱荷华大学研究）、四分图模式（俄亥俄州立大学）、利克特四种领导方式（密歇根大学研究）和管理方格论。

1. 领导风格理论

爱荷华大学著名心理学家勒温（K. Lewin）和他的同事们提出了领导风格理论，又名爱荷华大学研究。该理论以权力定位为基本变量，把领导者在领导过程中表现出来的行为分为三种风格：独裁型风格、民主型风格和放任型领导。独裁型风格（autocratic style）是倾向于集权管理、指令型工作方法、做出单边决策并限制员工参与的领导者。这种领导者要求下属绝对服从，并认为决策是自己一个人的事情；权力定位于领导者个人手中。民主型风格（democratic style）是指领导者倾向于在决策时考虑员工利益，实施授权管理，鼓励员工参与有关工作方法与目标的决策，把反馈当作指导员工工作的机会；权力定位于团体之中。放任型领导（laissez-faire style）是指领导者总体上给群体充分的自由，让他们自己做出决策，并按照他们认为合适的做法完成工作；权力定位于员工手中。

不同的领导风格对团体成员的工作绩效和工作满意度有着不同的影响。勒温等人通过实验发现，放任型领导者所领导的群体的绩效低于独裁型和民主型领导者所领导的群体；独裁型领导者所领导的群体与民主型领导者所领导的群体工作数量大体相当；民主型领导者所领导的群体的工作质量与工作满意度更高。最初研究表明民主型领导风格最有效，但而后的研究出现不一致的结果。

2. 四分图模式

此模式是 20 世纪 40 年代美国俄亥俄州立大学教授斯多基尔（Ralph Stogdill）、弗莱西曼（Edwin Fleshman）和他们的同事提出的，又称俄亥俄州立大学研究。第二次世界大战后，他们对领导效能进行了大量研究，发现总是有两种领导行为是群体成员

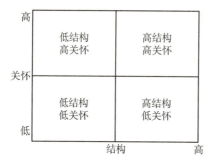

图 4-1　领导行为四分图

对领导行为描述最多的方面，他们把这两种因素或两个维度叫作"定规维度"与"关怀维度"。图 4-1 为领导行为四分图。

第一个维度是定规维度（Initiating structure），指的是为了实现目标，领导者界定和构造自己与下属角色的程度，包括那些试图规划工作、界定任务关系和明确目标的行为。第二个维度是关怀维度（consideration），指的是管理者在工作中尊重下属的看法和情感并与下属建立相互信任的程度。高关怀特点的领导者会帮助下属解决个人问题，友善且平易近人，平等地对待每一个成员，关怀下属的生活、健康、地位和满意程度等方面。

这些行为维度能够充分描述领导者的行为吗？研究发现，一个在定规和关怀方面均高的领导者，即高—高型领导者（high-high leader）常常比其他三种类型的领导者（低定规、低关怀或二者均低）更能使下属达到高绩效和高满意度。不过，高—高风格也并不总能产生积极的效果。研究者发现了足够的例外情况表明在领导理论中还需加入情境因素。

继俄亥俄州立大学研究之后，又出现了许多有关关怀和定规这两种领导行为关系以及它们对领导绩效的影响方面的研究，得出了以下主要结论：

（1）高关怀的领导者比低关怀的领导者会有更满意的下属。

（2）关怀和领导效率之间的关系取决于所领导的组织。比如在一个大企业中，高关怀与经理的领导效率成正比，与车间工头的领导效率成反比。

（3）定规与领导效率之间没有必然联系，它们之间的关系取决于被领导的组织类型。

3. 利克特四种领导方式

由密歇根大学社会研究所所长伦西斯·利克特（Rensis Likert）提出的利克特四种领导方式，又被称为密歇根大学研究。

利克特认为，组织使用的领导模式或领导风格有如下四种：

模式一：专制命令型（exploitative authoritative），试图支配下属的命令型管理模式。

模式二：温和命令型（benevolent authoritative），具有温和性质的命令型管理模式。

模式三：商议讨论型（consultative），管理者要求下属提问并接受下属的建议，但持有最终决策权。

模式四：集体参与型（participative），管理者给下属一定的指导，但决策是在全员参与的基础上根据一致通过或多数人同意的原则作出的。

利克特使用问卷调查，确定了四种领导方式以及整个组织使用的管理模式。这项研究的结果显示，第四种模式是最有效的管理模式，组织应该努力参照此模式来进行管理。

4. 管理方格理论

美国得克萨斯大学教授、行为科学家布莱克（Robert R. Blake）和莫顿（Jane S. Mouton）在1964年提出了管理方格理论（Managerial Grid Theory），如图4-2所示。

图4-2　管理方格图

管理方格（managerial grid）使用"关心人（concern for people）"和"关心生产（concern for production）"两个行为维度，并对领导者对这些行为的使用进行了评估，在坐标的纵横轴上以九等分刻度表示上述两个维度，共计有 81 个小格，而且领导者的行为风格可能落在任意一格上，不过这里只对其中的五种类型重点说明。它们是：贫乏型管理（1，1）、任务型管理（9，1）、中庸之道型管理（5，5）、乡村俱乐部型管理（1，9）、团队型管理（9，9）。

在五种风格中，研究者得出结论，（9，9）型管理者工作效果最佳。遗憾的是，管理方格只是为领导风格这一概念提供了框架，并未回答如何使管理者成为有效的领导者这一问题。而且，也没有研究证据支持（9，9）风格在所有情境下都是最有效的。

（四）领导权变理论

对领导问题的研究开始转而关注对在某一特定情形下的领导风格的研究，认为在不同的情境下需要不同的素质和行为，这类研究称为领导权变理论（contingency approach to leadership），包括菲德勒模型、赫塞—布兰查德的情境领导理论和路径—目标模型。其基本思想是，有效的领导者能因自己当时所处情境的不同而变化自己的领导行为和领导方式。领导方式是领导者特征、追随者特征和环境的函数：

$$S = f(L, F, E)$$

式中，S 为领导方式；L 为领导者特征；F 为追随者的特征；E 为环境。

1. 菲德勒模型

菲德勒领导权变模型（Fiedler Contingency Model of Leadership）由美国华盛顿大学教授、心理学家和管理专家菲德勒（Fred Fiedler）于 20 世纪六七十年代提出。这一理论的基本思路是首先界定领导风格以及不同的情境类型，然后建立领导风格与情境的恰当组合。

（1）确定领导风格。

行为理论认为个体的基本领导风格有任务导向和关系导向两个维度，但没有确定方法。菲德勒设计了最难共事者量表（least prefered co-worker questionaire，LPC Questionaire）。该量表通过测量某人是偏向任务导向还是关系导向从而测量领导风格。

延伸阅读

测量个体的最难共事者分数

最难共事者量表要求调查对象回忆他们曾经共事的所有同事，并且描述他们最不喜欢与之共事的人，然后调查对象在 LPC 上描述出最难共事者的情况。表 4-3 是 LPC 上的三组事例。

表 4-3　最难共事者量表

快乐								不快乐
友善								不友善
合作								不合作
高分值	8	7	6	5	4	3	2	1	低分值

按照 16 对意义相反的形容词对此人进行分值为 1~8 的评分（例如，令人愉快——不令人愉快、高效——低效、开放——谨慎、乐于助人——冷漠等），把这 16 项分数相加，即此人的 LPC 得分。

菲德勒认为，人们如何描述自己的 LPC 恰能说明自己的内在倾向和领导风格。LPC 分高的人表现了关系取向的风格，因为即使对一个认为是最难共事的人评价也不太坏，说明他必定想到了工作活动以外的其他表现。LPC 分低的人则表现了任务取向的风格，因为他必定只想到了工作的表现，可见最关心的是工作，显示出任务取向的风格。

（2）定义情境。

通过最难共事者量表对个体的基本领导风格进行评估之后，菲德勒使用了三种权变或者情境维度确定情境。

①领导——成员关系（leader-member relations），指的是成员对领导者的信心、信赖和尊重程度，这是定义情境的最重要因素。

②任务结构化程度（task structure），指的是工作任务在多大程度上接受了程序化安排（即有结构和无结构），例如目标明确、职责分明、工作流程清晰，则任务结构性高，这是判断情境的第二位因素。

③职位权力大小（position power），指的是领导者对权力变量的影响程度，这些权力变量包括招聘、解聘、处罚、晋升和加薪，等等。职位权力相当于法定性权力、奖赏性权力和强制性权力。这是确定情境的最不重要的因素。

下一步是利用这三个变量来评估情境。这三个维度按照有利、不利组合得出八种不同情景，具体见表 4-4。

表 4-4　菲德勒对情境的分类

情　境	1	2	3	4	5	6	7	8
领导与被领导关系	好	好	好	好	差	差	差	差
任务机构化程度	强	强	弱	弱	强	强	弱	弱
职位权力大小	强	弱	强	弱	强	弱	强	弱
	对领导者最有利				对领导者最不利			

（3）领导与情境的匹配。

菲德勒模型认为，将个体的最难共事者分数与这八种情境相匹配就能优化领导效能，图 4-3 显示了在每种情形下最具效率的领导风格。

菲德勒的结论是，任务导向的领导者在情境最有利或不利的情况下会有更好的领导效能。因此，在面临第 1、2、3、7、8 这些情境时，任务导向型的领导者会有更好的表现。关系导向型的领导者，却更适合温和以及偏向有利的情境，即第 4、5 这两种情境。近年来，菲德勒已经将这八种情境浓缩到三种。他现在认为，任务导向型的领导者在控制力很高或很低的情境下有最好的表现，而关系导向型的领导者在中度控制力的情境下有最好的表现。

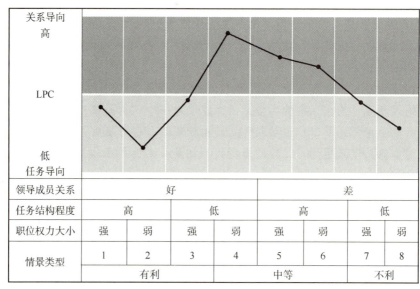

图 4-3 菲德勒模型

2. 赫塞—布兰查德的情境领导理论

情境领导理论（situational leadership theory）也称领导生命周期理论（Life cycle theory of leadership）是由俄亥俄州立大学心理学家科曼（A. Korman）首先提出，其后由赫塞（Paul Hersey）和布兰查德（Kenneth Blanchard）予以发展。该理论是把俄亥俄州立大学的"领导行为四分图"与阿吉里斯（Chris Argris）的不成熟—成熟理论结合起来，创造了一个三维结构的有效领导模型。这一理论把下属的成熟度作为关键的情境因素，其主要观点是：领导者的风格应适应其下属的成熟度（maturity）。在被领导者渐趋成熟时，领导者的领导行为要做相应的调整，这样才能成为有效的领导。

科曼在分析俄亥俄州立大学管理四分图的领导行为模式时加入第三个因素——被领导者的成熟度。他认为"高工作、高关系"的领导风格并不经常有效，"低工作，低关系"的领导风格并不经常无效，要看下属的成熟程度而定。赫塞和布兰查德把成熟度定义为个体对自己的直接行为负责任的能力和意愿。它包括工作成熟度（job maturity）和心理成熟度（psychological maturity）。工作成熟度是下属完成任务时具有的相关技能和技术知识水平。心理成熟度是下属的自信心和自尊心。高成熟度的下属既有能力又有信心做好某件工作。

下属从不成熟走向成熟，可分为四个阶段（图 4-4）。

成熟	高	中		低	不成熟
	M4	M3	M2	M1	
	有能力并愿意	有能力但不愿意	没能力但愿意	没能力且不愿意	

图 4-4 下属的成熟度

（1）M1：这些人对于承担某种工作任务既无能力又不情愿。他们既不胜任工作又不能被信任。

（2）M2：这些人缺乏能力，但愿意从事必要的工作任务。他们有积极性，但目前尚缺乏足够的技能。

（3）M3：这些人有能力却不愿意干领导者希望他们做的工作。

（4）M4：这些人既有能力又愿意干领导者希望他们做的工作。

情境领导理论认为任务行为、关系行为与个性成熟之间是一条曲线（非直线）关系。这条曲线可使领导者了解领导方式与下属成熟度之间的关系。图4-5为情境领导理论图。

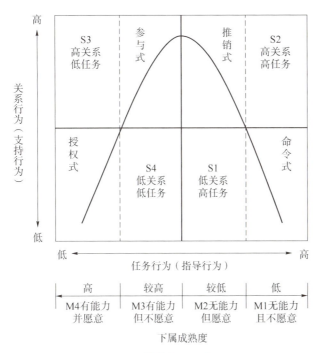

图 4-5 情境领导理论图

情境领导理论使用的两个领导维度与菲德勒的分类相同，即任务行为和关系行为。不过，赫塞和布兰查德更向前迈进了一步，他们认为每一维度有低和高两个水平，从而组合成四种领导风格，具体描述如下：

（1）命令（低关系高任务）：领导者界定角色，明确告诉下属具体该干什么、怎么干以及何时何地去干。

（2）推销（高关系高任务）：领导者同时提供指示性行为与支持性行为。

（3）参与（高关系低任务）：领导者与下属共同决策，领导者的主要角色是提供便利条件与沟通渠道。

（4）授权（低关系低任务）：领导者提供极少的指示性行为或支持性行为。

情境领导理论指出，如果下属既无能力又不愿意承担一项任务，领导者需要提供清晰和具体的指令（命令）；如果下属没有能力但有意愿，则领导者既要表现出高任务取向以弥补下属能力的缺乏，又要表现出高关系取向以使下属领会领导者的意图（推销）；如果下属有能力但无意愿，则领导者需要运用支持与参与风格（参与）；如果下属既有意愿又有能力，则领导者不需要做太多的工作（授权）。

管理者四种
领导风格

3. 路径—目标理论

路径—目标理论（Path-Goal of leadership）是由加拿大多伦多大学教授伊万斯（M. Evans）于1963年首先提出的，其后，由其同事豪斯（Robert House）及华盛顿大学教授米切尔（Terence Mitchell）予以扩充和发展。该理论以期望激励理论和领导行为理论为基础，其研究的核心是领导者的工作是帮助下属达到他们的目标，并提供必要的指导和支持，以确保各自的目标与群体或组织的总体目标一致。

豪斯和米切尔曾解释说：之所以称为路径—目标理论，是因为它主要关心的是领导者如何影响下属对他们的工作目标和达成目标的途径或方法的认识和理解。路径—目标理论关心两大主要问题：①下属如何建立工作目标和工作方法、途径；②领导者所扮演的角色，即如何帮助下属完成工作的路径—目标循环。路径—目标的概念来自这样的观念，即有效领导者能够通过明确指明实现工作目标的方式来帮助下属，并为他们清除各种障碍和危险，从而使下属的相关工作容易进行。

根据路径—目标理论，领导者的行为被下属接受的程度，取决于下属是将这种行为视为获得当前满足的源泉，还是作为未来满足的手段。当下属的需求得到的满足与成功的绩效相匹配时，领导行为将影响对下属的激励。领者行为的激励作用在于：①使下属的需要满足取决于有效的工作绩效；②提供有效绩效所必须的辅导、指导、支持和奖励。

在路径—目标理论中，领导行为被分为四种基本类型：①指导型领导让下属知道他对他们的期望是什么以及他们完成工作的时间安排，并对如何完成任务给予具体指导，这种领导类型与俄亥俄州立大学的定规维度相似；②支持型领导十分友善，表现出对下属需要的关怀，它与俄亥俄州立大学的关怀维度相似；③参与型领导则与下属共同磋商，并在决策之前充分考虑他们的建议；④成就导向型领导设定富有挑战性的目标，并期望下属发挥出自己的最佳水平。

路径—目标理论提出了领导行为—结果关系模型（图4-6），并引入环境因素和个人特点两类情境变量作为中间变量。环境因素包括任务结构、正式权力系统和工作群体，而下属的个人特点包括控制点、经验和认知能力。控制点是指个体对环境变化影响自身行为的认识程度。根据这种认识程度的大小，控制点分为内向控制点和外向控制点两种。内向控制点是说明个体充分相信自我行为主导未来而不是环境控制未来的观念，外向控制点则是说明个体把自我行为的结果归于环境影响的观念。依之下属分为内向控制点（internal focus of control）和外向控制点（external focus of control）两种类型。环境因素和下属的个人特点决定着领导行为类型的选择。

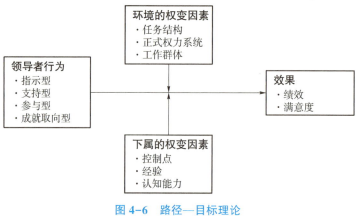

图 4-6 路径—目标理论

导入案例分析思路

下面，我们来回答"案例导入"中出现的问题。

首先，管理和领导是两个不同的概念，二者既有联系，又有区别。组织中有效的领导能提出考虑到组织各方合法利益的长远愿景，制定出一套实现愿景的战略，赢得员工的支持，并激励他们去实施战略。管理则是运用正式职权实行计划、组织、人事、激励和控制职能的过程。可见，管理者并不都是领导者，领导者也并不一定是管理者。

当代领导理论新视角

其次，如何理解宓子贱所说"我之谓任人，子之谓任力"？领导行为四分图或俄亥俄州立大学研究中，在做了成千上万次测量后，发现总是有两种领导行为是群体成员对领导行为描述最多的方面，即"定规维度"与"关怀维度"；利克特四种领导方式，或密歇根大学研究，也找到了和领导者绩效有关的行为特征的两个维度，即以员工为导向的领导者和以工作为导向的领导者；管理方格理论使用"关心人"和"关心生产"两个行为维度进行领导行为分析；情境领导理论使用的两个领导维度与菲德勒的分类相同：任务行为和关系行为；途径-目标模式认为领导者应当给下属明确工作目标，帮助排除实现目标的障碍，不断满足其需要。

正如德鲁克基金会关于《领导者的对话》所说："领导能力是把握组织的使命及动员人们围绕这个使命奋斗的一种能力；领导能力的基本原则是：领导力是怎样做人的艺术，而不是怎样做事的艺术，最后决定领导者的能力是个人的品质和个性。领导者是通过其所领导的员工的努力而成功的。领导者的基本任务是建立一个高度自觉的、高产出的工作团队；领导者们要建立沟通之桥。"

最后，领导行为理论的研究，从行为类型的角度探讨了有效领导问题，同时引入了被领导者的制约影响因素，比特质论是一个进步。领导行为理论的最大特点是从行为的维度对领导进行了分类，强调了行为间的交互影响，从而说明了什么样的领导最为有效。行为理论与特质理论的理论假设不同：如果特质论有效，领导者从根本上就是天生的；相反，行为理论认为，领导者是可以培养的，即通过设计一些培训项目把有效的领导行为模式移植给领导者，然而特质理论和行为理论都忽略了情景因素的影响，认识到这一点后，人们开始重视情景对有效领导的影响。

任务二

激励员工

案例导入

43岁才开始创业的任正非，"一手把山寨公司变成了震惊世界的科技王国"，同时创立了开中国企业先河的企业治理大法。他在判断企业市场时极具预见性，在企业繁花似锦的时候却说这很可能是企业的"寒冬"。

作为华为的创始人，任正非是华为个人第一大股东，占1.42%，其余的98.58%为员工持有。截至2011年年底，在华为14.6万多员工中，有65 596名员工持有公司股份。这几乎是全球未上市企业中股权最为分散、员工持股人数最多的一家公司。

华为重视人才和激励人力资源要多用"秤砣"。在华为，建立了资本劳动按1∶3比例分配的分享机制，在此基础上，华为还探索按"多产粮食"来确定薪酬包、奖励，同时对干部在合规运营、网络安全、隐私保护、风险管理等方面要综合评价；并按对战略贡献来提拔专家、干部，这样就能不断地自我激励。

这种方式，一定会加大收入的差距，华为要求员工要习惯并接受。华为加强对骨干员工的评价和选拔，使他们能在最佳的角色上、在最佳的时间段，作出最佳的贡献并得到合理的报酬，这些与他们的年龄、资历、学历无关。华为鼓励作出大贡献的员工，通过分享制，要比别人拿到手的多一些，或多得多。工作努力的一般性员工的薪酬也应比社会高20%～30%，当然工作效率也要高20%～30%。注意优秀种子的发现，以及给他们成长的机会。

2015年3月31日，华为正式发布2014年年报：去年实现全球销售收入2 882亿元，净利润279亿元。难能可贵的是，华为净利润增速已连续3年超过30%，这意味着其2014年净利润较2011年已实现翻番。根据爱立信、阿朗、诺基亚、中兴通讯此前各自发布的年报，2014财年，这4家设备商的净利润之和不到30亿美元，与华为相去甚远。

问题：

（1）都说华为的员工持股计划和分享机制具有激励作用，你是如何理解"激励"的？

（2）为什么说激励是"最伟大的管理原理"？

案例思考

华为的员工持股计划和分享机制对华为的快速发展至关重要。因为员工持股计划和分享机制提高与保持了华为员工的积极性，而调动人的工作积极性问题，实际上就是对人的激励问题。从这个意义上说，管理就是对人的管理，而激励就成为管理活动中最具挑战性的核心课题。作为有效的管理者，要想让所有员工付出最大努力，必须了解员工如何受到激励以及为什么会被激励，并调整自己的激励活动以满足员工需要，提高员工满意度和组织绩效。

知识阐述

在管理者的工作中，激励和奖赏员工是最重要也是最具挑战性的活动之一。成功的管理者往往认识到对员工的激励至关重要，激励被认为是"最伟大的管理原理"。如本章学习情境中主人公任正非一手把山寨公司变成了震惊世界的科技王国，98.58%公司股份为员工持有，资本劳动按1∶3比例分配的分享机制，体现了华为以奋斗者为本的管理理念，是华为快速发展重要原因。

一、激励与绩效

（一）绩效函数

对激励问题的研究并非近期才有的。早在19世纪末，由威廉·詹姆斯（William

James）主持的研究就说明了激励的重要性。詹姆斯发现，计时工在工作中大约只发挥了他们能力的 20% ~ 30%。同时，他还发现一个受到高激励的员工能发挥其能力的 80% ~ 90%。受到高激励的员工能在很大程度上提高工作绩效，同时旷工、人员流动、拖拉、罢工和不满情绪等情况显著减少。

个人的绩效与激励的关系，即所谓"绩效函数"，其表达式为：

$$P = f(M \times A)$$

式中的因变量 P 为个人工作绩效，两个自变量 M 与 A 分别代表工作积极性（激励水平）与工作能力。注意技能和技术归属于能力。例如，如果你擅长使用信息技术和合适的硬件和软件，你能完成制作公司网站的任务。这个公式抓住了决定个人绩效的两个关键：没有干劲，自然难有作为；仅有热情而无能力，也是枉然。

"绩效函数"中积极性与能力两个自变量固然都很重要，提高这两个变量的水平都是管理者的责任，但其中积极性的提高与保持，毕竟更为根本、更为重要、更为复杂一些，而调动人的工作积极性问题，实际上就是对人的激励问题。

（二）激励的内涵

激励（motivation）一词来自拉丁语"movere"，原意为"移动"。有很多有关激励的定义，大多包括打算、需要、结果、刺激、目标与目的等这样含义。通常意义上说，激励是指激发、引导和保持个体努力以实现组织目标的过程。

怎样理解和把握这一定义的内涵呢？

这一定义包含了激励的三层含义，一是激励涉及刺激人的行为的活动，二是激励涉及引导人的行为至特定目标，三是激励涉及使这些行为持续下去的方法。

这一定义界定了激励过程的三个关键环节，即激发、引导和保持。一是人的行为是由什么激发并赋予活力的，二是什么因素把人们已被激发的行为引导到一定方向的，三是这些行为如何能持续。

因此，激励水平由行为的方向、幅度与持续期这三种因素决定。即实现某一目标的积极性大小（激励水平高低），意味着要不要为此目标去努力，应为此目标花费多大努力及此努力应维持多久。

因此，从个人的角度来看，激励是一种激发个人追求、实现自身目标的内部状态。从管理者的角度来看，激励是让下属去追求实现自身目标的管理活动。激励员工的目的就是让他们取得成功。

二、激励过程

（一）需要、动机与行为

需要的本质是一种心理状态，是个体在某种重要而有用或必不可少的事物匮缺、丧失或被剥夺时内心的一种主观感受。如饥、渴、睡眠、性、对危险和痛苦的躲避、母性的爱与关怀，个人成长的需要（丰富自己的知识、能力和经验，有所进步），成就的需要（做出成绩、有所创造）、友谊和温暖的需要、实现自己抱负与价值的需要，获得人身安全和生活保障的需要等。

动机是指为满足某种需要而产生并维持行动以达到目的的内部驱动力。内在动力大的人积极性高，内在动力小的人积极性就不高，甚至没有积极性。这种促成行为的内在动力即动机引起、保持行为并将其导向某一个目标（个人组织所需要的目标）。

人的行为是由动机引起的，动机的主要来源有两个：一个是内在原因；一个是外在原因。产生动机的内在原因是人自身没有满足的需要。这些需要包括衣、食、住、行等生理上的需要，以及得到社会承认、友谊、赞扬等心理上的需要。未满足的需要正是整个激励过程的起点。

产生动机的外在原因是作用于人的身心的外在刺激。例如，食物的香味、服装的款式和色彩，以及电视广告等。这些外在的刺激能否激发人的动机，还要看它能否引起人的内在的需要。因为外因是变化的条件，内因才是变化的根据，外因要通过内因而起作用。如果一个人已经吃得很饱了，送来的食物再香也因为不合需要而难以引发动机。总之，产生动机的根本原因是人自身的生理和心理需要。

需要引起动机，动机导致行为。需要是动机的源泉、基础和始发点，动机才是驱动人们行动的直接动力和原因。对食物的需要产生觅食的动机，对友谊的需要则变为交友的动机。

需要一经满足，便失去作为动机源泉的功能，动机活力既失，行为便终止了。新的行为的产生便需期待新的需要的出现。因此，需要的不满足才是激励的根源。这是一个循环往复的过程，使人不断地向新的目标前进。

行为有其方向性，是有目标的。从这个角度可以把行为看作是为消除紧张和不舒服并达到目标的一种手段。当目标达到之后，原有的需要和动机也就消失了，这时又会产生新的需要和动机，为满足这种新的需要又会产生出新的行为。

行为是需要引导也是可以引导的。引导的必要性主要来自行为的多样性和其对实现目标的不同影响。引导的可能性主要来自需要和动机的多样性和可变性，通常以强化导致学习来实现。

（二）激励过程

一般来说，当人产生某种需要而又未得到满足时，会产生一种不安和紧张的心理状态。在遇到能够满足需要的目标时，这种紧张的心理状态就转化为动机，推动人们去从事某种活动，向目标前进。当人达到目标时，紧张的心理状态就会消除，需要得到满足。这时，人又会产生新的需要。这是一个不断循环往复的过程，使人不断地向新的目标前进，形成"需求—动机或动力—实现目标"因果链。

产生于人的内心的需要，在受到外部的刺激，会产生强烈的心理紧张感，从而转化为行为动机，促使其采取一系列行为去实现目标，以满足自身需要。当目标实现，需求得到最终满足，人的紧张心理得以解除时，新的需要又产生，一个新的激励过程又循环发生。激励过程就是通过影响和满足人的需要，以诱发人的行为动机而引导人去实现一定目标的过程，即未满足的需要—紧张感—驱力—寻求行为—需要获得满足—紧张解除。

激励过程虽然有多种模式，但其主要部分基本相同，即未满足的需要是整个激励过程的起点，实现目标和满足需要是激励过程的阶段性终点。从领导方式来看，需要是领导者指挥下属和鼓励下属的基础；对员工的激励能否有效，很大程度上取决于领导者对下属的未满足的需要的识别。

三、激励理论

正是从需要出发，对人的动机如何激发，如何引导行为方向，如何保持激励持续性，等等，形成了各种各样具体的激励理论。激励主要分为三大类，包括内容型激励理论、过程型激励理论、调整型激励理论。

（一）内容型激励理论

1. 需求层次论

需求层次论（hierarchy of needs）由美国社会心理学家亚伯拉罕·马斯洛（Abraham Maslow）提出，它的基本假设是：人为满足需求而被激励，而金钱只能直接或间接地满足人的一部分需求；而人的需求由生理需求、安全需求、社交需求、尊重需求、自我实现需求五个层次所组成，如图4-7所示。

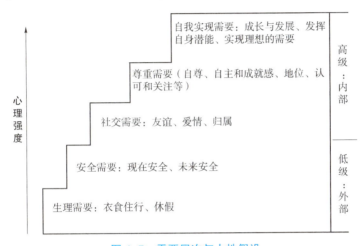

图4-7 需要层次与人性假设

生理需求是一种满足人体维持基本生存的需求，包括食物、睡眠、水、运动、衣服、住所等。

安全需求是为了规避危险、威胁或免职的需求。由于每个员工都在一定程度上和组织有一种依赖关系，这就使得安全需求显得非常重要。组织管理政策中出现偏袒、歧视和专断等情形时都会带来不确定性，从而对员工的安全需求产生影响。

需求的第三个层次是社交需求。总的来说，它们包括爱情、友情、归属等所有想与别人建立某种关系的需求。当人们建立了有意义的人际关系或被有意义的群体所接纳时，人们的社交需求才能得到满足。从属于这些组织和被某些工作团队所认可是满足个人组织中的社交需求的手段。

需求的第四个层次是尊重需求，包括自尊和尊重别人。这些需求影响到以适应性、自主性以及给予和接受尊重及接纳的暗示等为基础的各种关系的发展。

最高层次需求是自我实现需求，是指人们通过在所处环境中运用自己的能力和兴趣实现最大潜力的需求。这种需求关注的是实现最优的愿望。但人们的这种需求是永远不能完全满足的，人们总是能有更高的需求需要实现的。

亚伯拉罕·哈洛德·马斯洛

亚伯拉罕·哈洛德·马斯洛于1908年4月1日出生于纽约市布鲁克林区一个犹太家庭。美国著名哲学家、社会心理学家、人格理论家和比较心理学家，人本主义心理学的主要发起者和理论家，心理学第三势力的领导人。1926年入康奈尔大学，3年后转至威斯康星大学攻读心理学，在著名心理学家哈洛的指导下，1934年获得博士学位。之后，留校任教。1935年在哥伦比亚大学任桑代克学习心理研究工作助理。1937年任纽约布鲁克林学院副教授。1951年被聘为布兰戴斯大学心理学教授兼系主任。1967年任美国人格与社会心理学会主席和美国心理学会主席。1969年离开布兰戴斯大学，成为加利福尼亚劳格林慈善基金会第一任常驻评议员。1970年6月8日因心力衰竭逝世。1970年8月国际人本主义心理学会成立，并在荷兰首都阿姆斯特丹举行首届国际人本主义心理学会议。1971年美国心理学会通过设置人本主义心理学专业委员会，这两件事标志着人本主义心理学思想获得美国及国际心理学界的正式承认。遗憾的是，马斯洛本人未能亲眼看到他多年为此事鞠躬尽瘁所获的成果。

马斯洛认为，每个需求层次必须得到实质性满足后，才会激活下一个目标。个体需求是由低到高逐层上升的。另外，马斯洛把这五种需求分为低级和高级两个级别。生理需求和安全需求是较低层次的需求，社会需求、尊重需求和自我实现需求是较高层次的需求。较低层次的需求主要通过外部使人得到满足，较高层次的需求主要通过内部使人得到满足。其主要观点归纳如下：

（1）人的最迫切的需要是激励行为的主导性动机。人在不同时期可有多种不同的需要，即使在同一时间也可能存在几种程度不同、作用不同的需要，即需要的多样性。

（2）激励是动态的，每个需要层次必须得到实质的满足后，才会激活下一个目标。同时，一旦某个层次的需要得到实质性的满足，它就不再具有激励作用了，下一层次就会成为主导需要，即需要的层次性。

（3）基本需要的心理强度是按由低级到高级逐级上升的，但这种次序不是完全固定的，需要的迫切性可随着阶段和环境变化而发生变化，即需要的可变性。

（4）人都潜藏有各种基本需要，只不过在不同时期所表现出来的强烈程度不同而已，即需要的潜在性。

就激励而言，需求层次论的观点在于，是未满足的最低层次的需求引起人们的行为。需求层次论表明，马斯洛理论认为，是未满足的需求层次和由低向高发展的需求顺序激活人们的行为。

需求层次理论评价

需求层次理论虽然缺乏实证研究的支持，但由于该理论直观的逻辑性和易于理解的内容，提供了分析需求的一种框架结构，在 20 世纪六七十年代得到普遍认可，尤其是在管理实践者中。比如，薪酬体系通常是为了满足低层次需求，即生理需求和安全需求而设计的。而有趣的工作和晋升机会则是为了满足高层次需求而设计的。因此，一位管理者的工作，就是要确定员工希望得到满足的需求层次，然后为其提供满足员工需求的方法。很明显，要确定一个人的需求层次并非易事，人们的需求不会全都处于同一层次上，而且面对同样的环境，人们的反应也不会完全相同。

2. 双因素理论

双因素理论，也叫"激励—保健理论"（Motivation-Hygiene Theory），由美国心理学家弗雷德里克·赫兹伯格（Frederick Herzberg）于 1959 年提出。这一理论的研究重点是组织中个人与工作的关系问题，认为引起人们工作动机的因素主要有两个：一是激励因素，二是保健因素。只有激励因素才能够给人们带来满意感，而保健因素只能消除人们的不满，但不会带来满意感。图 4-8 为满意与不满意因素的比较。

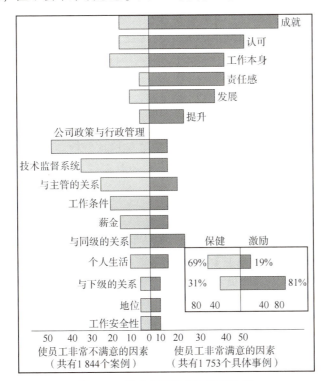

图 4-8　满意与不满意因素的比较

赫兹伯格指出，与传统看法不同，调查数据表明满意的对立面不是不满意，亦即消除了工作中的不满意因素并不能让工作满意。"满意"的对立面是"没有满意"，"不满意"的对立面是"没有不满意"（图4-9）。

图 4-9　赫兹伯格的满意观

　　按照赫茨伯格的观点，导致工作满意的因素与导致工作不满意的因素是相互独立的，而且差异很大，因此，试图在工作中消除不满意因素的管理者只能给工作场所带来和平，而未必具有动机作用。这些因素只能安抚员工，但不能激励员工。赫茨伯格称这些导致工作不满意的外部因素为保健因素（hygiene factors）。当它们得到充分改善时，人们便没有了不满意，但也不会因此而感到满意（或受到激励）。要想真正激励员工努力工作，必须注重激励因素（motivators），这些内部因素才会增加员工的工作满意度。

　　赫茨伯格的理论对当前的工作设计依然有着相当大的影响。所谓工作设计（job design）是指将各种任务组合起来构成全部工作的方法。在组织中人们承担的工作不应该是随意产生的，管理者应该仔细考虑对工作的设计，以反映环境变化、组织技术、员工的技能和能力及偏好的要求，通过增加激励因素来使工作有所改观，更具激励作用，使工作丰富化。按照双因素理论的观点，工作设计时考虑到有意义的工作、成就感、认可度、责任感、成长性和晋升机会等因素是工作丰富化的关键。

3. 成就需要理论

　　麦克莱兰（David C. McClelland）在认识到人们的需求多种多样的基础上，提出了有关激励的成就需要理论。该理论强调了三种需求：成就需求、权力需求和归属需求，又叫作"三种需求"理论。成就需求是追求卓越、精益求精、争取成功的欲望。权力需求主要涉及的是影响他人、使他人以某种方式行事的欲望。归属需求是一种被人喜欢，建立或维持与他人友谊关系的欲望。

　　该理论假定，大多数人都在一定程度上有以上这些需求，只是需求的强度有所不同。例如某人也许有很高的成就需求，而权力需求一般，归属需求很低，那么这个人的激励方式就会和另外一个有着较高权力需求、较低成就和归属需求的人有很大不同。一个有着较高归属需求的员工，会对管理人员的热情和支持给予积极的响应，而对一个有高成就需求的员工赋予其更大的责任则更有激励作用。最后，按照这种激励理论，当一种需求发展到较强的时候，它就会激励或引导员工去采取行动。然而，当员工的行动没能满足需求时，这种需求的强度会进一步增加。

　　该理论使用的"需求"（need）概念不同于需求层次论中的需求。它假设这三种需求都是可以后天学到而需求层次论中所说的需求是先天就有的。三种需要优先次序和权重因人而异，而且随时间而变化。研究发现，层次越高的管理者成就需求和权力需求越高，而归属需求较低。

（二）过程型激励理论

1. 目标设置理论

在一次学校卫生检查评比之前，如果一位老师鼓励你们班级"只要尽力而为就行"，而另一位老师不仅仅告诉你们班级"尽力而为"，而且要求你们班级成绩必须达到90分以上。你们的行为会有差别吗？评比成绩会一样吗？目标设置理论就是考察这些问题。你将会看到，工作目标的具体化、挑战性以及反馈信息对工作成绩有着十分重要的影响。

目标设置理论（goal-setting theory）最早是洛克（E. A. Locke）于1967年提出的。其基本观点是：具体的目标会提高工作成绩；另外，困难的目标一旦被人们接受，将会比容易的目标导致更高的工作绩效。目标设置理论告诉我们设置达成目标是一种强有力的激励，是完成工作的最直接的动机，也是提高激励水平的重要过程。

 知识链接

引入目标设置三个关键步骤

第一步设置目标，目标设置有两大特点，①目标应具体而不模糊。如"将销售量提高10%"，而不是"努力提高销售量。"而且在可能的情况下还应有一个执行目标的时间限制，如"在以后6周内，降低3%的成本。"②目标又具有挑战性但能达到。如果目标被接受，困难目标比简易目标会带来更好的绩效；相反，如果员工感到目标无法达到，他们就不会接受目标。第二步获得对目标的承诺，如果要使目标设置起作用，则管理人员必须确保下级会接受并始终承诺致力于完成目标。下级必须认为目标是公平合理的，并且管理部门值得信赖。下级抵制指定目标的原因可能有两个方面，①缺乏信心、能力、知识等，使他们认为自己无力达到目标；②他们可能看不到或不清楚达到目标后的收益。第三步提供支持因素，必须给下级充分的资源，即资金、设备、时间和帮助，并放手让他们用这些资源来达到目标。另外，及时反馈是促进工作的必要条件，管理人员必须保证为员工提供精确的反馈，使他们了解达到目标的程度及存在的差距，并依此调整他们的努力程度或策略。

利用目标设置的一种更系统的方法是实施目标管理。目标管理强调员工参与设置明确的、可检验的和可测量的目标。组织的总体目标可以逐级转化为下一层级的目标。通过自下而上、自上而下的过程设置，形成一个目标层级体系，使每个层级的目标与上下层级的目标相连。对员工个体来说，目标管理给他们提供了明确的个人绩效目标。

2. 公平理论

公平理论（equity theory）由斯达西·亚当斯（J. Stacey Adams）于1967年提出，这一理论也称社会比较理论，认为人与人之间存在社会比较，且有就近比较的倾向。

亚当斯通过大量的研究发现员工对自己是否受到公平合理的待遇十分敏感。他们的工作动机，不仅受其所得报酬的绝对值的影响，更受其相对值的影响，也就是说每个人不仅关心自己收入的绝对值，更关心自己收入的相对值。这里的相对值，是指个

笔记

人对其工作的付出与所得与他人的付出与所得进行比较，或者把自己当前的付出与所得与过去进行比较时的比值。通过比较，便产生公平或不公平感，这种感知是一种主观评价，而这并不一定就是实际的投入报酬比。具体如表4-5所示。

表4-5　公平理论

$\dfrac{O_p}{I_P} = \dfrac{O_r}{I_r}$	公平（公平感）
$\dfrac{O_p}{I_P} < \dfrac{O_r}{I_r}$	不公平（吃亏感）
$\dfrac{O_p}{I_P} > \dfrac{O_r}{I_r}$	不公平（负疚感）

员工所理解的投入 I（inputs）是他对组织的贡献的主观估计，包括受教育程度、智力水平、经验、所受培训、技能以及所付出的努力；报酬 O（outputs）则是员工所得到的奖励，包括薪酬、对工作的内在奖赏、资历奖励以及地位等。

p 代表当事者。r 代表参照对象，即选择的比较对象。参照对象（referents）是公平理论中十分重要的变量，个体将他人、系统、自我与自己对比，以对公平进行评价。这三种参照对象的类型都很重要。"他人"包括同一组织中从事类似工作的其他个体，也包括朋友、邻居及同行。人们通过在工作中听到的消息和在报纸杂志上看到的消息，将自己的收入与他人进行比较。"系统"指组织中的薪酬政策与程序，以及这些制度的运作与管理等。组织在薪酬分配方面的所有规定，都构成了这一范畴中的主要内容。"自我"指的是每个员工自己付出与所得的比率，它反映了员工个人的过去经历及交往活动，并受到员工过去的工作标准及家庭负担程度的影响。至于具体选择哪一种参照对象，与员工能得到的有关参照对象的信息以及他们感到自己与参照对象的关系有关。

 思考

小卡片

员工感到不公平时会做什么？

基于公平理论，当员工感到不公平时，可能会采取以下几种做法：①曲解自己或他人的付出或所得。②采取某种行为使他人的付出或所得发生改变。③采取某种行为改变自己的付出或所得。④选择其他的参照对象进行比较。⑤离职。员工的这些反应方式都得到了研究证据的支持，员工的工作积极性显著地受到相对报酬和绝对报酬的影响。无论任何时候，只要他们感觉到不公平，就会采取行动调整这种状态，其结果可能会提高也可能会降低生产率、产品质量、缺勤率、主动离职率。

总之，公平理论表明，对大多数员工来说，动机不仅受到绝对报酬的影响，而且受到相对报酬的影响。也就是说，一个人的工作热情并非只受"自己得到什么"的影响，而往往要受到"别人得到什么"的影响。一旦有了不公平感，报酬的绝对值乃至它的本身，对激励都不起作用。

3. 期望理论

期望理论（expectancy theory）是由维克多·弗罗姆（Victor Vroom）于 1964 年提出的。它是一种通过考察人们的努力行为与其所获得的最终报酬之间的因果关系，来说明激励过程并选择合适的行为目标以实现激励的理论。它的基本思想是当人们预期某种行为能带给个体某种特定的结果，而且这种结果对个体具有吸引力时，个体就倾向于采取这种行为。其基本公式为：

$$激励 = 效价 \times 期望$$
$$M = V \cdot E$$

式中，激励（Motivation，M）——对行为动机的激发力度；

效价（Valence，V）——对目标价值的主观估计；

期望（Expectency，E）——目标概率，即实现可能性的主观估计。

显然，若要提高激励水平就要相应地提高效价和期望水平。因此，目标设置应是"所愿"（效价）和"所能"（期望）的乘积，即值得去做而又有可能做到的目标才有激发行为的动机。

我们可以把它们概括为以下几个问题：我必须付出多大努力才能达到某一业绩水平，我真能达到这一业绩水平吗？我达到这一业绩水平后会得到什么奖赏？这种奖赏对我有多大吸引力？它是否有助于我实现自己的目标？在某个时间点上，你是否受到激励而努力工作，取决于你的具体目标是什么，以及你对某一业绩水平对于实现你的目标是否有必要的认识。

因此，员工对待工作的态度依赖于对下列三种联系的判断：①努力—绩效的联系，即个体认为通过某种努力可以达到某种工作绩效的可能性。②绩效—奖赏的联系，是指个体相信达到一定绩效水平即可获得预想奖励的可能性。③奖赏—个人目标的联系，或奖励的吸引力，是工作中得到的这种奖励对个体的重要程度。努力—绩效的联系就是期望，奖赏—个人目标的联系就是效价，绩效—奖赏的联系是什么呢？我们把这种关系称为关联性，就是工作绩效和奖励之间相互联系的主观估计。

保险销售员的激励方案

假定王力方是 ABC 人寿保险公司的保险销售员。依王力方多年的经验，他要游说 6 个人才会拿到一份保单。王力方对于他的努力和绩效之间的关系期望值很高。王力方的收入直接来自佣金，他也认识到绩效和报酬之间的直接关系。因此，他对努力工作将带来高报酬的期望值有较高的评价。如果我们进一步假设，王力方的收入属于高个人所得税收入档次，他税后所能得到的收入只有佣金的 60%。在这种情况下，他就不会把增加收入看作是很有吸引力的事情。结果就是他对增加收入的价值评估（效价）可能就较低。因此，尽管他对所得收入的期望值很高，但他对增加工作努力程度的激励作用的评估也还是会较低。这里高个人所得税就是工作绩效和奖励之间的关联性。

（三）调整型激励理论

调整型激励理论主要包括强化理论、挫折理论，这里只介绍强化理论。

强化理论（reinforcement theory）也称操作性条件反射论，是美国当代著名心理学家、哈佛大学心理学教授斯金纳（B. F. Skinner）提出的一种新行为主义理论。

与目标设置理论形成鲜明对照的是，强化理论提出行为是结果的函数。目标设置理论认为个体的目标引导其活动，强化理论则认为行为的原因来自外部，控制行为的因素是强化物（reinforcer）。强化理论区别于其他激励理论的关键在于它不考虑诸如目标、期望、需要等因素，只关注个体采取某种行动后产生的结果。

知识链接

斯金纳箱的强化实验

斯金纳是操作条件反射理论的创始人，他在长期用动物作实验的过程中创造了一种特殊的实验装置——"斯金纳箱"。箱内装有一个按压杠杆，把白鼠放在箱内自由走动，偶然碰到杠杆，就会有一粒食物沿沟槽滚入箱内。由于按压杠杆可以得到食物，所以白鼠很快学会了按压杠杆取食物的操作。这就是说，形

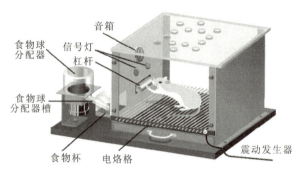

成了操作条件反射。而这种操作条件反射形成的关键条件则是得到食物的强化。

（1）强化概念。斯金纳对强化的解释与巴甫洛夫有些不同。巴甫洛夫只是把强化看成是使条件反射避免消退和得以巩固的措施，而斯金纳则把强化看成是增强某种反应、某种行为概率的手段，是保持行为和塑造行为的关键因素。

在斯金纳之后，不少学者对人的行为强化问题进行了大量的研究，强化的概念也进一步得到发展。实际上，所谓强化是指随着人的行为之后发生的某种结果会使以后这种行为发生的可能性增大。这就是说，那些能产生积极或令人满意结果的行为，以后会经常得到重复，即得到强化。反之，那些产生消极或令人不快结果的行为，以后重新产生的可能性则很小，即没有得到强化。从这种意义上说，强化也是人的行为激励的重要手段，而强化理论也应属于激励理论之一。

（2）强化过程。强化过程即操作性条件反射包含有三种因素。第一要素是刺激，指的是所给定的工作环境；第二要素是反应，也就是工作中表现出的行为和绩效；第三要素是后果，也就是奖惩等强化物。这三个要素的关系在心理学中被称为基本耦合，对于被强化者未来的行为模式有着显著的影响。

（3）强化的类型。利用强化的手段改造行为，一般有四种方式，即有四种基本的强化类型：正强化、负强化、消退和惩罚。表4-6概括了这几种强化类型。

表 4-6 四种强化类型

项目	愉快刺激	厌恶刺激
理想行为重复出现	正强化：通过呈现愉快刺激来增强良好行为发生的频率	负强化：通过撤销厌恶刺激来增强良好行为发生的频率
非理想行为重复出现	消退：消退是一种无强化的过程，是减少不良行为、消除坏习惯的有效方法	惩罚：通过呈现厌恶刺激来降低行为发生的频率

正强化（positive reinforcement）是给所希望发生的行为提供一个积极的结果。负强化（negative reinforcement），也称为避免（avoidance），是通过展示所希望发生的行为给人以机会，避免消极发生。这两种类型的强化都能用于增加所希望发生的行为出现的频率。

消退（extinction）是给不希望发生的行为提供非积极的结果或取消先前提供的积极结果。也就是说，不再付酬的行为人们会很少愿意重复去做。惩罚（punishment）是为不希望发生的行为提供一个消极的结果。这两种类型的强化都能够用来减少不希望发生的行为出现的频率。

每个学期结束，老师要给进入班级前三名的同学颁发奖状；老师正是通过呈现愉快的刺激——"奖状"来促进同学们好好学习，这是正强化行为。当一名学生违反校规校纪时，我们会给他一个处分，经过一段时间教育，发现该生表现越来越好，为了巩固其良好行为，才撤销了处分；处分是厌恶刺激，通过撤销处分来巩固良好行为，这是负强化。有的同学经常上课偷玩手机，王老师发现后立刻打电话告诉其父母；被告诉父母对违纪学生来说是一种厌恶刺激，王老师呈现这种厌恶刺激，来降低学生偷玩手机行为的发生频率属于惩罚。在开会时，如果管理者不希望下属不断提出无关的干扰问题，当这些员工举手发言时，管理者无视他们的存在；无视员工举手，就是一种无强化的过程，即消退。

强化理论的研究结果表明，当人的行为得到及时的奖励和肯定，该行为出现的频率就会增强。根据这一规律，管理者对员工的要求要做到指定的目标及奖励的标准具体、客观、适宜。奖惩的数量大小要适当，要让接受者感受到影响力。奖惩要及时，奖惩结合，以奖为主。

导入案例分析思路

下面，我们来回答"案例导入"中出现的问题。

第一，华为的员工持股计划和分享机制之所以具有激励作用，是因为很好地把握了激励过程的三个关键环节，即激发、引导和保持。一是员工持股计划和分享机制极大地激发了华为人的行为并赋予活力，二是这些激励因素把人们已被激发的行为引导到公司发展和组织绩效上，三是这些行为能够持续不断地保持活力，使华为从山寨公司变成了震惊世界的科技王国。因此，激励水平由行为的方向、幅度与持续期这三种因素决定。从个人的角度来看，激励是一种激发个人追求实现自身目标的内部状态；从管理者的角度来看，激励是让下属去追求实现自身目标的管理活动。激励员工的目的就是让他们取得成功。

第二，为什么说激励是"最伟大的管理原理"？一是管理的目的在于充分利用所拥有的资源，使组织高效能地运转，提高组织绩效，实现组织的既定目标。组织绩效是以其成员的个人绩效为基础的，从这个意义上说，管理就是对人的管理，而激励就成为管理活动中最具挑战性的核心课题。二是从所谓"绩效函数"即个人的绩效与激励的关系来看，提高组织绩效，要从工作积极性（激励水平）和工作能力入手，提高这两个变量的水平都是管理者的责任，但其中积极性的提高与保持，毕竟更为根本、更为重要、更为复杂一些，而调动人的工作积极性问题，实际上就是对人的激励问题。

任务三

沟通协调

案例导入

飞利浦照明公司某区人力资源的一名美国籍副总裁与一位被认为具有发展潜力的中国员工交谈。他很想听听这位员工对自己今后五年的职业发展规划以及期望达到的位置。中国员工并没有正面回答问题，而是开始谈论起公司未来的发展方向、公司的晋升体系，以及目前他本人在组织中的位置等，说了半天也没有正面回答副总裁的问题。副总裁有些疑惑不解，没等他说完已经不耐烦了。同样的事情之前已经发生了好几次。

谈话结束后，副总裁忍不住向人力资源总监抱怨道："我不过是想知道这位员工对于自己未来五年发展的打算，想要在飞利浦做到什么样的职位而已，可为什么就不能得到明确的回答呢？""这位老外总裁怎么这样咄咄逼人？"谈话中受到压力的员工也向人力资源总监诉苦。

问题：

（1）请从沟通的角度分析这位美国籍副总裁和这位中国员工对话失败的原因。

（2）有效的沟通就是双方意见达成一致，对吗？

案例思考

沟通贯穿于管理的全过程，管理沟通就是把组织中的成员联系起来以实现共同目标的手段，没有沟通，就没有管理。在人与人的沟通过程中，由于人们经济地位、年龄、经历、宗教、习惯、文化背景等的不同，容易造成沟通障碍。那么什么是有效的沟通？沟通过程包含哪些因素？沟通有哪些方式？本情境中我们将回答这些问题，以及其他一些与沟通技能有关的问题。

当方言遇到普通话《倒鸭子》

知识阐述

对管理者来说，有效沟通不容忽视，因为沟通贯穿于管理的全过程。管理者没有信息就不可能做出决策，没有沟通就不可能实施人员配置、激励员工和有效控制。任何绝妙的想法、富有创见的建议、最优秀的计划，或者最有效的组织设计方案，不经由沟通都无法得到实施。因此，管理者需要掌握有效的沟通技巧。导入案例中的美国籍副总裁和中国员工的对话，就是由于在人与人的沟通过程中，由于人们经济地位、年龄、经历、宗教、习惯、文化背景等的不同，产生了沟通障碍。虽然在管理工作的各个方面都要运用管理沟通，但在行使领导职能中，沟通的作用却特别重要。管理沟通就是把组织中的成员联系起来以实现共同目标的手段。事实上，无论是课堂、家庭、部队，还是工商企业，个人之间的信息传递都是绝对必要的。

一、管理沟通的内涵

沟通（communication）是指把某一信息（或意思）传递给客体或对象，以期取得客体做出相应反应效果的过程，是指意义的传递和理解。沟通依其发生的主客体归类，可分为人—人沟通、人—机沟通、机—机沟通三种类型。其中，人—人沟通是指人与人之间的信息传递和交流，人—机沟通是指人与通信工具之间的信息传递和交流，机—机沟通通常是指在通信工具之间的信息传递。

管理沟通是指管理过程中的人—人沟通，管理沟通问题包括了人际沟通和组织沟通两大方面。这里的人际沟通（interpersonal communication）指管理过程中存在于两人或多人之间的沟通；组织沟通（organizational communication）是指组织成员间的信息交流与传递，即组织中的人际沟通。组织沟通属于人际沟通的范畴，但又具有自身的特殊性，这里的组织沟通主要指组织中沟通的各种方式、网络和系统等。

（一）沟通的本质

沟通是指意义的传递和理解，我们可以从以下几个方面来理解管理沟通的本质：

（1）沟通首先是意义上的传递。如果信息和想法没有被传递到，则意味着沟通没有发生。

（2）要使沟通成功，意义不仅需要被传递，还需要被理解。完美的沟通，应是经过传递之后，接受者所认知的想法或思想恰好与发送者发出的信息完全一致。

（3）良好的沟通是准确传递、理解信息的意义，而不是解释为双方达成一致的意见。很多人认为良好的沟通是使别人接受我们的观点，清楚地明白你的意思是一回事，是否同意你的观点是另外一回事，即有效的沟通不等同于意见一致。

（4）沟通双方的任何信息交流只有在使用共同的符号的条件下才能实现，即沟通过程的参加者都认识这些符号，并理解其所表示的意义。只有统一的意义体系才能保证沟通双方相互了解。

（5）沟通的信息是包罗万象的，有事实、情感、价值观、意见观点等。

（二）沟通的功能

为什么对于管理者和组织而言沟通是重要的呢？沟通具有四种主要功能：控制、激励、情绪表达和信息。

沟通可以通过几种不同的方式来控制员工的行为。如我们要与直接主管沟通工作方面的不满和抱怨，要按照工作说明书工作，要遵守公司的政策法规，等等。通过沟通可以实现这种控制功能。另外，非正式沟通也控制着行为。例如，当群体中的某个人工作十分努力而使其他员工相形见绌时，周围的人会通过非正式沟通控制该员工的行为，如嘲笑。

沟通通过以下途径来激励员工：明确告诉员工应该做什么；如何来做；没有达到标准时应如何改进工作。对于管理者而言，他们在设置具体目标、努力工作以达成目标、获取对实现目标过程的反馈时，都需要进行沟通。

对许多管理者而言，工作群体是主要的社交场所。群体内部的沟通是组织的一种基本机制，成员们可以通过群体内部的沟通来表达自己的失落感和满足感。因此，沟通提供了一种释放情感的情绪表达机制，并满足了成员的社会需要。

最后，个人和群体需要信息以完成组织的工作，而沟通可以为之提供决策所需的信息。

这四种功能无轻重之分。要使群体运转良好，就需要在一定程度上控制员工，激励员工，提供情绪表达的手段，并做出抉择。你完全可以这样认为，每一次群体或组织中的沟通机会都能实现这四种功能之中的一种或几种。

二、人际沟通

人与人之间，特别是上下级之间的有效沟通，是实现组织的目标，以及有效管理员工的关键。虽然有很多不同的说法，但是人们普遍认为，由于管理者将他们的大部分时间都花在下属身上，所以有效沟通是聪明和高效地使用他们的时间的关键。

（一）沟通过程

一件事、一个意图或一个环境状况导致了信息（message）的产生，渴望分享这个信息或者想将这个信息告知他人，这便产生了沟通的需要。它在发送者（信息源）与接收者之间传送。信息首先被转化为符号形式（这称为编码，encoding），然后以言语和非言语方式通过媒介（通道，channel）传送至接收者，由接收者将收到的信号再转译过来，感知并解释这个信息（这称为解码，decoding）并回复这个信息。这样，要传递的意义或信息就从一个人传给了另一个人。这一信息反馈可能会得到最初的信息发送方的回应，整个过程以同样的方式继续进行下去。

一个完美的沟通过程（communication process）由七个要素组成：信息源、编码、信息、渠道、接收者、解码以及反馈，如图4-10所示。

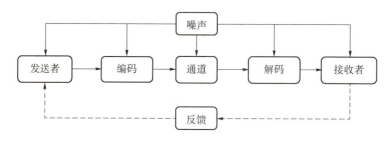

图 4-10　沟通过程

（1）信息源。信息源又称发送者，是指在沟通中具有沟通需求并发出信息的个人、群体或组织。人们在社会活动的相互联系中，一旦获得某些思想、情报或情感，并且有要传送给某一对象的意向和需求时，他就成为发送者，充当沟通中的信息源角色。而这种需求既可以是出于寻求组织或其他成员的认可，也可以是出于与别人共同分享自己所获得的信息或内心感受，或者是出于影响别人态度和行为的愿望。无论出于何种需求，与人交往，进行沟通，实际上都是发送者与他人共同分享信息的过程。

（2）编码。编码是由发送者将观念转译成系统化的符号形式，用以表达信息。编码包括语言编码和非语言编码，人际沟通的主要编码是语言编码。

（3）信息。编码的结果就是信息。在人际沟通中，信息是指由信息源经过编码而创造的一切言语和非言语的符号。这些组合符号表达了发送者意欲传递的意义。

（4）渠道或称媒介或通道。在沟通中，信息必须借助于一定的渠道或称媒介作为载体才能交流和传递。渠道的功能在于它使信息源和接收者相关联。众多沟通渠道或媒介的选择，要依据具体条件下的有效性。实际选择时要考虑是否方便易行、传递的速度与精确性、成本高低、反馈快慢、人际交往的直接程度、语言的丰富性等多方面的比较。

（5）接收者。接收者是指在沟通过程中接收信息的一方，它包括信息源意向所指对象，也包括在信息进入渠道开始传播以后因为种种原因而取得信息的其他人。信息源与接收者构成了沟通的主客体，他们是相互依存的，缺二不可。但同时，两者的角色、地位又并不是固定不变的。在完整的沟通过程中，在信息发出阶段，发送者是首要的沟通者；在反馈阶段，接收者则成为首要的沟通者。此外，沟通的主客体角色已经互换了。可见，在两个完整的沟通中，发送者与接收者的划分并不是绝对的，而是随着沟通过程的进行和深化而变化着。

（6）解码。解码是指接收者将获得的信息进行译解，根据自己的知识、经验和思维方式转换为接收者所能理解的意念的过程。解码实质上是接收者对信息的翻译和对信息源的行为赋予意义。

（7）反馈。反馈是指信息接收者确认已接收到发送者传来的消息，并向发送者表明对此信息的理解。反馈对沟通质量关系极大。因为如果没有反馈，发送者就无法了解信息的沟通效果。这时，沟通双方就会主观地而不是客观地评价沟通的内容及对方的意愿，从而极容易造成双方的误解。这也就是没有反馈的单向沟通远比有反馈的双向沟通更易造成误解的原因。为实现有效沟通，信息接收者应及时、准确、主动地向发送者反馈自己的想法和对信息的接收程度。

值得注意是，整个过程还受到噪声的影响，所谓噪声（noise），就是指对信息的传送、接收或反馈造成干扰的因素。典型的噪声包括难以辨认的字迹、电话中的静电干扰、接收者的疏忽大意，以及生产现场来自设备或同事的背景噪声。记住，所有对意义的理解造成干扰的因素都是噪声。在沟通过程中任何环节上的噪声可能会造成信息的失真。

（二）沟通方式

有许多类型的沟通方式可供管理者选择，譬如面对面沟通、电话沟通、小组会议、正式演讲、备忘录、传统信件、传真、自动办公系统、告示板、相关出版物、录音带和录像带、热线、电子邮件、计算机会议、音频邮件、电话会议及可视会议等。管理者最终选用哪一种方式，取决于对发送者的需要、所沟通信息的特性、通道的性能以及接收者的需要等，各种沟通方式的比较见表4-7。

表 4-7　各种沟通方式比较

沟通方式	举例	优点	缺点
口头	交谈、讲座、讨论会、电话	快速传递、快速反馈、信息量很大	传递中经过层次愈多信息失真愈严重，核实越困难
书面	报告、备忘录、信件、文件、内部期刊、布告	持久、有形，可以核实	效率低、缺乏反馈
非言语	声、光信号（红绿灯、警铃、旗语、图形、服饰、标志）、体态（手势、肢体、动作、表情）、语调	信息意义十分明确。内涵丰富，含义隐含灵活	传送距离有限。界限含糊。只能意会，不能言传
电子媒介	传真、闭路电视、计算机网络、电子邮件	快速传递、信息容量大、远程传递一份信息同时传递多人、廉价	单向传递，电子邮件可以交流，但看不到表情。

根据沟通过程中所使用的符号系统的不同，可分为言语沟通与非言语沟通。根据发送者和接收者在沟通中的地位是否交换的角度，可以分为单向沟通和双向沟通。

（1）单向沟通与双向沟通。

如果发送者和接收者在沟通中地位不变，就是单向沟通。如作报告、演讲、指示和命令等。它的特点是传达信息速度快，发送者不必顾忌接受挑战，能保持发送者的尊严。单向沟通适于任务急、工作简单、无须反馈的情景，但准确性差。

如果发送者和接收者在沟通中地位不断变化，就是双向沟通。交谈、协商、会议等即是双向沟通的典型例子。双向沟通使信息得到及时反馈，具有准确性高、参与感强、感情有交流等优点；但速度慢、参加者的心理压力大、易受干扰，也缺乏条理。

（2）言语沟通与非言语沟通。

言语沟通是使用正式语言符号系统的沟通，包括口头沟通和书面沟通，前者如讨论、电话、面谈、会议等形式；后者如书信、通知、文件、信函、传真等形式。在组织沟通中，正式的信息交流一般使用言语沟通方式。

非言语沟通（nonverbal communication）是指借助非正式语言符号，即语言与文字以外的符号系统来进行的沟通，如交谈时的手势、神态、表情等。非言语沟通的主要作用有：一是辅助言语沟通，使其所要交流的信息更明白易懂，使沟通的效果更好；二是非言语沟通能显示出一种真实性，特别是情感上的真实性。

借助非语言表达工具，人们拥有巨大的传递信息的能力，管理者要充分理解非言语沟通的重要性。非言语沟通中最为人熟知的就是副语言和体态语言。所谓副语言（paralanguage），包括言语沟通中的语调、语速、声音的大小和犹疑。《论语·为政》中子夏问孝的故事能让我们体悟非言语沟通的重要性。子夏问："怎样是孝道？"孔子说："难在子女的容色上。若遇有事，由年幼的操劳；有了酒食，先让年老的享用，这就是孝了[1]？"

---

[1] 子夏问孝。子曰："色难。有事，弟子服其劳；有酒食，先生馔。曾是以为孝乎？"《论语·为政》

你说话的方式很重要

声调：你说话的方式很重要

重音的位置	代表的意义
我为什么今晚不带**你**去吃晚餐	我带别人去
我为什么今晚不带你去吃晚餐	而不是别人带你去
我为什么今晚**不带**你去吃晚餐	我要找到一个为何不应该带你去的原因
我**为什么**今晚不带你去吃晚餐	你是不是对我有意见
我为什么今晚不**带**你去吃晚餐	而不是你自己去
我为什么今晚不带你去吃**晚餐**	而不是明天去吃午餐
我为什么**今晚**不带你去吃晚餐	而不是明天晚上

体态语言（body language）指传达意义的手势、脸部表情和其他身体动作。比如，一副咆哮的面孔所表示的信息，显然与微笑不同。手部动作、脸部表情及其他姿态能够传达诸如攻击、恐惧、腼腆、傲慢、愉快、愤怒等情绪或性情。知道某人身体动作所表示的意思，学习如何更好地展示你的形体语言，都能对你自身和你的工作有所帮助。

总之，非言语沟通是对言语沟通的重要补充，有时甚至能改变言语沟通的含义。非言语沟通是交流情感的有效方法，当非语言沟通与言语沟通相结合时，它就成为管理者给员工传递信息的有力工具。

拒绝同事的方法
和原则

三、组织沟通

随着组织机构的复杂化和社会信息量的急剧增加，组织活动越来越依赖于通过组织成员之间的相互协作得以实现，而组织沟通则是组织成员协作的必不可少的前提之一。在这一部分，我们要讨论组织沟通的一些重要内容，包括正式与非正式沟通，沟通中信息流动的方式，以及正式与非正式的沟通网络。

（一）组织沟通的特征

组织沟通虽属于人际沟通的范畴，但有其自身特征。

（1）在正式的组织沟通中，沟通网络必须明确地予以规定，每一组织成员都要有明确的沟通路线。即是说，按照组织设计的制度规定，各个组织角色之间信息传递（上级给下级下达指令，下级向上级报告情况，同级之间通报情况等）都有一定的规则，不可随意打乱。

（2）根据制度建立起来的沟通路线，必须是直接的，而沟通的信息也必须是可靠的和准确的。两个组织角色之间进行沟通，必须方便地直接联系，如果联系曲折或经第三者的转达，则说明该沟通路线存在问题。正式沟通所传达的信息是组织活动直接的、现实的依据，因而必须是准确可靠的。只有这样，组织才能实现其正常运转。

（3）正式的沟通路线要经常不断地使用，以保证其畅通和传达信息的可靠性。任何组织一旦进入运转过程，其正式的沟通路线就必须保证畅通而不能间断。一旦间断，就有可能造成沟通的故障，还有失去控制和指导的危险。

（二）正式沟通与非正式沟通

除了具有人际沟通的一般方式外，组织沟通还具有其特殊的沟通方式。

组织内部的沟通方式依其性质正式与否可分为正式沟通与非正式沟通。

正式沟通（formal communication）是按组织内规章制度所规定的沟通方式，经由组织结构而形成的途径的沟通。正式沟通强调组织成员是作为一定的角色来进行沟通的，其内容是与组织活动直接相关的，如决策、生产经营计划、定期的生产及经营情况汇报等。组织系统是正式沟通的主要渠道。

组织机构中，除了正式沟通以外，还存在大量的非正式沟通。非正式沟通（informal communication）是指不由组织的层级结构限定的沟通。它是在正式沟通渠道以外进行的信息传递与交流，是组织成员个人不作为其在组织中所担任的某一角色（如领导与被领导）而进行的沟通，其内容更多的是关系到组织或组织成员的环境（或背景），或个人之间的事务问题。组织中的非正式沟通系统可发挥两方面作用：①促进员工满足社会交往的需要。②有利于改进组织的绩效，因为它提供了另一种更快速和有效的沟通渠道。

非正式沟通中传播较多的是"小道消息"，小道消息具有五个特点：①消息越新鲜，人们谈论得越多。②对人们工作有影响的，最为人们所谈论。③为人们所熟悉的，最为人们所谈论。④一般来说，人与人在工作上有关系者，最可能牵涉在同一传言中。⑤人与人在工作中常有接触者，最可能牵涉在同一传言中。

小卡片

正确处理小道消息

企业中传播的小道消息，在一定条件下，如果管理人员运用得当，也可能作为正式沟通的辅助。霍捷茨（R. M. Hodgetts）认为，小道消息有时是组织成员的想象和忧虑心理的一条出路。因此通过传言，可以了解到成员的心理状态。戴维斯认为产生小道消息有三个原因，即对组织的信息不明；职工中有不安全感；有抵触情绪。消除小道消息的消极作用，从根本上讲，就要排除这些因素。其中主要的改善办法在于使正式沟通途径畅通，用正式消息驱除小道消息。

（三）正式沟通的流动方向

组织中正式沟通的流动方向有：下行沟通、上行沟通、横向沟通和斜向沟通。

（1）下行沟通。下行沟通（downward communication）即组织中的上级对下级的沟通。它是以命令、指示或通报的形式出现的，通常来自组织的高层通过各中间层次下达到基层直到组织成员个人。

这种自上而下的沟通能够协调组织内各层级之间的关系，增强各层之间的联系。这种沟通形式受到古典管理理论家的重视，今天仍有许多企业沿用这种沟通形式。

信息失真

尼柯斯（R. G. Nichols）曾经调查100家工业企业的沟通效率，发现在传递中信息逐级损失，组织各层次沟通效率见表4-8。这种信息的损失随着沟通途径上的连接点数目的增多而增大。补救的办法是辅之以自下而上的沟通。

表4-8　组织各层次沟通效率

管理层级	收到信息百分比/%	信息失真率/%
董事会	100	0
副总裁	63	37
高级经理	56	44
工厂主管	40	60
总领班	30	70
一线员工	20	80

（2）上行沟通。上行沟通（upward communication）即组织中的下级向上层直至最高领导反映情况的沟通。上行沟通的一些例子，如下属提交的工作绩效报告、合理化建议、员工意见调查表、投诉程序、上下级讨论和非正式的调研会。

如果说下行沟通容易受到影响的话，那么上行沟通中存在的困难更大，因为地位差别，上级令人无法接近。例如各部门的组织成员，就难以常与主管的领导接触。组织规模愈大，中间层次愈多，阻碍的程度就愈大。

（3）横向沟通。横向沟通（lateral communication）即组织体系中同一层次（机构或人员）之间的沟通，或组织中各级不相隶属的成员之间的沟通。传统组织中的横向沟通必须通过上行、下行沟通来进行，而且对直接的横向沟通是严格控制的，这实际上是上级对下级的监督和控制，严格控制容易产生的弊病在于传递信息花费的时间长，出现错误和被曲解的可能性大，以及缺乏处理紧急情况所必须的灵活性。在当今时常动荡多变的环境中，为节省时间和促进协调，组织常需要横向的沟通。例如，跨职能团队就急需通过这种沟通方式形成互动。

（4）斜向沟通。斜向沟通（diagonal communication）是发生在跨工作部门和跨组织层次的员工之间的沟通。从效率和速度角度来看，斜向沟通是有益的，电子邮件和现代办公系统的普及应用更促进了斜向沟通。现在许多组织中，一个员工可通过电子邮件与任何其他的员工进行沟通，不论他们的工作部门和组织层次是否相同。

（四）组织沟通网络

在信息交流过程中，发送者直接将信息传给接收者，或经过第三者的转传才到达接收者，这就产生了沟通的途径问题。在组织沟通中，由各种沟通途径所组成的结构形式称为沟通网络（communication networks）。组织沟通网络可分为正式沟通网络与非正式沟通网络。

1. 正式沟通网络

正式沟通网络是根据组织机构、规章制度来设计的，用以交流和传递与组织活动直接相关的信息的沟通途径。图4-11描绘了五种沟通网络。

链式网络代表一个五级层次逐级传递，信息可以向上传递或向下传递沟通信息。轮式网络表示领导者居中，分别与四个下级沟通，四个下级之间没有沟通，所有的沟通都通过领导者。圆式网络表示发生于一个三级层次组织中的五个人之间的沟通，第一级与第二级之间建立上下沟通，第二级分别与下级沟通，底层员工之间建有横向沟通。在全渠道式网络中，沟通的信息会在工作团队所有成员中自由地流动，无中心领导者，所有成员都处于平等地位。Y式网络表示四个层次逐级传递。第一级有两个上级与第二级发生联系沟通，然后建立第三级、第四级的联系；处于这种地位的领导可以获得最多信息情况，因而往往容易掌握真正的权力，控制组织。

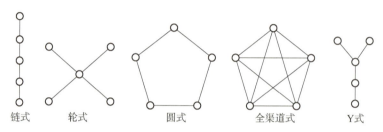

链式　　轮式　　　　圆式　　　　　全渠道式　　　　Y式

图4-11　五种组织沟通网络

不同的沟通网络对信息沟通的有效性、个体与群体的行为影响不同，各种形态的网络结构各具优缺点。链式传递信息速度快，解决简单问题速度高，但对提高组织成员的积极性有不利的影响。轮式传递信息迅速、准确，对活动的组织化、领导的产生有利，但对成员的积极性和工作变化的弹性会产生不良后果。圆式能提高班员的积极性，解决复杂问题有效，但效率不高。Y式解决问题速度快，但成员满意程度低。全渠道式成员平等，没有限制，适用于委员会之类的组织机构的沟通和复杂问题的讨论和解决。

在现实的组织活动中，很少存在单一的沟通模式。在许多情况下，组织沟通是多种沟通网络同时并存或交替进行的。在实践中，这种复杂性和可变性要求组织的设计者和管理者以及一般的组织成员，灵活掌握、综合运用各种沟通网络，以提高组织沟通的效率，取得良好的效果。

2. 非正式沟通网络

组织中存在着许多非正式沟通渠道，非正式沟通网络不是由组织固定设置的，而是在组织成员进行非正式沟通中自然形成的。管理者需要了解一种著名的非正式沟通网络，通常被称作葡萄藤（grapevine）。人们所说的"小道消息"便是经由这种非正式沟通网络传播开的。

葡萄藤与小道消息

在美国内战时期，松散地悬挂于树林的电报线看起来就像现在的葡萄藤。通过这些线路传送出去的信息经常出错，就像葡萄藤是谣言的发源地那样。当组织内的员工具有共同爱好、是同乡、一起午休、有家庭亲戚关系和社会关系时，就会发展成葡萄藤。正式组织结构中总是会存在葡萄藤的，但是它不遵循从上自下的组织层级原则，信息的沟通可能从秘书直接到副总裁，或者从工程师直接到职员。葡萄藤不只限定于非管理人员，它同样存在于管理者和专业人员中。

葡萄藤被认为是信息曲解和谣言的主要途径，因而有着很坏的名声。然而，管理者必须认识到来自葡萄藤的消息往往是准确的。管理者也要认识到，通过葡萄藤传递信息的速度要远快于正式沟通渠道。最后，管理者还应认识到葡萄藤的生命力，不论花多大精力改善正式沟通渠道，组织内的葡萄藤总还是存在的。

因为葡萄藤的存在是不可避免的，所以管理者应该使它成为正式沟通渠道的补充。在利用葡萄藤时，最好的对策是以诚相待。谣言和信息曲解会继续存在，但是管理者以诚相待可以阻止不确切信息的传播。

四、有效沟通

（一）有效沟通的障碍

在沟通的过程中，由于存在着外界干扰以及其他种种原因，信息往往被丢失或曲解，使得信息的传递不能发挥正常的作用。在沟通过程中，时常会有沟通无法进行或不能产生预期效果的现象，被称为沟通障碍。信息沟通的障碍会阻止信息的传递或歪曲信息。在管理实际中，沟通障碍是普遍存在的，而且往往困扰着管理者，使他们的管理效率下降。

1. 信息传递者的障碍

①表达障碍，指信息传递者表达能力不足产生的障碍。在沟通过程中，信息源是首要的沟通者，信息传递者表达能力的强弱是能否实现有效沟通的关键。

②语义障碍，指因对语义的不同理解引起的障碍。语义就是词语的意义，词语是最小的语言单位，是句子的细胞，语义不明就不能正确表达思想，不能进行有效沟通。

③传递形式障碍，指传递形式不协调产生的障碍。要依据沟通内容和具体情境选择有效传递形式。一般而言，沟通内容越特殊，越难表述清楚，任务越紧迫，宜选用口头性如面谈沟通形式。反之，内容越常见、简单、不迫切，可选用会议、文件传递等形式。

④社会环境与知识局限产生的障碍。各人不同的背景、经历形成了人们不同的世界观和各人价值取向，对于来自外界的刺激，每个人都倾向于运用与自身的知识、经验、标准和观念一致的方式来进行选择、组织和翻译。双方知识背景、价值观、信仰相同者易于沟通。

2. 信息传递渠道中的障碍

（1）信息传递手段的障碍。在现代信息沟通中，使用着越来越多的新型信息传递手段，大大提高了沟通效率。同时，一旦这些手段发生故障就会影响沟通。

（2）传递层次的障碍。在信息传递中，信息损耗现象被称为信息过滤。过滤（filtering）指故意操纵信息，使信息显得更易得到接受，从而使得信息被歪曲、曲解、篡改。比如，当有人向上级管理者陈述的都是该管理者想听到的东西时，这个人就是在过滤信息。

这种现象是否经常在组织中出现？答案是肯定的。当沿着组织层次向上传递信息时，为避免高层人员信息超载，发送者需要对信息加以浓缩和综合。而浓缩信息的过程受到信息发送者个人兴趣和对哪些信息更重要的认识的影响，因而也就造成了信息沟通中的过滤现象。过滤的程度与组织的层级数目和文化两因素有关。在组织中，纵向层次越多，过滤的可能性就越大。当组织更强调合作时，那么信息过滤的问题就会减弱。

3. 信息接收者的障碍

（1）选择性知觉。知觉（perception）是人的心理和感官过程，是一个人对他或她接收的信息进行解释和使用的过程。由于每个人的感知都是独特的，所以人们经常会对同一个事物有不同的感知。人们会根据自己的需要、动机、经验、背景及其个人特点去有选择地观察或倾听，在解码过程中也会把自己的兴趣和期望融入其中，不倾向于接收与他们的期望不相一致的信息。

假如你是公司总裁，你认为哪个问题最重要？

（2）理解能力的障碍，这同发送者发送能力的障碍是一样的。

（3）信息超载障碍。接收者在收到过多的信息时，必然有一部分信息会被忽略，这对信息发送者和接收者来说要给予重视。信息超载（information overload）就是一个人面对的信息超过了他的处理能力。当一个人所得到的信息超过了他能整理和使用的容量时，会出现什么情况呢？他们倾向于筛选、轻视、忽略或遗忘某些信息，或者干脆放弃进一步处理的努力，直到超载问题得以解决。不论何种情况，结果都是信息缺失和沟通效果受到影响。

（4）情绪。情感也会影响我们发送和接收信息。在接收信息时，接收者的感觉也会影响到他对信息的解释，一个人在高兴或痛苦的时候，会对同一信息作出截然不同的解释。极端的情绪更可能阻碍有效的沟通。这种状态常常使我们无法进行客观而理性的思维活动，而让一种情绪性的判断取而代之。因此，最好避免在很沮丧的时候对信息作出反应，因为此时已经无法清晰地进行思考了。

4. 沟通环境障碍

沟通系统所处的环境因素中也可能存在一定的障碍，影响沟通的效率和绩效。噪声是沟通环境中的主要障碍。

（二）克服有效沟通的障碍

1. 理解听众

管理者要与不同类型的人进行沟通。例如，饭店经理要与饭店的客户、餐饮部经理、保洁人员和维修人员、建筑师、旅行社职员、家具销售商以及许多其他类型的人进行沟通。他们还要与来自公司上级办公室的高层管理人员打交道。他们每一个人都代表着不同的听众。为了做到有效沟通，管理者需要确定他的听众是什么样的听众。特别是，他们要能够回答以下问题：

（1）听众已经知道了些什么？

（2）他还需要了解什么？

（3）他接收信息的能力如何？

（4）他希望通过听知道什么？他是希望被鼓励，还是获取信息，还是被赞许？

（5）听众是友好的，还是有敌意的？

2. 简化语言

由于语言可能成为沟通障碍，所以管理者应该选择措辞并组织信息，以使信息清楚明确，易于接收者理解。管理者不仅需要简化语言，还要考虑到信息所指向的听众，以使所用的语言适合接受者。有效的沟通不仅需要信息被接收，而且需要信息被理解。通过简化语言并注意使用与听众一致的言语形式，可以提高理解效果。比如，医院的管理者在沟通时应尽量使用清晰易懂的词汇，并且对医务人员传递信息时所用的语言应和对办公室工作人员的不同。在所有的人都理解其意义的群体内，行话会使沟通十分便利，但在本群体之外使用行话则会造成问题。

3. 积极倾听

当别人说话时，我们在听，但很多情况下我们并不是在倾听。倾听是对信息进行积极主动的搜寻，而单纯的听则是被动的。在倾听时，接收者和发送者双方都在思考。

我们中的不少人并不是好听众。为什么？因为做到这一点很困难，而且常常当个体有主动性时才会做得更为有效。事实上，积极倾听（active listening）常常比说话更容易引起疲劳，因为它要求脑力的投入，要求集中全部注意力。我们说话的速度是平均每分钟 150 个词汇，而倾听的能力则是每分钟可接受将近 1 000 个词汇。两者之间的差值显然留给了大脑充足的时间，使其有机会神游四方。

让自己处于发送者的位置，可以提高积极倾听的效果。不同的发送者在态度、兴趣、需求和期望方面各有不同，因此"移情"更易于理解信息的真正内涵。一个"移情"的听众并不急于对信息的内容进行判定，而是先认真聆听他人所说。这使得信息不会因为过早而不成熟的判断或解释而失真，从而提高了自己获得信息完整意义的能力。

4. 运用反馈

很多沟通问题是直接由于误解或不准确造成的。如果管理者在沟通过程中使用反馈回路，则会减少这些问题的发生。这里的反馈可以是言语的，也可以是非言语的。

当管理者问接收者："你明白我的话了吗？"所得到的答复代表着反馈。但反馈不仅仅包括是或否的回答。为了核实信息是否按原有意图被接受，管理者可以询问有关该信息的一系列问题。但最好的办法是，让接收者用自己的话复述信息。如果管理者听到的复述正如本意，则可增强理解与精确性。

当然，反馈不必一定以言语的方式表达。行动比言语更为明确。比如，销售主管要求所有下属必须填好上月的销售报告，当有人未能按期上交此报告时，管理者就得到了反馈。这一反馈表明销售主管对自己的指令应该阐述得更清楚。同理，当你面对一群人演讲时，你总在观察他们的眼睛及其他非言语线索以了解他们是否在接收你的信息。

5. 控制情绪

情绪能使信息的传递严重受阻或失真。愤怒、喜悦、恐惧、悲哀、厌恶或者惊慌等都可以影响我们发送和接收信息的方式。那么管理者应该如何行事呢？最简单的办法是暂停进一步的沟通直到恢复平静。情感就像是一个舞台，沟通是演员，舞台可以井然有序也可以混乱不堪，舞台搭得怎么样显然对沟通这个演员是重要的。在情感强烈时的沟通通常很难取得成功。

6. 注意非言语提示

我们说行动比言语更明确，因此很重要的一点是注意你的行动，确保它们和语言相匹配并起到强化语言的作用。非言语信息在沟通中占据很大比重，因此，有效的沟通者十分注意自己的非言语提示，保证它们也同样传达了所期望的信息。

有效倾听的方法

导入案例分析思路

下面，我们来回答"案例导入"中出现的问题。

首先，在人与人的沟通过程中，有一定的特殊性，即由于人们的政治观点、经济地位、年龄、经历、宗教、习惯、文化背景等的不同，在沟通过程中，对同样的事情或谈话会有不同的解释和归因，从而造成沟通障碍。其次，在该案例中，副总裁是美国籍人，而那位员工则是中国籍。显然，对于出生于两个不同的国度的人，中美之间思维方式、生活习惯、文化背景、教育程度、文化差异等多个方面都存在着显著的差异。正是由于这些文化差异的存在，才使得双方在沟通交流的过程中产生一系列障碍。最后，要认识和掌握在沟通过程中出现的个体差异及其影响，从而保证沟通的有效性。如我们通常所说的移情作用、设身处地等就是有效沟通的手段。

有效的沟通不等同于意见一致。沟通是指意义的传递和理解，良好的沟通是准确传递、理解信息的意义，而不能解释为双方达成一致的意见。很多人认为良好的沟通是使别人接受我们的观点，清楚地明白你的意思是一回事，是否同意你的观点是另外一回事，即有效的沟通不等同于意见一致。

拓 展 阅 读

"领导者"与"管理者"有何不同？

欧洲工商管理学院教授伊瓦拉：有很多定义或者方法都试图将领导者和管理者加以区分。但仔细观察那些高绩效公司的内部就会发现，做管理的领导者和做领导的管理者比比皆是。

"我的工作就是让所有人都明白，世上没有不可能之事。这是领导与管理之间的不同，"亚历克斯·弗格森爵士（Sir Alex Ferguson）的新书《领导力》（Leading）的封底上写道。

很难想出一种比领导与管理的区别更引人探讨的商业理念。正如多数简单但有影响力的概念一样，对二者的区分部分是夸大其词，部分蕴含着可以引起共鸣的真理。我们已经将二者的区别当作一种区分高贵与卑贱、卓越与普通、好与坏的简略方式。"管理者只是副本；领导者才是正本，"商业学者沃伦·本尼斯（Warren Bennis）说。

一些原始概念经久不衰是因为它们可以传递宝贵的经验，但它们是错误的。不过对区分领导和管理的做法追本溯源还是具有启发意义的。

最早区分领导与管理的是社会学家马克斯·韦伯（Max Weber），他对权威的不同形式进行了区分。"法理权威"（rational-legal authority）是非个人的，建立在限制个人自由裁量权的规则和等级关系的基础上。"魅力型权威"（charismatic authority）属于个人，基于那些能够唤起追随者的非同一般的个人能力、洞察力或成就。

20世纪70年代，哈佛商学院（Harvard Business School）教授、精神分析学家亚伯拉罕·扎莱兹尼克（Abraham Zaleznik）为这种区分赋予了个性特征。他认为，领导者与管理者是不同种类的人，受不同的灵魂所驱使。领导者乐于冒险，考虑长远，不喜欢规矩；他们可以在追随者中激发起强烈的情感：爱与恨、钦佩与怨愤。管理者循规蹈矩；他们追求的是秩序、控制以及快速解决方案。扎莱兹尼克担忧，太多的公司都更偏爱协作，扼杀了"推动领导力的进取精神和主动性"。

将美国产业竞争力下降归咎于狭隘的过度管理的下一代商业学者，重新定义了这种区别。约翰·科特（John Kotter）是其中最具影响力的学者之一，他将管理和领导视为不同种类的工作，而非不同种类的人。管理旨在通过例行规划、组织和协调确保效率；领导的目的是创造改变，通过设想更美好的未来，找到能够实现（或阻止）这种未来的人，启发他们去实现。

科特教授认为，大多数组织都需要两者的结合，怎样结合更有效依赖于具体情况：情况越复杂——产品、涉及地域和机构越多——就越需要管理；而组织所处环境越不稳定时，越需要领导。他将这些概念带回到了韦伯的范畴，专注于高管可利用的手段而非他们的个性。

进行管理时，人们在自己的正式职权范围内工作；当进行领导时，则是在正式职权范围之外发挥影响和激励作用，因为许多至关重要的利益攸关者都在组织外部。

遗憾的是，科特教授对施乐（Xerox）两名差别很大的管理者——"弗雷德"（Fred）和"雷恩"（Renn）——一天的生活进行的轰动性案例研究，再次见证了管理者与领导者作为人格类型的差别并不大，因为其中一位明显比另一位缺乏吸引力。

"这样的区分是粗陋的，"联合利华（Unilever）前首席执行官、现任洲际酒店集团（Inter Continental Hotels Group）董事长的夏思可（Patrick Cescau）对我说，当时他正在为近期到欧洲工商管理学院（Insead）发表的演讲做准备。

"随便找5家领先的公司，看看他们的战略，"他说，"它们都是相同的。真正困难的在于，将战略转化为行动，将其嵌入组织的每一部分，并使战略实现。要做到这些，你还需要管理才能。"

亚历克斯·弗格森爵士的合著者、红杉资本（Sequoia Capital）的迈克尔·莫里茨（Michael Moritz）也对我说："领导者做他们认为正确的事……是否有能力抵制（做别人期望他们做的事）是管理者与领导者之间的区别。"

但是，当许多人（不仅是高层）做他们认为正确的事时，组织能够成功。这就是为什么最终改变组织的唯一方式，是在流程、制度和结构上将理想中的行为制度化。仔细观察任何高绩效公司内部——即使它们是在最符合扎莱兹尼克定义的首席执行官的领导下——你会发现既有从事管理的领导者也有从事领导的管理者。

[来源：哈米尼亚·伊瓦拉，《金融时报》，译者/陈隆祥]

笔记

◆ **重点概念**

领导 特质理论 行为理论 需要 动机 行为 工作设计 沟通 人际沟通 组织沟通

◆ **闯关考验**

一、填空题

1. 领导的本质是（　　　　　　　　）。

2. 领导者需要综合考虑下属的经济、社会、自我实现等多种需要，"因人制宜、因事制宜、因时制宜"地采用系统、权变的领导方式，属于（　　　　　　　　）人性假设。

3. 根据领导者运用职权方式的不同，可以将领导方式分为专权、民主和放任三种类型。其中民主型领导方式的主要优点是（　　　　　　　　）。

4. 某部门多年来生产任务完成得都很好，职工经济收入也很高，但领导和职工的关系却很紧张。根据管理方格论判断，该部门属于（　　　　　　　　）领导类型。

5. 领导者依据下属的工作表现进行奖励或惩罚的权力属于（　　　　　　　　）。

二、判断题

1. 弗鲁姆提出的期望理论，他认为"激励力＝效价×期望值"。　　　　（　　）

2. 具有高成就需要的人一定是优秀的管理者，特别是在大组织当中。　（　　）

3. 强化理论认为，正强化应保持渐进性和连续性。　　　　　　　　（　　）

4. 麦克莱认为人们建立友好和亲密的人际关系的愿望是成就需要。　（　　）

5. 能够促进人们产生工作满意感的一类因素叫作激励因素。　　　　（　　）

三、选择题

1. 根据领导生命周期理论，领导者的风格应该适应其下级的成熟度并逐渐调整。因此，对于建立多年且员工队伍基本稳定的高科技企业的领导来说，其领导风格逐渐调整的方向应该是？（　　）

　　A. 从参与型向说服型转变　　　　　B. 从参与型向命令型转变

　　C. 从说服型向授权型转变　　　　　D. 从命令型向说服型转变

2. 王先生是某公司的一名年轻技术人员，一年前被调到公司企划部任经理。考虑到自己的资历、经验等，他采取了较为宽松的管理方式。下列哪一种情况下，王先生的领导风格最有助于产生较好的管理效果？（　　）

　　A. 企划部任务明确，王先生与下属关系好但职位权力弱

　　B. 企划部任务明确，王先生与下属关系差但职位权力强

　　C. 企划部任务不明确，王先生与下属关系差但职位权力弱

　　D. 企划部任务不明确，王先生与下属关系好但职位权力强

3. 某公司总裁老张行伍出身，崇尚以严治军，注重强化规章制度和完善组织结构，尽管有些技术人员反映老张的做法过于生硬，但几年下来企业还是得到了很大的

发展。根据管理方格论观点，老张的作风最接近于？（　　）

A. 1-1 型（贫乏型）　　　　　　　　B. 1-9 型（俱乐部型）

C. 9-1 型（任务型）　　　　　　　　D. 9-9 型（团队型）

4. 在一个组织中，主要存在哪些沟通？（　　）

A. 自我沟通、组织沟通　　　　　　　B. 人际沟通、非正式沟通

C. 面对面沟通、横向沟通　　　　　　D. 斜向沟通、个体沟通

5. 曹雪芹虽食不果腹，仍然坚持《红楼梦》的创作，是出于其（　　）。

A. 自尊需要　　　　　　　　　　　　B. 情感需要

C. 自我实现的需要　　　　　　　　　D. 以上都不是

◆ 技能训练

测验你的领导风格

发现、测量和识别领导风格是开发领导技能的重要方面。完成下列测验，仔细分析领导者和管理者的差异，找出你认为至关重要的几种领导特质，制订一份领导力培育和开发计划。

开始测验

仔细阅读下面每道题的两个选项，选出其中一个最适合你或最不适合你的答案。

1. a. 你是一个别人最爱向你求助的人。

　　b. 你很争强好斗，凡事从自身利益出发。

2. a. 你比大多数人更善于激励别人。

　　b. 你会为争取一个比大多数人更有权和挣更多钱的职位而努力。

3. a. 你会努力尝试影响事情的结果。

　　b. 你能很快消除阻碍你目标实现的障碍。

4. a. 你比大多数人更有自信。

　　b. 你坚信自己可以得到你想要的东西。

5. a. 你能激发别人服从你的领导。

　　b. 你喜欢别人听从你的命令，并在必要情况下不反对使用威胁手段。

6. a. 你会尽力去影响事情的结果。

　　b. 你会自行作出所有重要的决策，并希望他人来执行。

7. a. 你有一种特殊的魅力来吸引别人。

　　b. 你喜欢处理需要面对面抗争的事情。

8. a. 你喜欢探讨复杂问题和公司管理人员遇到的难题。

　　b. 你喜欢计划、指导、控制整个部门的员工，以确保最高的边际收益。

9. a. 你喜欢同业务团队和公司探讨改进效率的方法。

　　b. 你喜欢为别人的生活和金钱作决策。

10. a. 你善于处理与各级主管的关系和压力以改善绩效。

　　b. 你能在一个金钱和利益比人们的感情更重要的地方工作。

11. a. 你是典型的那种天不亮就得起床，工作至深夜，并能一周连续六七天工作的人。

b. 你必须不断地解雇低效的员工，以实现预期目标。

12. a. 你必须负责让其他人干好他们的工作（你的工作业绩不是靠你自己取得的成就，而是依据他们取得的成就来评判的）。

b. 你是个工作狂，压力驱使你成功。

13. a. 你是一个真正的主动派，会对每件要做的事充满热情。

b. 无论做什么，你都要做得比别人好。

14. a. 无论做什么事，你总是要努力去争第一，做得最好。

b. 你是一个雄心勃勃、充满斗志的人，为值得得到的东西奋力争取。

15. a. 你经常参加竞赛活动，包括体育比赛，由于出色的表现获得过几次嘉奖。

b. 获胜或成功对你来说比仅仅为了娱乐更重要。

16. a. 无论在什么地方你都会揪住一个问题不放。

b. 你会对你做得最多的事情很快感到厌恶。

17. a. 你会有内在的动力或受一种使命感驱使去做一件从来没有做过的事。

b. 作为能自给的完美主义者，你总是要求自己达到极限。

18. a. 你有一个超越自我的目标或方向。

b. 工作取得成功对你是最重要的。

19. a. 你喜欢从事需要艰苦努力和作出快速决策的工作。

b. 你很关注利润、成长和扩展。

20. a. 相比高薪或稳定的工作，你更喜欢独立和自由的工作。

b. 你喜欢一个有控制权、职权和强影响力的职位。

21. a. 你坚信那些用自己的积蓄去冒险的人会得到最大的经济回报。

b. 你对别人的评价不如对自己有信心。

22. a. 你是充满勇气、精力旺盛、乐观的人。

b. 你十分有雄心，能很快地利用好新的机遇。

23. a. 你善于表扬别人且在必要时提出批评。

b. 你不喜欢做事没有自信，不能正确做事的人。

24. a. 你通常向人们提出疑问，而不愿公开争辩。

b. 你和人们对话的方式总是以指导的口气，比如"像这样说"。

25. a. 虽然你很诚实，但在别人使用不正当手段的情况下，你也会是无情的。

b. 你生长在一个有生存压力的环境，要求你形成自己的处事原则。

算出得分

数一下你有多少道题选的 a，把这个数乘以 4 得出你的领导特质的比重，对选 b 的采用同样的计算方法得出管理者特质的比重。

领导者(a 选项的数目)×4＝％

管理者(b 选项的数目)×4＝％

分数的解释

如果你在领导者选项上的得分超过 65％，你适合做一名领导者；如果你在管理者选项上的得分超过 65％，你适合做一名管理者；如果你的得分正好是 50％和 50％，那么你既能当领导者也能当管理者。

领导者

你的工作就是为了激励和指导员工，起到协调的作用，使得他们最大限度地发挥出自己的能力来达到共同的目标。你是那种喜欢看到别人成长和发展的人，在与人相处时很有耐心和激情，是一个意志坚定的主动派。你天生就能激发人产生高绩效，下属中几乎没有跳槽的，员工关系也十分融洽。但有时你对人可能太软弱或太有耐心。对于人们关心的话题，你会过快地在商业判断中加入感情色彩。总的来说，你属于幻想型而不是实干型人物。

管理者

你是个能在没有别人帮助的情况下做好工作的人，但你的风格具有可塑性和煽动性。你特别善于运用公司的规章恫吓下属，让他们完成艰难的任务。一定程度上，在厌倦低水平工作的驱动下，你努力寻求更复杂的工作，但是你喜欢权力"游戏"和控制别人的感觉。同样你由于太过于自信，以至于作为团队一员时可能会遭遇工作上的失败。你会把你的进步看作一场反对他人思想观点的战役，而不是作为诱发他人产生最好的思想观点的前提。因此，你爬得越高，就会面临越艰难的人际关系。

领导者与管理者混合型

作为50-50型，你可能没有意识到激励他人的重要性。相反地，你认为员工应该从本质上和你一样会努力工作，而不需要别人去激励。你工作做得很好，你期望别人也如此。这就意味着当你的表现很好时，你并不知道怎样激励别人发挥最大潜能。然而总的来讲，你有能力让他人按照你的要求去行事，而不用费口舌。你会因你有一支有能力、有技术，而且能进行自我激励的员工队伍而自豪，你不需要为他们太费心。但是也不要过于确信，几乎每个人在采用正确的激励领导方式后都能做得更好。

项目五　控制活动

　　党的二十大报告中强调，"把握好新时代中国特色社会主义思想的世界观和方法论，坚持好、运用好贯穿其中的立场观点方法"，做到"六个必须坚持"，其中第四条是"必须坚持问题导向"。"问题是时代的声音，回答并指导解决问题是理论的根本任务。"坚持问题导向，增强问题意识，不断提出真正解决问题的新理念新思路新办法。控制是管理的一项职能，也是解决管理工作中发现的问题的一种有效方法。控制是管理的一项职能，是指主管人员对下属的工作成效进行测量、衡量和评价，并采取相应纠正措施的过程。在计划的制订过程中受主管人员的素质、知识、经验、技巧的限制，预测不可能完全准确；制订的计划在执行过程中，受环境变化的影响，可能会出现偏差。控制工作对计划的完成起保障作用。通过控制工作，为主管人员提供信息，使之了解计划的执行进度和执行中出现的偏差以及偏差的大小，并据此分析原因，及时给予纠正，或立即修订计划，使之符合实际。

　　在本项目当中，需要了解控制的概念和意义；认识控制的类型，理解控制的要领，掌握控制的工作原理；能够对组织活动的成本、质量、进度等活动和资源进行控制。

学习目标

知识目标

1. 了解控制的含义及控制的基本原则。
2. 理解控制与其他职能的关系及控制的要求。
3. 掌握控制的内容、控制的过程及绩效评价方法。
4. 掌握控制的方法。

能力目标

1. 能根据情境资料，分析控制中存在的问题。
2. 能根据企业资料，分析控制过程。
3. 能根据实际情况，选择控制方法。

素质目标

1. 树立坚持标准、严谨求实的职业态度。
2. 培养精益求精、追求卓越的工匠精神。

知识导图

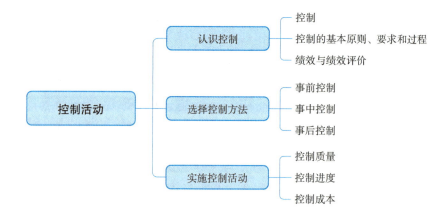

任务一

认识控制

制度的力量

18 世纪末期，英国政府决定把犯了罪的英国人统统发配到澳洲去。

一些私人船主承包从英国往澳洲大规模地运送犯人的工作。英国政府实行的办法是以上船的犯人数支付船主费用。当时那些运送犯人的船只大多是一些很破旧的货船改装的，船上设备简陋，没有什么医疗药品，更没有医生，船主为了牟取暴利，尽可能地多装人，使船上条件十分恶劣。一旦船只离开了岸，船主按人数拿到了政府的钱，对于这些人能否远涉重洋

活着到达澳洲就不管不问了。有些船主为了降低费用，甚至故意断水断食。3年以后，英国政府发现：运往澳洲的犯人在船上的死亡率达12%，其中最严重的一艘船上424个犯人死了158个，死亡率高达37%。英国政府费了大笔资金，却没能达到大批移民的目的。

英国政府想了很多办法。每一艘船上都派一名政府官员监督，再派一名医生负责犯人和医疗卫生，同时对犯人在船上的生活标准作了硬性的规定。但是，死亡率不仅没有降下来，有的船上的监督官员和医生竟然也不明不白地死了。原来一些船主为了贪图暴利，于是贿赂官员，如果官员不同流合污就被扔到大海里喂鱼了。政府支出了监督费用，却照常死人。

政府又采取新办法，把船主都召集起来进行教育培训，教育他们要珍惜生命，要理解去澳洲去开发是为了英国的长远大计，不要把金钱看得比生命还重要。但是情况依然没有好转，死亡率一直居高不下。

一位英国议员认为是那些私人船主钻了制度的空子，而制度的缺陷在于政府给予船主报酬是以上船人数来计算的。他提出从改变制度开始：政府以到澳洲上岸的人数为准计算报酬，不论你在英国上船装多少人，到了澳洲上岸的时候再清点人数支付报酬。

问题迎刃而解。船主主动请医生跟船，在船上准备药品，改善生活，尽可能地让每一个上船的人都健康地到达澳洲。一个人就意味着一份收入。

自从实行上岸计数的办法以后，船上的死亡率降到了1%以下。有些运载几百人的船只经过几个月的航行竟然没有一个人死亡。

问题：

（1）船运犯人的死亡率居高不下的原因是什么？政府采取了什么方法使得犯人死亡率由37%大幅降低到1%？

（2）这个故事对你有何启示？

案例思考

绩效考核的导向作用很重要，企业的绩效导向决定了员工的行为方式。案例中政府将考核制度进行了调整，仅仅对犯人数量的统计地点作了调整，由装船计数改为上岸计数，就使得运输犯人的死亡率由37%大幅降低到1%以下，由此可见，考核办法对绩效管理是非常重要的。

"控制"一词由"控"和"制"二字组成。控：原意指勒马，赶牲畜；制：指限定，约束，管束。希腊语中的"控制"是"掌舵术"的意思，是指船长通过发号施令，确保航船保持正确的航行路线，或将偏离航线的船只拉回到正常的轨道上来，使其能到达预定的目的地。因此，控制最核心的含义是维持目标航向，或者说是维持达到目标的正确行动路线。

法约尔曾经说："在一个企业中，控制就是核实所发生的每一件事是否符合所规定的计划、所发布的指示以及所确定的原则，其目的就是要指出计划实施过程中的缺点和错误，以便加以纠正并防止重犯。控制对每件事、每项行动、每个人、每个组织的成效都起作用。"

一、控制

尽管计划工作（职能）可以将组织的计划很好地制订出来，组织工作（职能）可以使组织结构设计和调整非常有效，领导工作（职能）可以让员工的工作积极性调动起来，但是仍然不能保证组织所有职能活动及投入的资源都按计划执行，不能保证管理者追求的目标一定能够达到，因此，还需要对组织的职能活动和投入的各种资源实施监督，以及纠正任何明显的偏差，保证各项职能活动按计划顺利地进行，以及资源的投入符合组织目标实现的要求，这就是管理的控制工作（职能）。控制工作（职能）是整个管理工作环节中的最后一环，它关系到计划目标能否最终实现，所以，这一环节至关重要。

为了确保组织的目标以及为此而拟订的计划能够得以实现，各级主管人员应当做到：

（1）根据事先确定的标准或因发展的需要而重新拟定的标准，对下级的工作进行衡量、测量和评价，并在出现偏差时进行纠正，以防止偏差继续发展或今后再度发生。

（2）根据组织内外环境的变化和组织的发展需要，在计划的执行过程中，对原计划进行修订或制订新的计划，并调整管理工作的活动。

（一）控制的定义

控制是根据组织的计划和事先规定的标准，监督检查各项活动及其结果，并根据偏差或调整行动或调整计划，使计划和实际相吻合，保证目标实现的行为。

关于控制的定义，可以从以下几个方面加以理解。

（1）控制是管理的一项重要职能，它与计划、组织、领导工作是相辅相成、互相影响的，它们共同被视为管理链的四个环节。计划提出了管理者追求的目标，组织提供了完成这些目标的结构、人员配备和责任，领导提供了指挥和激励的环境，而控制则提供了有关偏差的知识以及确保与计划相符的纠偏措施。

（2）控制有很强的目的性，即控制是为了保证组织中的各项活动按计划进行；在现代管理活动中，控制既是一次管理循环的终点，是保证计划得以实现和组织按既定的路线发展的管理的职能，又是新一轮管理循环的起点，要保证组织的活动按照计划进行，控制是必不可少的。

（3）控制是一个过程，它不是一项随意性的活动，必须遵循一套严格和科学的程序。控制工作包括三个基本步骤，即拟定标准、衡量成效、纠正偏差。没有标准，就无法衡量成效，更不能纠正偏差。如果没有按照科学的程序开展控制，就会使控制流于形式。

从更深的层次来理解，控制应该包括纠正偏差和修改标准两方面的内容。仅限于纠偏措施就不是积极、有效的控制。所以控制，还应能促使管理者适时对原定控制标准和目标中不符合客观需要的部分作适当的修改，把与既定目标不符的活动拉回到正确的轨道上来。这种控制标准和目标的调整行动称为"调适"，是现代意义下控制工作的有机组成部分。因此，广义的控制是指由管理人员对组织实际运行是否符合预定目标进行的测定，并采取措施确保组织目标实现的过程。

扁鹊的医术

魏文王问名医扁鹊说："你们家兄弟三人，都精于医术，到底哪一位最好呢？"

扁鹊答："长兄最好，中兄次之，我最差。"

文王再问："那么为什么你最出名呢？"

扁鹊答："长兄治病，是治病于病情发作之前。由于一般人不知道他事先能铲除病因，所以他的名气无法传出去；中兄治病，是治病于病情初起时，一般人以为他只能治轻微的小病，所以他的名气只及本乡里；而我是治病于病情严重之时。一般人都看到我在经脉上穿针管放血、在皮肤上敷药等大手术，所以以为我的医术高明，名气因此响遍全国。"

启示：

事后控制不如事中控制，事中控制不如事前控制，可惜大多数的事业经营者均未能体会到这一点，等到错误的决策造成了重大的损失才寻求弥补。而往往是即使请来了名气很大的"空降兵"，也于事无补。

（二）控制的作用和目的

1. 控制的作用

在现代管理活动中，控制工作的作用主要有以下两个。

（1）检验和纠偏。所谓纠偏，即对出现的偏差进行纠正和处理。控制活动既要

笔记

检验各项工作是否按预定计划进行，还要纠正工作中出现的偏差，也要检验计划的正确性和合理性。通常，受各种环境因素的影响，实际工作和计划往往不完全一致，难免会出现偏差和失误。小的偏差和失误可能不会立即给组织带来严重的损害，但如果任其积累和放大，则会积重难返，最终对计划目标的实现造成威胁，甚至会酿成灾难性的后果。有效的管理控制系统应当能够及早获取偏差信息，发现潜在的错误和问题，并采取果断措施加以处理，防止或缩小计划执行中的偏差，避免因偏差影响组织目标的顺利实现。因此，控制的首要目标和作用是通过检查，保证组织实际工作能够按照既定的计划、预期的目标运行，及时纠正和处理出现的偏差，限制偏差的积累。

（2）调整和适应。所谓调整、适应，即当组织所处的环境发生变化时，能够有针对性地采取相应的调整措施，确保最终实现组织的目标。从组织计划制订到预定目标实现，要经过一段时间的实践。在计划实施过程中，组织的内部条件和外部环境均可能发生一些变化，如组织内部人员、组织结构、周围环境的变化，国家制订新的政策和法规等，这些内外条件及环境的变化，不仅会妨碍计划实施的进程，甚至可能影响计划本身的科学性和现实性。原先制订的科学合理的计划可能难以适应变化了的新情况、新环境。因此，应建立有效的控制系统，使管理人员能够科学、准确地预测和把握内外条件及环境的变化，并对这些变化带来的机会和威胁作出正确、有效的反应，积极调整原定标准或重新制订新的标准，将组织调整到适当的状况，充分利用环境变化带来的机会，确保组织对内外运行环境的适应性，回避环境变化产生的风险。

思考

感悟：目标就像变化不定的兔子，要想成功实现目标，必须根据目标的动态变化，不断地调整控制措施。

2. 控制的目的

（1）对于经常发生变化的迅速而又直接影响组织活动的"急性问题"，控制应随时将计划的执行结果与标准进行比较，若发现有超过计划允许范围的偏差，则及时采取必要的纠正措施，使组织内部系统活动趋于相对稳定，实现组织的既定目标。

（2）对于长期存在的影响组织素质的"慢性问题"，控制要根据内外环境变化对组织新的要求和组织不断发展的需求，打破执行现状，重新修订计划，确定新的现实和管理控制标准，使之更先进、更合理。

（三）控制与其他管理职能的关系

1. 控制职能与计划职能的关系

计划和控制之间存在一个循环，即计划—控制—计划。从这个循环可以看出，计划是控制的基础，控制要根据计划所确定的标准来进行，通过控制使计划的执行结果与预定的计划相符合；控制为计划提供反馈信息，使计划的制订能更有利于组织目标的实现。

（1）计划是控制的标准。根据这个标准，人们明确应该控制什么、怎样进行控制，没有计划，控制就失去了方向。

（2）控制是保证计划能够实现的重要环节。没有控制，计划就失去了实现的基础和可能。

（3）计划与控制互相依存，互为条件，计划是控制的前提，控制则是完成计划的保证。系统、完整、周密、可行的计划，可以为控制提供明确、具体的标准和依据，达到良好的控制效果；而科学、有效的控制，则可以保证计划能够得到全面的实施。

（4）控制是根据计划去检查、衡量计划的执行情况，并根据出现的具体偏差，或调整行动以保证计划继续顺利进行；或调整计划使活动与计划相吻合。

2. 控制职能与组织职能的关系

组织职能的发挥不但为组织计划的贯彻执行提供了合适的组织结构框架，还为控制职能的发挥提供了人员配备和组织机构。而且组织结构的确定实际上也就规定了组织中信息联系的渠道，所以也就为组织的控制提供了信息系统。

3. 控制职能与领导职能的关系

领导职能的发挥既反映在计划方案的编制中，也反映在组织结构的建立上，同时还反映在控制职能的发挥中。这意味着领导职能的发挥影响组织控制系统的建立和控制工作的质量。相应地，控制职能的发挥又有利于改进领导者的领导工作，提高领导者的工作效率。

（四）控制的内容

1. 对人员的控制

组织的目标是要由人来实现的，员工应该按照制订好的计划去做，为了做到这一点，必须对人员进行控制。对人员控制的最常用的一种方法就是直接巡视，发现问题马上进行纠正。另一种方法是对员工进行系统化的评估，通过评估，对绩效好的予以奖励，使其维持良好的表现；对绩效差的采取相应的措施，纠正出现的偏差。

2. 对财务的控制

为保证企业获取利润，维持企业正常的运作，必须进行财务控制。这主要包括审核各期的财务报表，以保证一定的现金存量，保证债务的负担不致过重，保证各项资产都得到有效的利用等。预算是最常用的财务控制标准，也是一种有效的控制工具。

3. 对作业的控制

所谓作业，就是指从劳动力、原材料等物质资源到最终产品和服务的转换过程。组织的作业质量很大程度上决定了组织提供的产品和服务的质量，而作业控制就是通过对作业过程的控制，来评价并提高作业的效率，从而提高组织提供的产品或服务的质量。组织常用的作业控制：生产控制、质量控制、原材料购买控制、库存控制等。

4. 对信息的控制

随着人类步入信息社会，信息在组织运行中的地位越来越高，不精确的、不完整的、不及时的信息会大大降低组织的效率。因此，在现代组织中对信息的控制显得尤为重要。对信息的控制就是建立一个管理信息系统，使它能及时地提供充分、可靠的信息。

5. 对组织效率的控制

组织效率能够反映组织目标的达成与否。无论是组织的内部人员，还是组织外部的人员和组织，如证券分析人员、潜在的投资者、贷款银行、供应商以及政府部门，都十分关注组织的绩效。组织应有效地实施对组织效率的控制，并按照目标所设定的标准来衡量组织效率。

二、控制的基本原则、要求和过程

（一）控制的基本原则

为了使控制工作更加切实有效，组织建立的控制系统应遵循以下原则，见表5-1。

表5-1　控制的基本原则

原则	说明
适时控制	组织经营活动中产生的偏差只有及时采取措施加以纠正，才能避免和防止偏差对组织不利影响的扩散
适度控制	控制的范围、程度和频度要恰到好处
关键点控制	处理好全面控制与重点控制的关系
经济性控制	通过控制所获得的价值必须大于它所需要的费用
客观控制	控制工作应针对组织的实际情况，采取必要的纠偏措施，或促进企业活动按预先的轨道继续前进
弹性控制	控制行为能够适应组织内部条件与外部环境的变化，具有灵活性

（二）控制的要求

1. 控制要有重点

要密切关注出现偏差的具体事项，这些偏差对组织的目标影响不同，要善于找出关键事项。因此，并不是所有的偏差都需要控制，抓住工作过程中的关键和重点进行局部和重点控制就可以。

2. 控制要及时准确

在控制过程中要及时地发现问题并及时准确地采取措施解决问题。具体有两方面要求：一方面是要及时准确地采取控制措施和公布控制结果，避免时过境迁，使控制失去应有的效果。另一方面是要估计可能发生的变化，使采取的措施与已变化了的情况相适应，纠正措施的安排要有一定的预见性，采取的措施能在较长时期内有效。

3. 控制要灵活

控制过程中要尽可能制定多种应付变化的方案，并采取多种控制手段来达到控制的目标。控制对象和控制过程受众多未来因素的影响，未来因素总是带有很大的不确定性。

4. 控制要经济可行

控制是一项需要投入大量人力、财力和物力等资源的活动。如果控制的投入与产出不成正比，可以选择放弃控制。要想在控制中做到经济合理，首先要实行有选择的控制，选择正确的控制点，太多会不经济，太少会失去控制。其次，降低控制的耗费，通过改进控制方法和手段，以最少的资源投入，取得理想的控制效果。

（三）控制的基本过程

控制是一个过程，它贯穿于整个管理活动的始末。在组织目标的实施阶段，不断地将计划与实施情况进行比较，发现两者之间的差距，并找出产生差距的原因，来制定改进措施，这个过程就是控制。

不论控制的对象是新技术的研究与开发，产品的加工制造，市场的营销宣传，还是企业的人力条件、物质要求或财务资源，控制的过程都包括四个基本步骤；第一步，建立绩效标准；第二步，衡量实际绩效；第三步，比较绩效标准与实际绩效的差异；第四步，分析差异原因并采取必要的修正行动。四个步骤必须按上述顺序完成整个控制的基本过程，如图 5-1 所示。

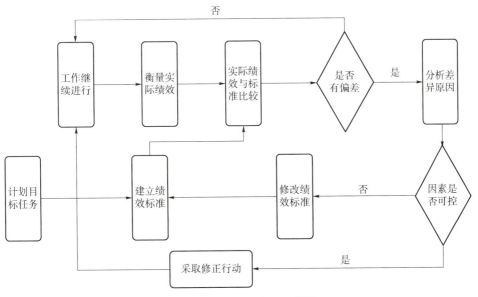

图 5-1　控制工作过程示意图

1. 建立绩效标准

所谓标准，就是评定成效的尺度。没有一套完整的标准，衡量绩效或纠正偏差就失去了客观依据。因此，控制工作始于绩效标准的建立。建立绩效标准所依据的是组织目标及组织据此制订的计划。但计划不等同于标准或替代标准进行控制，计划相对来说都比较概要，不可能对组织运行的各方面都给出非常具体的工作标准。通常人们会在整个计划体系中选出众多的关键点，把处于关键点的工作预期成果作为控制标准，据此建立各种工作的控制标准。比如啤酒酿造企业中，啤酒质量是控制的一个重点对象。尽管影响啤酒质量的因素很多，但只要抓住了水的质量、酿造温度和酿造时间，就能保证啤酒的质量。因此，企业就要针对这些重要控制点制定出明确的控制标准。

标准的建立，通常要求做到以下五点，见表 5-2。

表 5-2　建立标准的要求

要求	说明
科学性	标准既要符合实际，又要超越现状，不能太高也不能太低。科学的控制标准，应该要保持挑战性和可实现性的平衡
相对稳定性	标准一旦制定，便不能随意更改，但也应有一定的弹性
普适性	每一类标准是针对每一类工作而制定的，它应该对所有同类的人都适用，不能只针对少数人
公平性	在标准面前人人平等，不管是谁，达到或超过标准就奖励，达不到标准就惩罚
准确性	标准表述要准确，不能有歧义，要尽可能量化，可操作、可检验

控制标准可分为定量标准和定性标准两大类。一般情况下标准应尽量定量化，以保持控制的准确性。如在快餐业中，麦当劳制定的服务标准如下：在顾客到达后 3 分钟之内，95% 的人应受到接待；预热的汉堡包在售给顾客前，其烘烤时间不得超过 5 分钟；顾客离开后，所有的空桌子须在 5 分钟内清理完毕等。通常可以使用统计方法、经验估计法等来建立标准。

2. 衡量实际工作绩效

衡量实际工作绩效是依据标准衡量、检查工作的实际执行情况，以便与预定的标准相比较。如果管理者不能及时准确地了解到一线实际发生的情况，就很难对全局做出正确的判断，进而做出正确的决策。因此，衡量实际工作绩效是一项贯穿控制工作始终、持续进行的活动。管理者要在工作进行之中及时了解工作的进展情况并对其发展趋势加以预测，有时还要在开展工作之前对工作的未来进展进行估计。

管理人员常使用的衡量方法有以下几种。

（1）亲自观察。亲自观察就是管理者深入工作一线，观察员工的具体工作行为，它为管理者提供了有关实际工作的第一手的、未经他人过滤的信息。这些资料未经他人而直接反映给管理者，避免了可能出现的信息失真的现象。

（2）口头与书面报告。组织中部门较大，工作地点分散在不同地区，或按时间进行分班工作的，都有必要使用报告制度。例如，纺织厂中实行三班制（早、中、晚三班），那么，管理者要评估各班绩效时，常常需要靠下级提交的报告来掌握情况。管理者应要求报告做到简明、全面和正确。在可能的情况下，最好是把书面报告和口头汇报结合起来，报告中如能提供统计数据加以证明，则更为有效。

（3）抽样调查。抽样调查即从整批调查对象中抽取部分样本进行调查，并把结果看成整批调查对象的近似代表。此法可节省调查成本及时间。

以上这些方法各有利弊。因此，在衡量实际工作绩效过程中必须多种方法结合使用，以确保所获取信息的质量。将实际工作与标准进行比较还存在一个频率问题，这主要取决于控制对象的重要性和复杂性。对于那些较为长期、较高水平的标准，适合采用年度的比较；而对于产量、出勤率等短期、基础性的标准，则需要较多频次的比较。

3. 比较绩效标准与实际绩效间的差异

管理者透过比较的程序来决定绩效标准和实际绩效之间的差距。比较的结果有三种情况：高于标准、等于标准和低于标准。由于要求绩效标准和实际绩效完全相符是不切实际的，所以管理者往往必须容忍一定范围内的波动。比较的步骤中的一个关键便是要决定绩效标准和实际绩效两者所可以接受的差异容忍区间，因为太过狭窄的区间会使指标过度敏感，而太过宽松的区间则会失去控制的意义，如图5-2所示。利用容忍区间时，管理者对超出此容忍区间的差距才会加以注意，而这正是"例外管理"的含义。

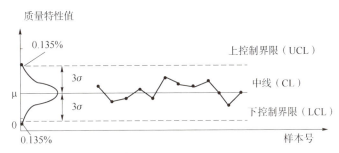

图5-2　可接受的容忍区间

4. 评估差异结果并采取必要的修正行动

在深入分析差异原因的基础上，控制者要根据不同的情况采取切实可行的措施。一般而言，控制措施可以从以下几方面考虑。

（1）改进工作方法。通常来说，在组织内外环境没有发生重大变化的情况下，工作绩效达不到原定的控制标准的主要原因在工作方法。特别是在企业中，生产和计划的目标是生产出高质量、符合社会需要的产品，因此生产和计划都是以生产为中心的，而生产技术则是生产过程中的重要一环，在很多情况下出现偏差是因为技术问题。为此就要采取技术措施，及时处理生产过程中出现的技术问题。

（2）改进组织工作和领导工作。控制职能与组织、领导职能是相互影响的。组织方面的问题主要有两种：一是计划制订之后，组织实施方面的工作没有做好；二是控制工作本身的组织体系不完善，未能及时地对已经产生的偏差进行跟踪和分析。在这两种情况下，都应改进组织工作，如调整机构、调整责权关系、改进分工协作关系等。偏差也可能是由于执行人员能力不足或工作积极性不高而导致的，那么就需要通过改进领导方式来修正。

（3）调整或修正原有计划或标准。如果偏差较大，可能是原有计划不当导致的；也可能是由于内外环境的变化，原有计划与现实状况之间产生了较大的偏差。无论是哪一种情况，都要对原有计划进行适当的调整。需要注意的是，调整计划不是任意地变动计划，调整不能偏离组织总的发展目标，调整的目的归根到底还是实现组织目标。在一般情况下，不能以计划迁就控制，任意地根据控制的需要来修改计划。只有当事实表明计划的标准过低或过高，或因环境发生了重大变化使原有计划实施的前提不复存在时，才能对计划或标准进行修改。

三、绩效与绩效评价

（一）绩效的概念

绩效，是绩与效的组合。绩就是业绩，体现企业的利润目标，又包括两部分：目标管理（MBO）和职责要求。企业要有企业的目标，个人要有个人的目标要求，目标管理能保证企业向着希望的方向前进，实现目标或者超额完成目标可以给予奖励，如奖金、提成、效益工资等；职责要求就是对员工日常工作的要求，如业务员除了完成销售目标外，还要做新客户开发、市场分析报告等工作，对这些职责工作也有要求，这个要求的体现形式就是工资。效就是效率、效果、态度、品行、行为、方法、方式。效是一种行为，体现的是企业的管理成熟度目标。

组织目标与绩效关系如图 5-3 所示。

绩效又包括纪律和品行两方面。纪律包括企业的规章制度、规范等，纪律严明的员工可以得到荣誉和肯定，如表彰、发奖状/奖杯等；品行指个人的行为，"小用看业绩，大用看品行"，只有业绩突出且品行优秀的人员才能够得到晋升和重用（图 5-4）。

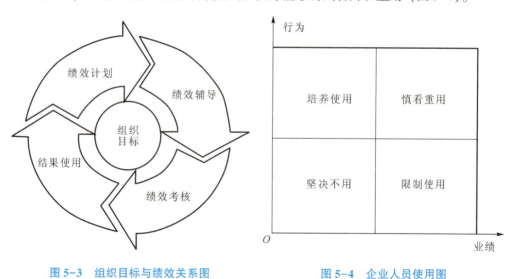

图 5-3　组织目标与绩效关系图　　　　图 5-4　企业人员使用图

（二）绩效的影响因素

影响绩效的主要因素有员工技能、外部环境、内部条件以及激励效应。

员工技能是指员工具备的核心能力，是内在的因素，经过培训和开发可以提高的；外部环境是指组织和个人面临的不为组织所左右的因素，是客观因素，我们是完全不能控制的；内部条件是指组织和个人开展工作所需的各种资源，也是客观因素，在一定程度上我们能改变内部条件的制约；激励效应是指组织和个人为达成目标而工作的主动性、积极性，激励效应是主观因素。企业绩效影响因素如图 5-5 所示。

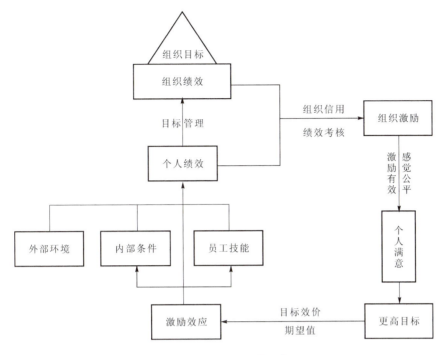

图 5-5　企业绩效影响因素图

在影响绩效的四个因素中，只有激励效应是最具有主动性、能动性的因素，人的主动性、积极性提高了，组织和员工就会尽力争取内部资源的支持，同时组织和员工技能水平将会逐渐得到提高。因此，绩效管理就是通过适当的激励机制激发人的主动性、积极性，激发组织和员工争取内部条件的改善，提升技能水平进而提升个人和组织绩效。

影响绩效的因素又可细分为以下五个方面：

（1）员工本身的态度、工作技能、掌握的知识、智商 IQ、情商 EQ 等。

（2）工作本身的目标、计划、资源需求、过程控制等。

（3）工作流程、协调、组织内部的工作方法。

（4）工作环境，包括文化氛围、自然环境等。

（5）管理机制，包括计划、组织、指挥、监督、控制、激励、反馈等。

其中每一个具体因素和细节都可能对绩效产生很大的影响。控制了这些因素就等于也同时控制了绩效。管理者的管理目标实质上也就是管理这些影响绩效的因素。

绩效评估的是结果的好坏，绩效管理需要探求产生结果的原因，逆向追踪绩效因素。根据对结果的影响作用，不同的因素有不同的影响力。当其他因素都很稳定时，管理者需要关注于某一个特定的因素，因为这个因素的变化会对绩效产生直接的重大影响。哪些因素容易变化，对绩效的影响作用大，管理者就需要关注和考核哪些因素。

但要注意的是，过分注重绩效会使员工也只关注绩效而不关注其他东西，这样的坏处是短期内公司会得到大利益但不利于可持续发展。

小故事

我，在建大教堂

早在50多年前，德鲁克就讲过一个关于三个石匠的寓言故事。有人遇到三个石匠，问他们在做什么。第一个石匠回答说："我在凿石块，我就是靠这个过活的。"问到第二个石匠时，他还在埋头苦干，甚至都没空抬头看一眼问他的人。终于，过了好一会儿，这个石匠得了闲，停下来说："我做的是方圆几十里数一数二的石器活。"问到第三个石匠，他满脸梦幻般的憧憬，回答道："我在建造一座大教堂。"

对管理者的启示：

三个石匠的回答代表着三种做企业的境界：第一个石匠和第二个石匠，他们做事的动力都是来自一个很具体的、阶段性的目标，就是得利或者是得名。第一个石匠可以进行十分有效的工作。他坚持的哲学非常明确，即合理的工作时长，相应合理的报酬。当然，除非第一个石匠改变了他的想法和态度，否则他很难在管理上成熟，而且他自身有局限性——他可能并不了解自己。第二个石匠，不仅本身很有问题，还可能对整个组织和工程造成危险。良好的技能和高超的专业水平十分必要，但如果以此为目标，并高于一切，就很危险了。第三个石匠的工作境界是最理想的，不论是从工作的时效性，还是从组织的整体利益和未来来看。而且，第三个石匠有潜力成为众多工人中的管理者。

四、绩效考核

绩效考核（performance examine），是企业绩效管理中的一个环节，常也称为业绩考或"考绩"，是针对企业中每个职工所承担的工作，应用各种科学的定性和定量的方法，对职工行为的实际效果及其对企业的贡献或价值进行考核和评价。

小卡片

绩效考核的起源

绩效考核起源于中国宋朝进行的吏部考核体系，随后在英、美等西方国家的文官考核中得到成功运用，把工作实绩作为文官考核的最重要内容，同时对德、能、勤、绩进行全面考察，并根据工作实绩的优劣决定公务员的任用、加薪、晋级和奖惩，充分地调动了文官的积极性，大大提高了政府行政管理的科学性，增强了政府的廉洁与效能。现代企业借鉴这种做法，在企业内部实行绩效考核，对员工的表现和实绩进行实事求是的评价，同时也要了解组织成员的能力和工作适应性等方面的情况，并作为奖惩、培训、辞退、职务任用与升降等实施的基础与依据。

1. 绩效考核的作用

（1）达成目标。

绩效考核本质上是一种过程管理，而不是仅仅对结果的考核。它是将中长期的目标分解成年度、季度、月度指标，不断督促员工实现、完成的过程，有效的绩效考核能帮助企业达成目标。

（2）挖掘问题。

绩效考核是一个不断制订计划、执行、检查、处理的 PDCA 循环过程，体现在整个绩效管理环节，包括绩效目标设定、绩效要求达成、绩效实施修正、绩效面谈、绩效改进、再制定目标的循环，这也是一个不断发现问题、改进问题的过程。

（3）分配利益。

与利益不挂钩的考核是没有意义的，员工的工资一般都会分为两个部分：固定工资和绩效工资。绩效工资的分配与员工的绩效考核得分息息相关，所以一说起考核，员工的第一反应往往是绩效工资的发放。

（4）促进成长。

绩效考核的最终目的并不是单纯地进行利益分配，而是促进企业与员工的共同成长。通过考核发现问题、改进问题，找到差距进行提升，最后达到双赢。绩效考核的应用重点在薪酬和绩效的结合上。薪酬与绩效在人力资源管理中，是两个密不可分的环节。在设定薪酬时，一般已将薪酬分解为固定工资和绩效工资，绩效工资正是通过绩效予以体现，而对员工进行绩效考核也必须表现在薪酬上，否则绩效和薪酬都失去了激励的作用。

（5）人员激励。

通过绩效考核，把员工聘用、职务升降、培训发展、劳动薪酬相结合，使得企业激励机制得到充分运用，有利于企业的健康发展；同时对员工本人，也便于建立不断自我激励的心理模式。

2. 绩效考核的程序

（1）科学地确定考核的基础。

● 确定工作要项。一项工作往往由许多活动所构成，但考核不可能针对每一个工作活动内容来进行，因为这样做，一是没有必要；二是不易操作。我们所指的工作要项，一般是指工作结果对组织有重大影响的活动或虽然不很重要却是大量重复的活动。一个工作，其工作要项的选择一般为 4~8 个，抓住了工作要项，就等于抓住了工作的关键环节，也就能够有效地组织考核。

- 确定绩效标准。绩效应以完成工作所达到的可接受程度为标准，不易定得过高。由于绩效标准是考核判断的基础，因此必须客观化、定量化。具体做法是将考核要项逐一进行分解，形成考核的判断基准。

（2）评价实施。

如何消除评价中的非客观因素是考核的关键环节，具体做法是将工作的实际情况与考核标准逐一对照，判断绩效的等级。

考核的评价可以是单一方位（直接上级）的，也可以是多方位的，这取决于考核的性质和目的。一般来说，考核应以单一方位为好，因为直接上级对员工一贯的工作情况最为了解，容易客观地进行评价；多方位的考核操作比较困难，而且由于评价的角度不一样，不便整理，也难以公正。

（3）评价面谈。

面谈是考核中的一项重要技术，但常常被忽略。评价面谈有五个方面的功能：

- 通过面谈，双方形成对绩效评价的一致看法。
- 指出下属优点所在。
- 指出下属缺点所在。
- 提出改进计划并对改进计划形成一致的看法。
- 对下一阶段工作的期望达成协议。

注意，评价面谈中要做到以下几点：

- 建立彼此相互信任的关系，创造有利的面谈气氛。
- 清楚地说明面谈的目的，鼓励下属说话，倾听而不要打岔。
- 避免对立和冲突。
- 集中精力讨论绩效而不是性格。
- 集中对未来的绩效改进，而不是追究既往。
- 优缺点并重。
- 以积极的方式结束面谈。

（4）制订绩效改进计划。

绩效改进计划是考核工作最终的落脚点。一个切实可行的绩效改进计划应包括以下要点：

- 切合实际。为了使绩效改进计划确实能够执行，在制订绩效改进计划的时候要本着这样三条原则，即容易改进的优先列入计划，不易改进的列入长期计划，不急于改进的暂时不要列入计划。也就是说，容易改进的先改，不易改进的后改，循序渐进，由易至难，以免使员工产生抵制心理。
- 计划要有明确的时间性。绩效改进计划应有时间的约束，避免流于形式，也利于管理者的指导、监督和控制，同时给员工造成一定的心理压力，使其认真对待。
- 计划要具体。列入绩效改进计划中的每一个内容，都要十分具体，看得见、摸得着、抓得住才行。例如改进新员工培训能力，可以建议他们读一本有关的书，和同事交流一下各自的体会，听听有关的讲座。

- 计划要获得认同。绩效改进计划必须得到双方的一致认同，方为有效，也才能确保计划的实现。在制订计划的时候，长官意志是要不得的。绩效改进者要感觉到这是他自己的事，而不是上级强加给自己的任务。这一点务必在面谈时达成。

（5）绩效改进指导。

在工作绩效考核中，应把在工作中培养下属视为改进工作绩效的重点来抓。因此，主管人员要经常带头与下属讨论工作，以有效地完成工作作为讨论的核心，并时常对下属的工作和绩效改进予以具体的忠告和指导。对绩效改进计划的指导，要一直持续到下次考核为止。主管人员要时时牢记：下属的绩效就是你自己的绩效，下属的失误就是你自己的失误，如果不能有效地指导下属改进工作，就是你自己的失职。

> **知识链接**
>
> 　　绩效考核是一项系统工程，绩效考核是绩效管理过程中的一种手段。绩效考核通过考核提高每个个体的效率，最终实现企业的目标。常见的绩效考核方法包括平衡计分卡（balanced score card，BSC）、关键绩效指标（key performance indicator，KPI）、目标管理考评体系及 360 度考评体系等。

（1）平衡计分卡。

1992 年第 1/2 月号的《哈佛商业评论》上，发表了罗伯特·卡普兰与戴维·诺顿合著的《平衡计分卡——业绩衡量与驱动的新方法》。这是有关平衡计分卡的第一篇文章。文章提出，不能只从财务指标来评价一家企业的业绩，而应从财务、客户、内部流程以及学习与成长四个维度来评价企业业绩。

作为一种综合的战略绩效管理及评价工具，在 20 多年的时间里，平衡计分卡在理论方面有了极大的发展，在实践领域也得到了越来越多公司的认可，被哈佛工商杂志誉为 75 种出色的工商管理点子之一，是衡量企业综合经营能力的一种工具。它主要从以下四个重要方面来衡量企业：

- 财务角度。企业经营的直接目的和结果是为股东创造价值。尽管由于战略的不同，企业在长期或短期对于利润的要求会有所差异，但毫无疑问，从长远角度来看，利润始终是企业所追求的最终目标。
- 客户角度。这指如何向客户提供所需的产品和服务，从而满足客户需要，提高企业竞争力。客户角度正是从质量、性能、服务等方面考验企业的表现。

- 内部流程角度。企业是否建立起合适的组织、流程、管理机制，在这些方面存在哪些优势和不足，内部角度从以上方面着手，制定考评标准。
- 学习与成长角度。企业的成长与员工能力素质的提高息息相关，企业唯有不断学习与创新，才能实现长远的发展。

平衡计分卡最大的特点就是平衡，它改变了以往只依靠财务指标来衡量一个企业的绩效的缺陷。

这种考核员工的方法需要企业有非常明确和具体的目标体系和四个方面的分解能力，同时，还需建立全面、庞大的数据库，为各项指标提供数据来源。就某一个企业来说，并非所有的岗位指标都能提炼或分解到这四个指标体系，因此这种方法的实施需要企业在进行业务流程设计时就按照平衡计分卡的思路来建立，这在实际运用中有一定的条件和要求。

（2）关键绩效指标。

关键绩效指标是衡量企业战略实施效果的关键指标，其目的是建立一种机制，将企业战略转化为内部过程和活动，以不断增强企业的核心竞争力，使企业持续地取得高效益。通过 KPI 可以落实企业战略目标和业务重点，传递企业的价值导向，有效激励员工为企业战略的实现共同努力。

KPI 的制定应围绕"公司战略"，通过分解战略，制订合理的目标，并对其实现过程进行有效的控制，以驱动业绩。KPI 制定的出发点是企业战略。企业各部门了解企业的战略方向后，根据战略制订工作计划并做好工作轻重缓急的安排。业绩考核结果显示了员工业绩和公司业绩的实现程度，即公司战略是否得以顺利实施。因此，在对员工做了业绩考核之后，应当使用薪酬杠杆对员工的业绩行为加以强化。

（3）目标管理考评体系。

目标管理法是企业中广泛采用的一种绩效考核方法。具体的方法是，在考核期期初被考核者与主管根据组织目标制订在考核期间需达到的工作目标，考核者在考核期期末对照目标与被考核者一同检讨，并根据目标完成程度进行考核打分。

目标管理法的优点是：能通过目标的制订有效指导与监控员工工作行为，同时加强员工自我管理意识从而提高工作绩效。以目标的达成情况作为打分标准，评估客观性较强。缺点是：订立目标的过程复杂，耗费时间，成本高。目标与打分标准因员工不同而不同，所以最终考核分数在同级员工中缺乏可比性，将其作为加薪、划定奖金的依据有困难。当所确定的目标不够明确、不具有可衡量性时，目标管理法往往要面临失效。同时目标管理法在推行过程中，往往倾向于只注重短期效益，而忽视了长期效益的实现，因此在现实中只用目标管理法来评价绩效管理是存在一定局限性和问题的。

（4）360 度考评体系。

该考评法是通过被考评者的上级、同级、下级和服务的客户对他进行评价，从而使被考评者知晓各方面的意见，清楚自己的优劣势，以达到提高自身能力的目的。360 度考评法分为跟被考评者有联系的上级、同级、下级、客户这 4 组，加上被考评者本人。也可用外请的顾问公司来分析考评结果，最后写出报告交给被考评者。考评的内容主要跟公司的价值观有关，考评分析表设计很详细，所有参与考评的人员对每一项都有各自的评价，最后由专门顾问公司进行分析，得出被考评者的评价结果。被考评者如果发现在任一点上有的组合的评价较低，他可以找到这个组的几个人进行沟通，提出"希望帮助我"，大家可以开诚布公地交换意见。360度考评体系如图5-6所示。

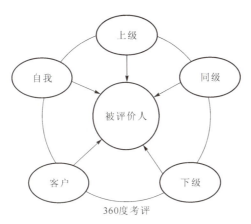

图 5-6　360 度考评体系

- 上级考评。

上级考评主要是员工的直接上级对员工进行考评，因为员工的直接上级是了解员工岗位职责、工作业绩、工作能力的人，可以通过多种机会评估员工工作能力和业绩。

- 同级考评。

同级往往对员工的工作状况非常熟悉，信息的来源也是很真实的，对于工作性质需要多个部门合作时，用同级考评可以获得更客观和准确的信息，但当同级之间因工作的性质存在竞争时，同级之间考评的公正性和有效性就会有所降低。

- 下级考评。

这种考评比较适用于管理者，即被考评者的直接下级或间接下级对其进行考评。考评的内容主要是管理者的责任心、管理作风，对下级的指导、培训、激励、沟通等。

- 客户考评。

如果员工的工作性质需要与较多的外部客户打交道，那从客户那里取得的考评信息往往会有利于更全面地评价员工，因此，客户考评通常比较常用于服务、销售等需要直接与外部客户打交道的部门。考评通常采用调查问卷、客户访谈等形式进行。

- 员工本人考评。

员工本人考评也就是自评，用于评价自己的工作表现、工作业绩等，但在考评时，员工本人对考评内容、考评标准的理解可能会与上级的理解不一致，结论可能会优于上级的考评结果，这主要是由于员工本人归因时的偏差和更高的自我评价。

360 度考评体系具有全员参与管理、信息收集对称、能分散管理者日常管理力等特点，但它的评估过程复杂、统计工序繁多，在人员素质不高时，易造成人际关系紧张或可信度低等后果。

导入案例分析思路

（1）船运犯人的死亡率原来居高不下的原因在于政府对于私人船主所采取的考核方式有问题，当由根据装船人数计算报酬变为根据澳洲上岸的人数计算报酬时，所装运犯人的死亡率大幅降低。

（2）这个故事告诉我们绩效考核的重要性，合理选择绩效考核的方法和标准对于公司的效益会产生积极的影响。

任务二
选择控制方法

思考

▶ **案例导入**

不断响起的敲门声

　　杨经理正在办公室里忙着处理几个急需办理的事项。这时传来敲门声，只见仓库负责人老张推门进来。老张开门见山地对杨经理说："今天库房原料存货已经不足了，我已催了好几次要求进货，但是负责进货的赵主任还是按兵不动，我没办法了，所以现在来向杨经理您汇报和请示。"杨经理一直对老赵的慢性子有意见，听了老张汇报后对赵主任更是不满，他立即拨通赵主任的电话责问："原料库存已严重不足，你为何还不尽快进货？"赵主任赶紧解释说："最近工作太忙，还没有时间办这事，反正离规定的最后期限还有一天。""你必须马上放下手中的工作，立刻办理采购原料的事！"杨经理以命令的口吻说。

　　杨经理的话音未落，敲门声又响起来了。刘会计拿着报表急匆匆地闯进来。"经理，你看，这个月的利润明显下降了！"他又拿出几张报表，"前几个月的利润就有不断下降的趋势，只是前几个月还不太明显。原因很简单，就是销售量下降而成本却在不断上升。"杨经理紧锁眉头，一声不吭。

　　可就在这时敲门声再次响起。这次推门进来的是市场主管刘凯。看到刘凯自己送上门来，杨经理脱口而出："你是怎么搞的？销售下去了，成本却上来了？"见杨经理一见面就冲自己发火，刘凯丈二和尚摸不着头脑。他赶紧解释道："前些时候我们公司的一家分厂的产品出了质量问题被报纸曝光了。因此，许多消费者不问青红皂白，凡是我们公司旗下的产品一律抵制。我们跟着吃了瓜落儿，销量才会不断下降。我们为扭转败势，使出浑身解数，花大本钱促销，仍无力回天！再说，成本上升也不会只是我们销售环节的问题啊。""可是你们为何不及时汇报？"杨经理愤怒地问道。"这事我们不是也跟您谈过吗？只是大家分析认为我们的产品与出事分厂的产品根本不是一类，不会对我们公司产生太大的影响。可是没想到现在真的是'城门失火，殃及池鱼了'了！"刘凯解释说。

　　杨经理再也坐不住了，他决定立即召集有关人员开会，研究对策，必须制订一个全面加强市场和生产监控的方案, 寻找有效措施尽快扭转败局!

问题：

（1）杨经理一下子面对这些难题, 你认为应该怎么样处理?

（2）要有效实施控制, 你建议杨经理应把握哪些要领?

（3）杨经理要制订有效控制的方案, 关于控制过程和方法方面你能向杨经理提出什么建议?

案例思考

公司库房原料存货不足, 负责进货的赵主任以工作忙为理由, 觉得离最后期限还有一天时间, 所以不着急。这说明公司的库存控制和进度管理存在着问题。

公司产品销售量下降而成本却在不断上升, 导致近几个月公司利润不断下滑。这说明公司的成本控制出现了问题。

分厂的产品出了质量问题被曝光, 从而"城门失火, 殃及池鱼", 消费者抵制公司旗下的产品, 销量不断下降。这说明分厂的产品质量控制方面出现了问题。

知识阐述

组织内的所有活动都可以被认为是将各种资源由投入到转换加工再到输出的过程。管理的控制手段可以在行动开始之前、进行之中或结束之后进行, 与之相对应的就有事前控制、事中控制和事后控制三种方法, 如图5-7所示。

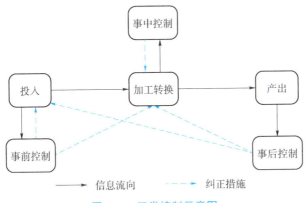

图 5-7　三类控制示意图

一、事前控制

事前控制又称预先控制、前馈控制, 是指一个组织在一项活动正式开始之前进行的控制活动。事前控制以未来为导向, 其目的是在工作开始之前就对问题的隐患做好准备, 对工作中可能产生的偏差进行预测和估计, 采取防范措施, 从而把偏差和失误可能带来的损失消除或降到最低程度。事前控制主要是对资源投入和最终产出的确定与控制, 其重点是防止组织使用不符合要求的资源, 保证组织投入的资源在数量上和质量上达到预定的标准, 在整个活动开始之前剔除产生偏差的隐患。因此, 事前控制的基本目的是保证某项活动有明确的绩效目标, 保证各种资源要素的合理投放。各种计划、市场调查、原材料的检查验收、组织招工考核、入学考试等行为都属于事前控制。

（1）事前控制的优点。

由于控制是在工作开始之前进行的，可以有效避免偏差发生所造成的损失或不可挽回的后果，节约改正错误的成本。事前控制是针对某项计划行动所依赖的条件进行控制，针对具体人员，避免了出现对立冲突，易于被员工接受并付诸实施。而且，事前控制还具有比较容易执行的优点。

（2）事前控制的缺点。

实施事前控制的前提条件较多。事前控制的效果取决于对情况的观察、规律的掌握、信息的获得、趋势的分析和对可能发生问题的预计。这就要求管理者必须拥有大量准确、可靠的信息，对计划行动过程有清楚的了解，懂得计划行动本身的客观规律，并要随着行动的进展及时了解新情况和新问题，否则就无法实施事前控制。由于事前控制所需要的信息常常难以获得，所以实施起来具有一定难度。

二、事中控制

事中控制又称过程控制、即时控制、现场控制，是在某项活动或工作过程中同步进行的控制。事中控制的目的是及时发现并纠正工作中出现的偏差。事中控制主要有监督和指导两项职能。监督是按照预定的标准检查工作，以保证目标的实现，指导是管理者针对工作中出现的问题，根据自己的经验指点、引导下属改进工作，或与下属共同商讨纠正偏差的措施，以便使工作人员能正确地完成规定的任务。例如，制造活动的生产进度控制、每日情况统计报表、学生的期中考试、工地现场的指挥都属于事中控制。

事中控制一般都在现场进行，管理者亲临现场观察就是一种最常见的现场控制活动。在计划实施过程中，大量的管理控制工作，尤其是基层的管理控制工作属于这种类型。它是控制工作的基础。一个管理人员的管理水平和领导能力常常通过这种工作表现出来。事中控制的有效性取决于管理人员的个人素质、个人作风、指导的表达方式以及下属对这些指导的理解程度。其中，管理人员的言传身教具有很大的作用。例如，工人的操作发生错误时，工段长有责任向其指出并做出正确的示范动作帮助其改正。

事中控制包括的主要内容如下：

- 指导下级采用恰当的工作方法和工作过程。
- 监督下级的工作，以保证计划目标的实现。
- 发现不合标准的偏差时，立即采取纠正措施。

事中控制中的监督和控制应该遵循计划中所确定的组织方针、政策与标准，控制的内容和方式应与被控制对象的工作特点相适应。例如，对于简单重复的体力劳动也许采取严厉的监督可以导致较好的结果，而对于创造性的劳动，控制则应转向创造出良好的工作环境，这样效果会更好些。

事中控制的方法分为两种。一种是驾驭控制，这种控制类似驾驶员在行车当中根据道路情况随时使用方向盘来把握行车方向。这种控制是在活动进展过程中随时监视各方面情况的变动，一旦发现干扰因素介入立即采取对策，以防执行中出现偏差。另一种是关卡控制，它规定某项活动必须经由既定程序或达到既定水平后才能继续进行下去。如生产过程中对在制品质量进行分段检验就起着关卡控制的作用。

（1）事中控制的优点。事中控制兼有监督和指导两项职能，可以确保工作按照预期计划进展，并能及时改正工作过程中出现的错误，还可以达到提高员工工作能力及自我控制能力的目的。

（2）事中控制的缺点。事中控制容易受管理者自身精力、时间和业务水平的制约。如果管理者无法保证充足的时间投入，无法及时发现现场出现的问题并及时提出正确的解决办法，事中控制就不会取得很好的效果。而且大规模推行事中控制的成本也比较高，事中控制的应用范围较窄。对生产过程容易进行事中控制，而对那些问题难以辨别、成果难以衡量的工作，如科研、管理工作等，几乎无法进行事中控制。事中控制需要在现场对出现的问题直接予以指明并马上加以改正，容易在控制者与被控制者之间形成心理上的对立，因而损害被控制者的工作积极性和主动性。

三、事后控制

事后控制也称反馈控制。事后控制是在工作结束、工作效果已经形成之后进行的控制。事后控制把注意力主要集中于工作成果上，通过对工作成果进行测量、比较、分析和评价，找出工作中的不足，发现存在的问题，采取措施解决问题，并以此作为经验和教训，作为改进工作的依据。事后控制是历史最悠久的控制类型，传统的控制方法几乎都属于此类型。如企业发现产品销路不畅而相应作出减产、转产或加强促销的决定；学校对学生的违纪处理等都属于事后控制。

（1）事后控制的优点。

事后控制是最常见、最实用的控制方法。在某些特定情况下，很多事件只有在发生之后才可能看清结果，才可能认识到事情发生的规律和教训，往往难以做到事前控制与事中控制，此时，事后控制常常是唯一能够采取的控制手段。另外，由于事物的发展往往呈现出一定的规律性，人们可以借助事后控制认识组织活动的特点及其规律，为进一步实施事前控制和事中控制创造条件，实现控制工作的良性循环，并在不断循环过程中提高控制效果。事后控制能为未来计划的制订和活动的安排以及系统持续的运作提供信息与借鉴。

（2）事后控制的缺点。

滞后性是事后控制最致命的缺点。因为从结果的衡量、比较、分析到纠偏措施的制订和实施，都需要时间，很容易贻误纠正的时机，所以在采取纠正措施之前，活动中可能已经出现偏差，并在系统内造成无法补偿的损失。例如已生产的废品所耗费的原材料、工时等已无法补偿。另外，事后控制是通过对已经发

生的事情做出反馈性行动，采取应对性措施来调整组织行为的，因此事后控制总比现实情况要慢半拍，很容易造成对现实环境变化的不适应，给组织带来新的损失。

上述三种控制方式互为前提、互相补充。在实际工作中，不能只依靠某一种控制方式进行管理，必须根据实际情况进行全面的全过程控制，这样才能获得更高的控制效果。

一般来说，针对公司的资源输入采用事前控制，资源转换采用事中控制，资源输出采用事后控制。

 知识链接

标杆瞄准法的类型及程序

在控制工作中用到的技术与方法很多，经常采用的有鱼骨图法、帕累托法、甘特图法等。

一、鱼骨图

鱼骨图是由日本品质管理权威学者石川馨首先提出的，所以也叫石川图，又由于形状像鱼，亦称鱼骨图。

（一）鱼骨图的定义

对作为问题的特征（结果）和所有对其影响的因素（原因）进行整理，汇总成鱼骨状的图形，称为特性要因图，因图形像鱼骨，又称为鱼骨图（图5-8）。

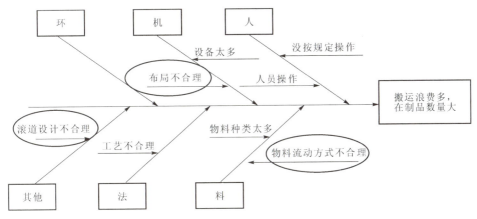

图 5-8　鱼骨图

（二）鱼骨图的绘制

鱼骨图的绘制可以采用 Xmind、VISIO 等软件。

特性要因图

鱼骨图由鱼头、主骨、大骨、中骨和小骨组成，这些组件构成一个完整的鱼骨架。在绘制鱼骨图时采用以下步骤：

（1）绘制鱼头。鱼头部分用来表示你所要分析的问题。例如，在问题框中你可以填写"满意度低于期望值 5 个百分点""A 级率低于 95%"等问题。

（2）画出主骨。主骨是指向问题的一个水平箭头，一般选择粗线来绘制。

（3）绘制大骨。大骨与主骨保持 60° 的夹角。在图 5-8 中，6 根大骨，分别代表人、机、料、法、环、其他六个方面的问题原因。在大骨箭头的尾端要分别用文字标示出人、机、料、法、环、其他。

（4）绘制中骨。中骨是指向大骨的箭头，其方向与主骨保持水平。中骨用来表示在人、机、料、法、环等方面导致问题发生的原因。例如，满意度不达标，在"人"的方面有可能是新员工能力不足、人员服务意识差等原因，在"法"的方面有可能是流程不合理、服务规范不够细致等原因。这些原因需要在中骨箭头上进行文字说明。

 思考

笔记

（5）绘制小骨。小骨是指向中骨的箭头，其方向与中骨保持60°的夹角。小骨用来表示更深层的原因。例如，新员工能力不足，有可能是因为对新员工的培训不够、新员工主动学习的意识差等。这些原因要通过文字标示在小骨上。需要说明的一点是，问题的原因分析拆解到小骨上有时还不够，你可以继续在小骨上绘制"小小骨"甚至"小小小骨"。例如，对新员工培训不够的原因是什么？有可能是新员工没有时间参加培训、讲师不够、缺少培训费用、没有现成的培训课件等。这些原因都可以作为"小小骨"在图中绘制出来。

在绘制鱼骨图应注意以下几点：

（1）为了不影响团队士气，尽量不要让整个团队的讨论偏离主题。

（2）当没有新的想法时可以应用主要原因类别作为催化剂，例如询问：在"物料"中是什么导致……？

（3）用尽可能少的文字。

（4）保证每个人对所列出的原因都能达成共识。

（三）鱼骨图的常用工具——头脑风暴和5W法

1. 利用头脑风暴法，列出所有可能的原因

在进行问题原因分析时可以多找几个人，然后应用头脑风暴法把所有能想到的原因都列出来。

2. 采用结构化的方法把原因归类

鱼骨图为我们提供了一个很好的问题分析框架，它把可能造成问题的原因归集为"人、机、料、法、环"五个方面。通过头脑风暴法找出的原因可以分别归到这五个方面之下。其中：

"人"方面可能会包括人员数量、人员结构、人员能力、人员意识、人员行为等方面的原因。

"机"方面可能包括我们所使用的机器设备、工装工具、信息系统、办公用品等在功能、性能、质量、数量等方面的不足。

"料"方面可能包括我们用于服务的各种物料在质量、数量、成本、及时性等方面的问题。

"法"方面可能包括流程、制度、操作规范、工作机制和工作方法在科学性、规范性、系统性等方面的缺陷。

"环"方面的原因可能包括办公场所等硬环境和企业文化等软环境所存在的问题。

3. 逐步深入找到更深层的原因

鱼骨图中的鱼骨包括了主骨、大骨、中骨和小骨等。这种结构实际上体现了层层深入的原因分析思想。在实际应用时要多问几次"为什么"，把深层次的原因找出来并标示到图中，让鱼骨架更加丰满。

4. 5W法找出问题根本原因

"问五个为什么"没有太多的技巧，连续地追问下去即可。每一次你的回答都会导出另一个问题，反复追问之下，你才能找到根本的原因。

这种方法特别适用于分析具有以下特征的问题：

（1）不需要大量的数据分析。

（2）问题本身比较单一，但是因果关系不明朗。

二、帕累托法

（一）帕累托法的含义

帕累托法是19世纪的经济学家维尔法度·帕累托首创的一种分析方法，又称排列图法、主次因素分析法、帕累托图法。目的是把一大堆数据重组，排列成有意义的图表，区分"少数重点因素"和"大量微细因素"，指出问题的原因所在和优次关系。

（二）帕累托法的运用

使用帕累托法十分简单，依据"关键的少数和次要的多数"原理，先将影响产品质量的诸多因素罗列出来，再按照某种质量特性值或出现的频数从大到小进行排列并绘制出帕累托分类图，根据质量特征值的大小和因素多少确定出关键因素，一旦确定出关键因素，就知道了有效改进质量的着手点。

帕累托由两个纵坐标，一个横坐标，若干直方形和一条折线构成，其基本格式如图5-9所示。

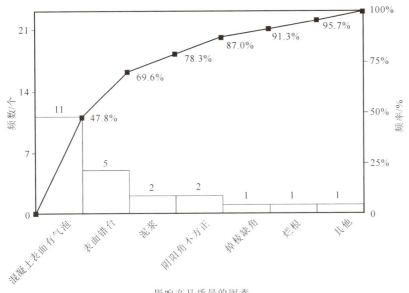

影响产品质量的因素

图5-9　帕累托图

（三）图形绘制

（1）图中横坐标表示影响产品质量的因素或项目，一般以直方的高度显示各因素出现的频数，并从左到右按频数的多少，由大到小顺序排列。

（2）纵坐标一般设置为两个，左侧的纵坐标可以用事件出现的频数（如各因素直接造成的不合格品件数）表示，或用不合格品等损失金额来表示，右侧的纵坐标用事件发生的频数占全部件数的百分比（频率）表示。

（3）将各因素所占百分比依次累加起来，即可求得各因素的累计百分比（累计频率），然后将所得的各因素的顺次累计百分比逐一标注在图中相应的位置上，并将其以折线连接，即得帕累托曲线。

如何运用帕累托图法寻找影响质量的主要因素？

绘制帕累托曲线最主要的是为了找出影响某项产品质量的主要因素，为使应用更为直观、简单，在此引入 ABC 法。习惯上通常按累计百分比把质量影响因素分为三类：占20%～80%为 A 类因素，也就是主要因素；90%～100%为 C 类因素，即一般因素。由于 A 类因素占存在问题的80%，所以此类问题解决了，质量的大部分问题也就解决了。

（四）使用帕累托法应注意的事项

使用帕累托法时需要注意的是，找出的主要因素不要过多。一般最终找出的主要因素最好是一二项，最多不要超过三项，否则将失去"找出主要因素"的意义。当采取措施解决或基本解决了这些主要因素后，原先次要的因素将上升为主要因素，此时可以再通过做帕累托曲线来分析处理。这样不断循序而进，可以使产品质量得到不断的改进和提高。

同时也要注意适当合并一般因素。在通常情况下，不太重要的因素可以列出很多项，为简化作图，常将这些因素合并为"其他"项，放在横坐标的末端。

太平洋贝尔公司质量改进小组成员戴尔·伯格尼尔用了 3 个月的业余时间记录了使太平洋贝尔因维修和收益减少而导致 1 800 万美元损失的 2 441 起事故。由帕累托曲线分析表明42%的电缆损失是由于建筑工程引起的。有了这个信息后，小组就能够力促加强建筑公司与太平洋贝尔的协调。一年内电缆事故就减少了24%，从而使太平洋贝尔节省了 600 万美元，并赢得了美国 1994 年度服务业的质量奖杯。

三、甘特图法

（一）甘特图法的概念

甘特图（Gantt chart）又称为横道图、条状图（bar chart），以提出者亨利·L.甘特先生的名字命名。

甘特图内在思想简单，即以图示的方式通过活动列表和时间刻度形象地表示出任何特定项目的活动顺序与持续时间。甘特图基本是线条图，横轴表示时间，纵轴表示活动（项目），线条表示在整个期间上计划和实际的活动完成情况。它直观地表明任务计划在什么时候进行，以及实际进展与计划要求的对比。管理者由此可便利地弄清一项任务（项目）还剩下哪些工作要做，并可评估工作进度。

（二）图形结构

在如图 5-10 所示的甘特图中，横轴方向表示时间，纵轴方向并列机器设备名称、操作人员和编号等。图表内以线条、数字、文字代号等来表示计划（实际）所需时间、计划（实际）产量、计划（实际）开工或完工时间等。

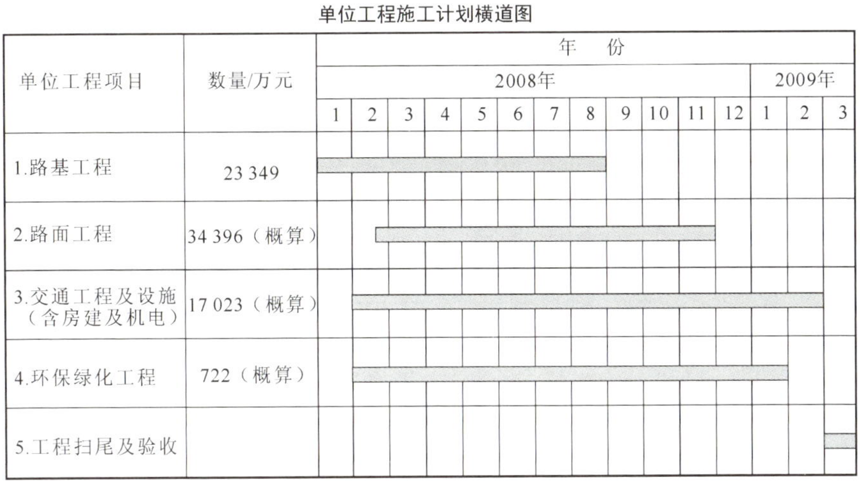

单位工程施工计划横道图

单位工程项目	数量/万元	年　份													
		2008年												2009年	
		1	2	3	4	5	6	7	8	9	10	11	12	1	2	3
1.路基工程	23 349															
2.路面工程	34 396（概算）															
3.交通工程及设施（含房建及机电）	17 023（概算）															
4.环保绿化工程	722（概算）															
5.工程扫尾及验收																

图 5-10　甘特图

（三）图形绘制

绘制甘特图的软件很多，单纯的甘特图显示可以用 Excel 软件；微软的 Microsoft Office Project 是一款通用型项目管理软件，在国际上享有盛誉，凝集了许多成熟的项目管理现代理论和方法，可以帮助项目管理者实现时间、资源、成本的计划、控制；VARCHART XGantt 甘特图控件，支持以甘特图、柱状图的形式来编辑、打印以及图形化地表示数据，能够实现与 Project 或 P/6 相似的界面效果，并支持集成到项目管理、生产排程等应用程序中。

甘特图的绘制步骤如下：

（1）明确项目牵涉的各项活动、项目。内容包括项目名称（包括顺序）、开始时间、工期、任务类型（依赖/决定性）和依赖于哪一项任务。

（2）创建甘特图草图。将所有的项目按照开始时间、工期标注到甘特图上。

（3）确定项目活动依赖关系及时序进度。使用草图，按照项目的类型将项目联系起来，并安排项目进度。

此步骤将保证在未来计划有所调整的情况下，各项活动仍然能够按照正确的时序进行。也就是确保所有依赖性活动能并且只能在决定性活动完成之后按计划展开。

同时应避免关键性路径过长。关键性路径是由贯穿项目始终的关键性任务所决定的，它既表示了项目的最长耗时，也表示了完成项目的最短可能时间。请注意，关键性路径会由于单项活动进度的提前或延期而发生变化。而且要注意不要滥用项目资源，同时，对于进度表上的不可预知事件要安排适当的富裕时间（slack time）。但是，富裕时间不适用于关键性任务，因为作为关键性路径的一部分，它们的时序进度对整个项目至关重要。

（4）计算单项活动任务的工时量。

（5）确定活动任务的执行人员及适时按需调整工时。

（6）计算整个项目时间。

绘制甘特图

导入案例分析思路

（1）工作开展之前就能有预见性地配置好资源。

（2）工作进行的过程中，能实施有效监控，并善于控制人的行为。

（3）工作过程结束之后，善于总结经验教训，防止同类问题重复发生。

任务三
实施控制活动

 案例导入

零缺陷的妙方

有一家生产降落伞的工厂，它们制造出来的产品从来都没有瑕疵，也就是说它们生产的降落伞从来没有在空中打不开的不良记录。其品质无与伦比，驰名中外。

有一位记者非常好奇，他觉得怎么有可能工厂生产的降落伞完全没有任何的疏失或破损。在他千辛万苦的打听下，他终于找到了这家工厂的负责人，希望能够借采访打探出生产零缺点降落伞的秘诀。

记者首先恭维老板的英明领导与经营有方，随后简明扼要地说明来意，老板说："要求降落伞品质零缺点是本公司一贯的政策，想想看，在离地面几千英尺①的高空上，万一降落伞有破损或打不开的话，那么使用者在高空跳落过程中岂不是魂飞魄散，且叫天天不应，叫地地不灵，人命根本就没有受到应有的重视！生产这类产品其实并没有所谓的奥秘！"

老板的话令记者一脸狐疑，他仍不死心地追问："老板您客气了，我想其中一定有诀窍，否则贵工厂怎么有可能维持这么高的品质？"

这个时候，老板嘴角露出一抹微笑，他淡淡地说："哦，要保持降落伞零缺点的品质，其实是很简单的，根本就不是什么艰深难懂的大道理。我们只是强烈要求，在每一批降落伞要出厂前，一定要从整批的货品中随机抽取几件，将它们交给负责制造该产品的工人，然后让这些工人拿着自己生产的降落伞到高空进行品质测试的工作……"

问题：

（1）什么是质量？产品质量与企业经济效益之间存在什么关系？

（2）产品通过检验可以确定其质量水平，那么产品质量是检验出来的吗？

（3）如何提高产品的质量水平？

---

① 1英尺＝0.304 8米。

案例思考

企业产品的质量关乎企业的声誉和消费者的生命与财产安全，质量管理意义重大。全面质量管理是有效提高产品质量的途径之一。要有效地进行质量管理应当遵循一定的原则，采取相应的方法和工具。

知识闻述

一、控制质量

（一）质量及质量控制

质量是指事物、产品或工作的优劣程度。从用户的角度看，质量是用户对一个产品（包括相关的服务）满足程度的度量。质量受企业生产经营管理活动中多种因素的影响，是企业各项工作的综合反映。要保证和提高产品质量，必须对影响质量的各种因素进行全面而系统的管理。为达到质量要求所采取的作业技术和活动称为质量控制。质量控制（quality control，QC）是为了通过监视质量形成过程，消除质量环节上所有阶段引起不合格或不满意效果的因素，以达到质量要求、获取经济效益，而采用的各种质量作业技术和活动。

企业要在激烈的市场竞争中生存和发展，仅靠方向性的战略性选择是不够的。任何企业间的竞争都离不开"产品质量"的竞争，没有过硬的产品质量，企业终将在市场经济的浪潮中消失。而产品质量作为最难以控制和最容易发生的问题，往往让供应商苦不堪言，小则退货赔钱，大则客户流失，关门大吉。因此，如何有效地进行过程控制是确保产品质量和提升产品质量，促使企业发展、赢得市场、获得利润的核心。

（二）质量控制的基本原则

质量控制过程中应当遵循以下基本原则：

（1）标准性原则。目标推行进程中的管理控制是通过人来实现的，即使是最好的领导者和管理人员也不可避免地要受自身个性及经验等主观因素的影响，因而管理中由于人的主观因素造成的偏差是不可避免的，有时是难以发现和纠正的。但是这仅仅是问题的一个方面。另一方面是人具有能动性，因此，可以主动纠正偏差，凭借客观的、精确的考评标准来衡量目标或计划的执行情况，从而补偿人的主观因素的局限。

（2）适时性原则。一个完善的控制系统，要求在实施有效的控制时，一旦发生偏差，必须能够迅速发现并及时纠正。甚至是在未出现偏差之前，就能预测偏差的产生，从而防患于未然。

（3）关键点原则。对于一个系统的主管人员来说，由于精力和时间的限制，推行目标管理时，实施控制不可能面面俱到，所以应该通过控制关键点，即把主要精力集中于系统过程中的突出因素，从而掌握系统状态，了解执行情况。

控制关键点是一种抓重点的控制形式，也是一种重要的管理艺术。关键点原则体现了抓主要矛盾的思想，这样的做法，往往能收到牵一发而动全身的效果。

（4）灵活性原则。要使控制工作在执行中遇到意外情况时仍然有效，就应该在设计控制系统和实施控制时，使之具有灵活性。

（5）经济性原则。控制工作需要支付时间、设备、资金等费用，必须对控制费用和控制收益进行比较，只有当有利可图时，才能实施控制；如果控制费用与控制取得的收益相当，甚至超过控制取得的收益，控制就成为不经济的控制、赔本的控制，这样的控制是不能实施的。

（三）质量控制的步骤

质量控制大致可以分为以下七个步骤：

（1）选择控制对象。

（2）选择需要监测的质量特性值。

（3）确定规格标准，详细说明质量特性。

（4）选定能准确测量该特性值或对应的过程参数的监测仪表，或自制测试手段。

（5）进行实际测试并做好数据记录。

（6）分析实际与规格之间存在差异的原因。

（7）采取相应的纠正措施。

当采取相应的纠正措施后，仍然要对过程进行监测，将过程保持在新的控制水准上。一旦出现新的影响因子，还需要测量数据分析原因进行纠正，因此这七个步骤形成了一个封闭式流程，称为"反馈环"。

全面质量管理

在上述七个步骤中，最关键的有两点：

（1）质量控制系统的设计。

（2）质量控制技术的选用。

 知识链接

在开展质量管理活动中，用于收集和分析质量数据、分析和确定质量问题、控制和改进质量水平的常用方法有七种，这些方法不仅科学，而且实用，应该学习和掌握它们，并应用到生产实际中。这七种方法除了前面介绍过的帕累托法、鱼骨图法，还有以下五种方法。

一、检查表

检查表又称调查表、统计分析表等（表5-3）。检查表是质量控制七大方法中最简单也是使用得最多的手法。

表5-3　检查表　　　　　　　　　　　mm

序号	项目	标准	检查记录
1	外圆长度	2.44~2.47	2.46
2	印刷字体	清晰可识别	合格
3	配合间隙	0.32~0.35	0.33

在表 5-1 中，已将产品相关的项目和基准列出，使得记录的内容和判定更加直观，此表适用于 IPQC 的过程控制和产品首件检验。

二、分层法

分层法又称数据分层法、分类法、分组法，是分析影响质量（或其他问题）原因的方法。针对所要分析的目的，将所收集的数据依照不同分类方式加以统计汇总，从不同的层次和角度分析和对比数据，以发现存在问题。分层法是质量管理手法中最基本、最容易的操作手法，强调用科学管理技法取代经验主义，也是其他质量管理手法的基础，常与其他统计方法结合起来应用。分类方法多种多样，并无任何硬性规定。

例如，在磨床上加工某零件外圆，由甲、乙两工人操作各磨 100 个零件，共产生废品 45 件（表 5-4），试分析废品产生的原因。若只对工人，不对不合格原因进行分层，则两工人的废品率相差无几，找不出重点；若只对不合格原因，不对工人进行分层，则会得到主要因素为锥度不合格、碰伤两原因。对工人及不合格原因分层后会发现，甲工人主要因素为碰伤；乙工人主要因素为锥度不合格。

表 5-4　甲、乙工人加工零件情况　　　　　　　　　　　　件

不合格原因	甲	乙	合计
	100	100	200
表面粗糙度不合格	2	1	3
圆柱度超出规范	1	2	3
锥度不合格	3	18	21
碰伤	17	1	18
小计	23	22	45

三、直方图法

直方图（histogram）是频数直方图的简称。它是用一系列宽度相等、高度不等的长方形表示数据的图。长方形的宽度表示数据范围的间隔，长方形的高度表示在给定间隔内的数据数。

直方图简介

直方图应用举例

四、散布图法

散布图法，是指通过分析研究两种因素的数据之间的关系，来控制影响产品质量的相关因素的一种有效方法。散布图用非数学的方式来辨认某现象的测量值与可能原因因素之间的关系。这种图示方式具有快捷、易于交流和易于理解的特点。用来绘制散布图的数据必须是成对的 (X, Y)。通常用垂直轴表示现象测量值 Y，用水平轴表示可能有关系的原因因素 (X)。

散布图简介

散布图应用

五、控制图法

控制图（control chart），又叫管制图，由美国贝尔电话实验所的休哈特（W. A. Shewhart）博士在 1924 年首先提出并使用，是对过程质量特性进行测定、记录、评估，从而监察过程是否处于控制状态的一种用统计方法设计的图。此图用来区分引起质量波动的原因是偶然的还是系统的，可以提供系统原因存在的信息，从而判断生产过程是否处于受控状态。

控制图简介

绘制控制图

二、控制进度

"时间就是金钱"是我们耳熟能详的一句话，说明时间对我们的重要性。生活中我们乘坐出租车，会遇到堵车路段或是请司机等候一段时间，这时候出租车的计价器就会从里程计算模式变更为时间计费模式，尽管车辆原地未动，但是我们还是要为出租车司机支付一定的费用，这让我们真正理解了时间的价值。对于生产经营企业而言，时间的金钱价值更不容忽视，一旦企业延误了向客户的交货时间，一般来说，按照合同约定，企业要向客户支付数量不菲的违约金。因此，对个人来说做好时间管理、对企业而言做好进度控制都是十分必要的。可以说，搞好时间的控制和管理，事情基本就成功了一半。

时间控制也称时间管理，就是利用技巧、技术和工具帮助人们完成工作，实现目标。时间管理并不是要把所有事情做完，而是更有效地运用时间。时间管理的目的除了要决定该做些什么事情之外，另一个很重要的目的是决定什么事情不应该做；时间管理不是完全的掌控，而是降低变动性。时间管理最重要的功能是将事先的规划作为一种提醒与指引。

时间管理在公司管理中主要体现为进度控制，进度控制就是为了保证项目按期完成、实现预期目标而提出的，它采用科学的方法确定项目的进度目标，编制进度计划和资源供应计划，进行进度控制，在与质量、费用目标相互协调的基础上实现工期目标。

（一）项目

项目是一个特殊的将被完成的有限任务，它是指在一定时间内，满足一系列特定目标的多项相关工作的总称。项目的定义包含三层含义：第一，项目是一项有待完成的任务，且有特定的环境与要求；第二，在一定的组织机构内，利用有限资源（人力、物力、财力等）在规定的时间内完成任务；第三，任务要满足一定性能、质量、数量、技术指标等要求。这三层含义对应项目的三重约束：时间、费用和性能。项目的目标就是满足客户、管理层和供应商在时间、费用和性能（质量）上的不同要求。

（二）进度控制

进度控制是采用科学的方法确定进度目标，编制进度计划与资源供应计划，进行进度控制，在与质量、费用、安全目标协调的基础上，实现工期目标。由于进度计划实施过程中目标明确，而资源有限，不确定因素多，干扰因素多，这些因素有客观的、主观的，主客观条件不断变化，计划也随着改变。因此，在项目施工过程中必须不断掌握计划的实施状况，并将实际情况与计划进行对比分析，必要时采取有效措施，才能使项目进度按预定的目标进行，确保目标的实现。进度控制管理是动态的、全过程的管理，其主要方法是规划、控制、协调。

项目进度控制的最终目标通常体现在工期上，就是保证项目在预定工期内完成。但管理者必须注意到：项目实施过程中有很多因素会影响工期目标的实现，主要有人员、材料、设备、方法、工艺、资金、环境等。

进度控制流程如图 5-11 所示。

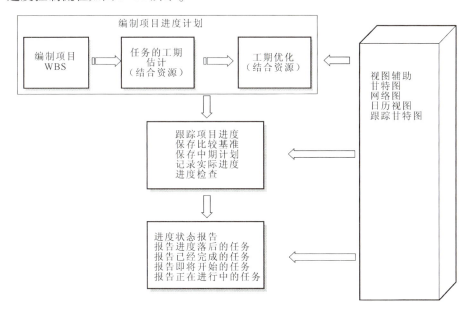

图 5-11 进度控制流程

（三）进度控制的原则

项目进度控制应该遵循以下原则：

1. 动态控制原则

进度按计划进行时，实际符合计划，计划的实现就有保证；否则产生偏差。此时应采取措施，尽量使项目按调整后的计划继续进行。但在新的因素干扰下，又有可能产生新的偏差，需继续控制，进度控制就是一种动态循环的控制方法。

2. 系统原则

为实现项目的进度控制，首先应编制项目的各种计划，包括进度计划和资源计划等。计划的对象由大到小，计划的内容从粗到细，形成了项目的计划系统。项目涉及各个相关主体、各类不同人员，需要建立组织体系，形成一个完整的项目实施组织系统。为了保证项目进度，自上而下都应设有专门的职能部门或人员负责项目的检查、统计、分析及调整等工作。当然，不同的人员负有不同的进度控制责任，应分工协作，形成一个纵横相连的项目进度控制系统。所以无论是控制对象，还是控制主体，无论是进度计划，还是控制活动，都是一个完整的系统。进度控制实际上就是用系统的理论和方法解决系统问题。

3. 封闭循环原则

项目进度控制的全过程是一种循环性的例行活动，其中包括编制计划、实施计划、检查、比较与分析、确定调整措施和修改计划，从而形成了一个封闭的循环系统。进度控制过程就是这种封闭循环中不断运行的过程。

4. 信息原则

信息是项目进度控制的依据，项目的进度计划信息从上到下传递到项目实施相关人员，以使计划得以贯彻落实；项目的实际进度信息则自下而上反馈到各有关部门和人员，以供分析并作出决策和调整，以使进度计划仍能符合预定工期目标。为此需要建立信息系统，以便不断地传递和反馈信息，所以项目进度控制的过程也是一个信息传递和反馈的过程。

5. 弹性原则

项目一般工期长且影响因素多，这就要求计划编制人员能根据统计经验估计各种因素的影响程度和出现的可能性，并在确定进度目标时分析目标的风险，从而使进度计划留有余地。在控制项目进度时，可以利用这些弹性缩短工作的持续时间，或改变工作之间的搭接关系，以使项目最终能实现工期目标。

6. 网络计划技术原则

网络计划技术不但可以用于编制进度计划，而且可以用于计划的优化、管理和控制。网络计划技术是一种科学且有效的进度管理方法，是项目进度控制，特别是复杂项目进度控制的完整计划管理和分析计算的理论基础。

（四）进度控制的步骤

1. 编制计划

编制计划前要进行详细的项目结构分析，系统地剖析整个项目结构构成，包括实施过程和细节，系统规则地分解项目。项目结构分解的工具是工作分解结构 WBS 原理，它是一个分级的树形结构，是将项目按照其内在结构和实施过程的顺序进行逐层分解而形成的结构示意图。通过项目 WBS 分解，可以将项目分解到相对独立的、内容单一的、易于成本核算与检查的项目单元，明确单元之间的逻辑关系与工作关系，每个单元具体地落实到责任者，并能进行各部门、各专业的协调。

进度计划编制的主要依据是：项目目标范围；工期的要求；项目特点；项目的内外部条件；项目结构分解单元；项目对各项工作的时间估计；项目的资源供应状况等。进度计划编制要与费用、质量、安全等目标相协调，充分考虑客观条件和风险预计，确保项目目标的实现。进度计划编制的主要工具是网络计划图和甘特图，通过绘制网络计划图，确定关键路线和关键工作。根据总进度计划，制订出项目资源总计划、费用总计划，然后把这些总计划分解到每年、每季度、每月、每旬等各阶段，从而进行项目实施过程的控制。项目控制就是一个循环，可称为 PDCA 循环，以及 plan－do－check－adjust。

2. 成立管理小组

成立以项目经理为组长，以项目副经理为常务副组长，以各职能部门负责人为副组长，以各单元工作负责人、各班组长等为组员的控制管理小组。小组成员分工明确，责任清晰；定期不定期召开会议，严格执行讨论、分析、制订对策、执行、反馈的工作制度。

3. 制订流程

控制流程运用了系统原理、动态控制原理、封闭循环原理、信息原理、弹性原理等。编制计划的对象由大到小，计划的内容从粗到细，形成了项目计划系统；控制是随着项目的进行而不断进行的，是个动态过程，包括计划编制到计划实施、计划调整再到计划编制这么一个不断循环过程，直到目标的实现；计划实施与控制过程需要不断地进行信息的传递与反馈，也就是信息的传递与反馈过程；同时，计划编制时也应考虑到各种风险的存在，使进度留有余地，具有一定的弹性，进度控制时，可利用这些弹性，缩短工作持续时间，或改变工作之间的搭接关系，确保项目工期目标的实现。

4. 实施控制

计划要起到应有的效应，就必须采取措施，使之得以顺利实施，实施主要有组织措施、经济措施、技术措施、管理措施。

（1）组织措施。组织措施包括落实各层次的控制人员、具体任务和工作责任；建立进度控制的组织系统，确定事前控制、事中控制、事后控制、协调会议、集体决策等进度控制工作制度；监测计划的执行情况，分析与控制计划执行情况等。

（2）经济措施。经济措施包括实现项目进度计划的资金保证措施、资源供应及时的措施，以及实施激励机制。

（3）技术措施。技术措施指采取加快项目进度的技术方法。

（4）管理措施。管理措施包括加强合同管理、信息管理、沟通管理、资料管理等综合管理，协调参与项目的各有关单位、部门和人员之间的利益关系，使之有利于项目进展。

5. 动态监测

项目实施过程中要对施工进展状态进行观测，掌握进展动态，对项目进展状态的观测通常采用日常观测和定期观测方法。日常观测是指随着项目的进展，不断观测记录每一项工作的实际开始时间、实际完成时间、实际进展时间、实际消耗的资源、目前状况等内容，以此作为进度控制的依据。定期观测是指每隔一定时间对项目进度计划执行情况进行一次较为全面的观测、检查；检查各工作之间逻辑关系的变化，检查各工作的进度和关键线路的变化情况，以便更好地发掘潜力，调整或优化资源。

6. 比较更新

进度控制的核心就是将项目的实际进度与计划进度进行不断分析比较，不断进行进度计划的更新。进度分析比较的方法主要采用甘特图比较法，就是将在项目进展中通过观测、检查、搜集到的信息，经整理后直接用甘特图并列标于原计划的横道线，一起进行直观比较，通过分析比较，分析进度偏差的影响，找出原因，以保证工期不变、保证质量安全和所耗费用最少为目标，制订对策，指定专人负责落实，并对项目进度计划进行适当调整更新。调整更新主要是关键工作的调整、非关键工作的调整、改变某些工作的逻辑关系、重新编制计划、资源调整等。

 **知识链接**

进度计划的检查、报告和调整

1. 进度计划的检查

进度计划的检查应按统计周期的规定定期进行，应根据需要进行不定期的检查。进度计划检查的内容包括以下几方面：

（1）检查工程量的完成情况。

（2）检查工作时间的执行情况。

（3）检查资源使用及与进度保证的情况。

（4）前一次进度计划检查提出问题的整改情况。

2. 编制进度报告

进度计划检查后应按下列内容编制进度报告：

（1）进度计划的实施情况的综合描述。

（2）实际工程进度与计划进度的比较。

（3）进度计划在实施过程中存在的问题，及其原因分析。

（4）进度执行情况对工程质量、安全和施工成本的影响情况。

（5）将采取的措施。

（6）进度的预测。

3. 进度计划的调整

进度计划的调整应包括下列内容。

（1）工程量的调整。

（2）工作（工序）起止时间的调整。

（3）工作关系的调整。

（4）资源提供条件的调整。

（5）必要目标的调整

常用的进度控制工具

 知识链接

进度的图形比较方法

1. 甘特图比较法

甘特图比较法是指将在项目实施中检查实际进度收集的信息，经整理后直接用横道线并列标于原计划的横道线处，进行直观比较的方法（图 5-12）。

2. S 形曲线比较法

它是以横坐标表示进度时间，纵坐标表示累计完成任务量（实物量、劳动量或货币量），所绘制的一条按计划时间累计完成任务量的曲线图。这种方法是用工程量或费用完成的多少来表述工程进度的快慢的一种方法（图 5-13）。

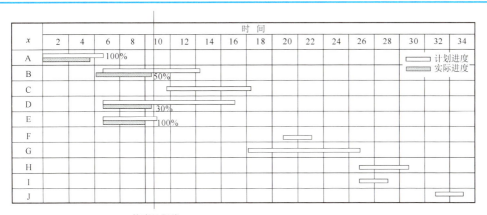

图 5-12　甘特图

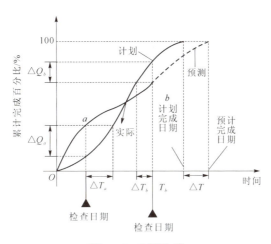

图 5-13　S 形曲线

3. 前锋线比较法

前锋线比较法是在双代号时标网络上进行工程实际进度与计划进度比较的方法（图 5-14）。

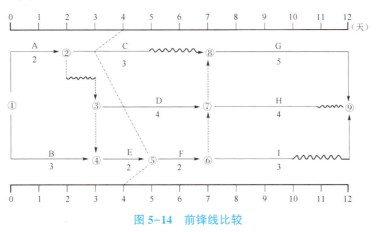

图 5-14　前锋线比较

单代号网络图的计算

双代号时标网络图的计算

关键线路、关键工作及时差

（五）进度实施中的调整方法

在对实施的进度计划分析的基础上，确定调整原计划的方法主要有以下两种：

（1）改变工作间的逻辑关系。

（2）改变工作的持续时间。

（六）进度控制的措施

（1）组织措施。组织措施主要包括：落实项目监理组织机构中进度控制部门的人员，具体控制任务和管理职责分工；进行项目分解，并建立编码体系；确定进度协调工作制度；对影响进度目标实现的干扰和风险因素进行分析。

（2）技术措施。技术措施包括审查承建单位提交的进度计划、编制进度控制工作细则、采用网络计划技术等。

（3）合同措施。合同措施包括分段发包提前施工、各合同的合同期与进度计划的协调、严格控制合同变更等。

（4）经济措施。经济措施包括对工期提前给予奖励、对工程延误收取误期损失赔偿、加强索赔管理等。

 小卡片

生产进度落后时的改进措施

生产进度落后时应采取以下措施：

（1）增加人力或设备。

①增加瓶颈工序的人力与设备。

②招聘临时工。

（2）延长工作时间。延长工作时间，进行双班制或三班制。

（3）改进制造流程。生产技术人员设计一些工具，提高效率。

（4）外包加工。将一些订单进行外发加工。

（5）协调出货计划。由销售部门与客户协调，适当延迟交货期。

（6）减少紧急加单。在进度落后的情况下，尽量减少紧急加单。

三、控制成本

控制公司成本，是企业根据一定时期预先建立的成本管理目标，由成本控制主体在其职权范围内，在生产耗费发生以前和成本控制过程中，对各种影响成本的因素和条件采取的一系列预防和调节措施，以保证成本管理目标实现的管理行为。

传统的成本管理与现代型的成本管理

传统的成本管理以成本控制为依据，强调节约和节省。传统成本管理的目的可简单地归纳为减少支出、降低成本。这就是成本论成本的狭隘观念。在传统的计划经济下，产品实行统购统销，企业的产出等于企业的收入。因此，降低产品成本就意味着增加企业的收益，企业必然将成本管理的重点放在降低产品成本上，而陷入单纯的为降低成本而管理成本的滞后状态，不能为决策提供所需要的正确信息。

现代型的成本管理以获得经济效益取得持续性的竞争优势为主要目标，以一种新的认识观——成本效益观念看待成本及其控制问题。企业的一切成本管理活动应以成本效益观念作为支配思想，从"投入"与"产出"的对比分析来看待"投入"（成本）的必要性、合理性，即努力以尽可能少的成本付出，创造尽可能多的使用价值，为企业获取更多的经济效益。这里，值得注意的是："尽可能少的成本付出"与"减少支出，降低成本"的概念是有区别的。"尽可能少的成本付出"，不是节省或减少成本支出，它是运用成本效益观念来指导新产品的设计及老产品的改进工作。如在对市场需求进行调查分析的基础上，认识到如在产品的原有功能基础上新增某一功能，会使产品的市场占有率大幅度提高，那么，尽管为实现产品的新增功能会相应地增加一部分成本，但是这部分成本的增加能提高企业产品在市场的竞争力，最终为企业带来更大的经济效益，这种成本增加是符合成本效益观念的。

价值工程发展历史上的第一件事情是美国通用电气（GE）公司的石棉板事件。第二次世界大战期间，美国市场原材料供应十分紧张，GE急需石棉板，但该产品的货源不稳定，价格昂贵，时任GE工程师的Miles开始针对这一问题研究材料代用问题。通过对公司使用石棉板的功能进行分析，发现其用途是铺设在给产品喷漆的车间地板上，以避免涂料沾污地板引起火灾，后来，Miles在市场上找到一种防火纸，这种纸同样可以起到以上作用，并且成本低，容易买到，取得了很好的经济效益。这是最早的价值工程应用案例。

（一）成本控制的定义

成本控制（cost control）的过程是运用系统工程的原理对企业在生产经营过程中发生的各种耗费进行计算、调节和监督的过程，也是一个发现薄弱环节，挖掘内部潜力，寻找一切可能降低成本途径的过程。

成本控制是指降低成本支出的绝对额，故又称为绝对成本控制；成本降低还包括统筹安排成本、数量和收入的相互关系，以求收入的增长超过成本的

价值工程

增长，实现成本的相对节约，因此又称为相对成本控制。

成本控制反对"秋后算账"和"死后验尸"的做法，提倡预先控制和过程控制。因此，成本控制必须遵循预先控制和过程方法的原则，并在成本发生之前或在发生的过程中去考虑和研究为什么要发生这项成本？应不应该发生？应该发生多少？应该由谁来发生？应该在什么地方发生？是否必要？决定后应对过程活动进行监视、测量、分析和改进。

成本控制应是全面控制的概念，包括全员参与和全过程控制。

（二）成本控制的主体结构

成本控制主体从企业组织结构的层面认识，大体分为以下三种：

（1）决策主体。决策主体是决定企业成本发生方式和整体目标的高层管理者，他们负责对企业涉及成本控制的方案进行选择决断。

（2）组织主体。组织主体是负责根据成本决策结果组织、协调整个企业成本控制，落实具体实施步骤、职责分工和控制要求，处理成本控制信息，考核成本控制结果等的控制主体。

（3）执行主体。执行主体是对各部门、环节、阶段、岗位发生的成本实施控制的主体。凡是涉及成本、费用发生的环节和方面，都有执行层面的控制主体。

成本控制的执行主体与企业的职能部门设置、职责分工、层级划分、岗位设置、规模大小、管理体制等相关。总体来讲，成本控制执行主体主要包括控制生产要素规模的相关部门及人员。由于生产要素是企业产品成本、期间费用及其他各项耗费发生的基础，所以这类主体对成本控制的效果产生决定性影响。

（三）成本控制的目标

在企业发展战略中，成本控制处于极其重要的地位。如果同类产品的性能、质量相差无几，决定产品在市场中竞争的主要因素则是价格，而决定产品价格高低的主要因素则是成本，因为只有降低了成本，才有可能降低产品的价格。成本管理控制目标必须首先是全过程的控制，不应仅是控制产品的生产成本，而应控制的是产品生命周期成本的全部内容，实践证明，只有当产品的生命周期成本得到有效控制，成本才会显著降低；而从全社会角度来看，只有如此才能真正达到节约社会资源的目的。此外，企业在进行成本控制的同时还必须兼顾产品的不断创新，特别是要保证和提高产品的质量，绝不能片面地为了降低成本而忽视产品的品种和质量，更不能为了片面追求眼前利益，采取偷工减料、冒牌顶替或粗制滥造等歪门邪道来降低成本；否则，其结果不但坑害了消费者，最终也会使企业丧失信誉，甚至破产倒闭。

（四）成本控制的内容

成本控制的内容非常广泛，但是，这并不意味着事无巨细地平均使用力量，成本控制应该有计划、有重点地区别对待。不同企业有不同的控制重点。控制内容一般可以从成本形成过程和成本费用分类两个角度加以考虑。

1. 过程划分

生产过程成本分布如图5-15所示。

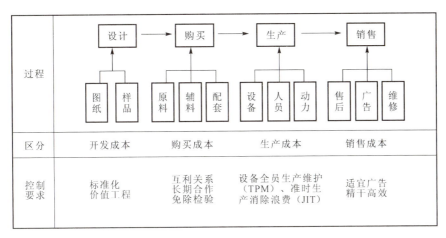

图 5-15　生产过程成本分布

（1）产品投产前的控制。

这部分控制内容主要包括产品设计成本、加工工艺成本、物资采购成本、生产组织方式、材料定额与劳动定额水平等。这些内容对成本的影响最大，可以说产品总成本的 60% 取决于这个阶段的成本控制工作的质量。这项控制工作属于事前控制方式，在控制活动实施时真实的成本还没有发生，但它决定了成本将会怎样发生，因而也基本上决定了产品的成本水平。

（2）制造过程中的控制。

制造过程是成本实际形成的主要阶段。绝大部分的成本支出在这里发生，包括原材料、人工、能源动力、各种辅料的消耗、工序间物料运输费用、车间以及其他管理部门的费用支出。投产前控制的种种方案设想、控制措施能否在制造过程中贯彻实施，大部分的控制目标能否实现和这阶段的控制活动紧密相关，它主要属于事中控制方式。由于成本控制的核算信息很难及时收集，会给事中控制带来很多困难。

（3）流通过程中的控制。

产品流通过程中的费用包括产品包装、厂外运输、广告促销、销售机构开支和售后服务等费用。在强调加强企业市场管理职能的时候，很容易不顾成本地采取种种促销手段，反而抵消了利润增量，所以也要作定量分析。

2. 构成划分

企业成本构成如图 5-16 所示。

（1）原材料成本控制。

在制造业中原材料费用占了总成本的很大比重，一般在 60% 以上，高的可达 90%，是成本控制的主要对象。影响原材料成本的因素有采购、库存费用、生产消耗、回收利用等，所以控制活动可从采购、库存管理和消耗三个环节着手。

（2）工资费用控制。

工资在成本中占有一定的比重，增加工资又被认为是不可逆转的。控制工资与效益同步增长、减少单位产品中工资的比重，对于降低成本有重要意义。控制工资成本的关键在于提高劳动生产率，它与劳动定额、工时消耗、工时利用率、工作效率、工人出勤率等因素有关。

			利润	
		管理费 销售费 财务费		
	间接材料费 间接劳务费 间接经费	生产成本	总成本	售价
直接材料费 直接劳务费 直接经费	直接成本			

直接材料费+直接劳务费+直接经费 ＝直接成本
＋间接材料费+间接劳务费+间接经费 ＝生产成本
＋管理费+销售费+财务费 ＝总成本
＋利润 ＝售价

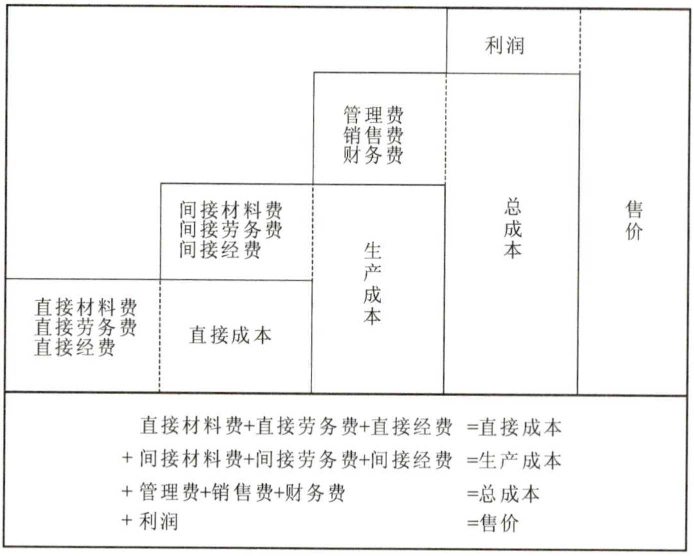

图 5-16　企业成本构成

（3）制造费用控制。

制造费用开支项目很多，主要包括折旧费、修理费、辅助生产费用、车间管理人员工资等，虽然它在成本中所占比重不大，但因不引人注意，浪费现象十分普遍，是不可忽视的一项内容。

（4）企业管理费控制。

企业管理费指为管理和组织生产所发生的各项费用，开支项目非常多，也是成本控制中不可忽视的内容。

上述这些都是绝对量的控制，即在产量固定的假设条件下使各种成本开支得到控制。在现实系统中还要达到控制单位成品成本的目标。

（五）成本控制的基本原则

（1）全面介入原则。

全面介入原则是指成本控制的全部、全员、全过程的控制。全部是对产品生产的全部费用要加以控制，不仅对变动费用要控制，对固定费用也要进行控制。全员控制是指发动领导干部、管理人员、工程技术人员和广大职工建立成本意识，参与成本的控制，认识到成本控制的重要意义，才能付诸行动。全过程控制是指对产品的设计、制造、销售过程等进行控制，并将控制的成果在有关报表上加以反映，借以发现缺点和问题。

（2）例外管理原则。

成本控制要将注意力集中在超乎常规的情况。因为实际发生的费用往往与预算有差异，如发生的差异不大，也就没有必要一一查明其原因，而只要把注意力集中在非正常的例外事项上，并及时进行信息反馈。

（3）经济效益原则。

提高经济效益，不单是依靠降低成本的绝对数，更重要的是实现相对的节约，取得最佳的经济效益，以较少的消耗取得更多的成果。

（六）成本控制的步骤

虽然控制对象各有不同，控制工作的要求也各不一样，但控制工作的过程基本上是一致的，大致可分为以下四个步骤：

（1）确定控制标准，即确定评定工作绩效的尺度。管理者应以计划为基础，制订出控制工作所需要的标准。

（2）衡量工作成效，即通过管理信息系统采集实际工作的数据（与已制订的控制标准中所对应的要素），了解和掌握工作的实际情况。在这一过程中，要特别注意获取信息的质量问题，做到信息的准确性、及时性、可靠性、适用性。

（3）分析衡量的结果，即将实际工作结果与标准进行对照，找出偏差并分析其发生的原因，为进一步采取管理行动做好准备。这是控制中最需理智分析的环节，是否要进一步采取管理行动就取决于此。若分析结果表明没有偏差或只存在"健康"的正偏差，那么控制人员就不必再进行下一步，控制也就到此为止了。

（4）采取管理行动，纠正偏差。纠正偏差的方法不外乎两种：要么改进工作绩效，要么修订标准。

知识链接

成本控制的主要方法包括如图 5-17 所示的几种。

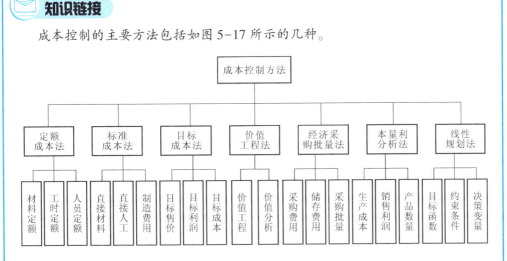

图 5-17　成本控制的主要方法

1. 定额成本法

定额成本法是以事先制定的产品定额成本为标准，在生产费用发生时，及时提供实际发生的费用，脱离定额耗费的差异额，让管理者及时采取措施，控制生产费用的发生额，并且根据定额和差异额计算产品实际成本的一种成本计算和控制的方法。

2. 标准成本法

标准成本法是西方管理会计的重要组成部分，是指以预先制定的标准成本为基础，用标准成本与实际成本进行比较，核算和分析成本差异的一种产品成本计算方法，它也是加强成本控制、评价经济业绩的一种成本控制制度。

3. 目标成本法

目标成本法是日本制造业创立的成本管理方法，其以给定的竞争价格为基础决定产品的成本，以保证实现预期的利润。即首先确定客户会为产品/服务付多少钱，然后再回过头来设计能够产生期望利润水平的产品/服务和运营流程。

4. 价值工程法

价值工程法，是通过集体智慧和有组织的活动对产品或服务进行功能分析，使目标以最低的总成本（生命周期成本），可靠地实现产品或服务的必要功能，从而提高产品或服务的价值的方法。

5. 经济采购批量法

经济采购批量，是指在一定时期内进货总量不变的条件下，使采购费用和储存费用总和最小的采购批量。

经济采购批量计算公式如下：

$$Q = \sqrt{\frac{2 \times C_1 \times D}{C_2}}$$

式中，Q 为经济采购批量；D 为一定时期内采购总量；C_1 为每次采购费用；C_2 为单位商品储存费用。

在采购过程中，既不能不考虑采购费用的节约，也不能不考虑储存费用的节约，应当力求使二者之和最小。

6. 本量利分析法

本量利分析法是在成本性态分析和变动成本法的基础上发展起来的，是主要研究成本、销售数量、价格和利润之间数量关系的方法。它是企业进行预测、决策、计划和控制等经营活动的重要工具，也是管理会计的一项基础内容。

7. 线性规划法

线性规划法是主要用于研究有限资源的最佳分配问题，即如何对有限的资源作出最佳方式的调配和最有利的使用，以便最充分地发挥资源的效能去获取最佳的经济效益的方法。

线性规划法是解决多变量最优决策的方法，指在各种相互关联的多变量约束条件下，解决或规划一个对象的线性目标函数最优的问题，即给予一定数量的人力、物力和资源，如何应用而能得到最大经济效益。其中目标函数是决策者要求达到目标的数学表达式，用一个极大或极小值表示；约束条件是指实现目标的能力资源和内部条件的限制因素，用一组等式或不等式来表示。

线性规划法是决策系统的静态最优化数学规划方法之一。它作为经营管理决策中的数学手段，在现代决策中的应用是非常广泛的，它可以用来解决科学研究、工程设计、生产安排、军事指挥、经济规划、经营管理等各方面提出的大量问题。

线性规划法一般采取三个步骤：

（1）建立目标函数。

（2）加上约束条件。

（3）求解各种待定参数的具体数值。

求解线性规划的主要方法有图解法、单纯形法、大 M 法和两阶段法。

某工厂利用两种燃料生产三种不同的产品 A、B、C，三种产品消耗甲乙两种燃料的数量如表 5-5 所示。

表 5-5　单位产品消耗表

原料	A	B	C
燃料甲	10	7	5
燃料乙	5	9	13

现知每吨燃料甲与燃料乙的价格之比为 2∶3，现需要三种产品 A、B、C 各 50 吨、63 吨、65 吨。问如何使用两种燃料，才能使该厂成本最低？

分析：由于该厂成本与两种燃料使用量有关，而产品 A、B、C 又与这两种燃料有关，且这三种产品的产量也有限制，所以这是一个求线性目标函数在线性约束条件下的最小值问题，这类简单的线性规划问题一般都可以利用二元一次不等式求在可行域上的最优解。

解：设该厂使用燃料甲 x 吨，燃料乙 y 吨，甲每吨 $2t$ 元，乙每吨 $3t$ 元，则成本 $Z = 2tx + 3ty$，因此只需求 $2tx + 3ty$ 的最小值即可。

又由题意可得 x、y 满足条件 $\begin{cases} 10x + 5y \geqslant 50 \\ 7x + 9y \geqslant 63 \\ 5x + 13y \geqslant 65 \end{cases}$

作出不等式组所表示的平面区域如图 5-18 所示。

由 $\begin{cases} 10x + 5y = 50 \\ 7x + 9y = 63 \end{cases}$ 得 $A\left(\dfrac{27}{11}, \dfrac{56}{11}\right)$

由 $\begin{cases} 7x + 9y = 63 \\ 5x + 13y = 65 \end{cases}$ 得 $B\left(\dfrac{117}{23}, \dfrac{70}{23}\right)$

作直线 $l: 2tx + 3ty = 0$，把直线 l 向右上方平移至可行域中的点 B 时，

$$Z = 2tx + 3ty = 2t \times \frac{117}{23} + 3t \times \frac{70}{23} = \frac{444}{23}t$$

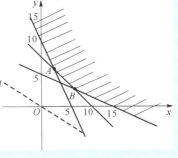

图 5-18　平面区域

所以最小成本为 $\dfrac{444}{23}t$

答：应用燃料甲 $\dfrac{117}{23}$ 吨，燃料乙 $\dfrac{70}{23}$ 吨，才能使成本最低。

导入案例分析思路

（1）质量是指事物、产品或工作的优劣程度。产品质量的好坏对于社会的发展至

关重要，直接影响着整个国家的经济秩序和社会秩序。要提高经济效益，从根本上讲必须提高产品质量。没有质量就没有数量，没有质量就没有经济效益，产品质量既是数量的基础，又是经济效益的基础。企业只有搞好全面质量管理，才能取得好的综合经济效益。

（2）检验是提高产品的质量、控制产品不合格率的重要手段，产品通过检验可以确定其质量水平，产品质量是生产出来的，而非检验出来的，生产过程一旦结束，产品的质量就确定下来了。

（3）在生产过程中，可以通过采用检查表、直方图、散布图、鱼骨图、控制图等工具来进行质量管理，提高产品和服务的质量水平。

◆ 重点概念

控制　绩效　事前控制　事中控制　事后控制

◆ 闯关考验

一、单项选择题

1. "治病不如防病，防病不如讲究卫生。"根据这一说法，以下几种控制方式中，哪一种方式最重要？（　　）

A. 过程控制　　　B. 实时控制　　　C. 反馈控制　　　D. 前馈控制

2. 生产主管在生产现场发现一名工人没有按照作业规范操作，他立即上前去制止。这种控制方式属于（　　）。

A. 过程控制　　　B. 直接控制　　　C. 前馈控制　　　D. 间接控制

3. 种庄稼需要水，但这一地区近年总不下雨，怎么办？一种办法是灌溉，以弥补不下雨的不足。另一种办法是换种耐旱作物，使所种作物与环境相适应。这两种措施分别是（　　）。

A. 纠正偏差和调整计划　　　　　　B. 调整计划和纠正偏差

C. 反馈控制和前馈控制　　　　　　D. 前馈控制和反馈控制

4. 某推销员经过艰苦的努力，一年中实现了100万元的销售业绩，该推销员认为自己超额完成了工作任务。他非常高兴，主动向销售主管汇报业绩并提出额外奖金的要求。谁知销售主管只是说了些口头表扬的话，只字未提奖金的事。这位推销员等了好多天，什么也没等到，他的工作热情也没有了。如果这位销售主管是一位称职的管理者，你认为他不给推销员发额外奖金的最大原因是什么？（　　）

A. 他怕大家过分地追求销售量，而忽视了服务质量

B. 没有预先给出计划标准，缺少控制和考核的依据

C. 企业正处于发展阶段，许多方面需要资金，不能发额外奖金

D. 企业其他的推销人员也同样超额地完成了销售任务

5. 所有权和经营权相分离的股份公司，为加强对经营者行为的约束，往往设计有各种治理和制衡的手段，包括：①股东们要召开大会对董事和监事人选进行投票表决；②董事会要对经理人员的行为进行监督和控制；③监事会要对董事会和经理人员

的经营行为进行检查监督；④要强化审计监督等。这些措施（　　　）。

A. 均为前馈控制

B. ①为前馈控制，②为过程控制，③④为反馈控制

C. 均为反馈控制

D. ①②为前馈控制，③④为反馈控制

二、判断题

1. 前馈控制的应用范围有限。（　　　）

2. 对于任何组织而言，员工进行有效的自我控制总是受欢迎的。（　　　）

3. 同期控制这类控制工作的纠正措施用于正在进行的计划执行过程。它是一种主要为基层主管人员所采取的控制工作方法。主管人员通过深入现场来亲自监督检查，指导和控制下属人员的活动。（　　　）

4. 反馈控制这类控制工作主要是分析工作的执行结果，将它与控制标准相比较，发现已经发生或即将出现的偏差，修改和更正偏差的过程。（　　　）

5. 有效的控制要求有客观的、准确的和适当的标准，标准都应是可以测定、可以考核的，必须是定量的。（　　　）

三、思考题

1. 如何评价"控制是事后的，计划是事先的"这一观点？

2. 小张下岗后开了一间小型餐饮店。他知道，要取得经营成功，除了要有可口的饭菜外，周到的服务和与顾客的良好关系也是非常重要的。为此，他采取了以下控制措施：

（1）在店内显眼的位置挂一本顾客意见簿，欢迎顾客提出意见和批评。

（2）让领班严密地监视服务人员的行为，并对棘手问题的处理提供协助和建议。

（3）在员工上岗之前进行工作技能和态度的培训。

（4）明确规定半年后要对服务质量好的员工予以奖励。

你能对这些控制措施进行区分吗？

◆ 技能训练

周五下午是某研究所例行办公会议时间。每次会议从下午 2 点开始，讨论和处理近期需要做的工作，对一些需要作出决策的问题形成决议。每次会议的议题数量为 5~7 个。开始，会议要开到很晚，到 7 点多钟才会结束。后来，所长要求会议秘书会前向每一位与会人员征集会议议题，由所长确定议题数量并排序，结果会议还是开到很晚。再后来，所长规定例会必须在 6 点前结束，结果排在前面的议题讨论占用了很多时间，后面的议题没有时间处理，若议题紧迫，便无奈又得延长时间。再后来，一些与会者故意把给研究生上的课程挪到周五晚上，到点需要回家吃饭上课，会议就可以按时结束了，但许多事情被迫推迟到下周或增加会议次数。

如何很好地解决这一问题？请以模拟公司为单位讨论后提出有效的控制措施。

实训目的：

（1）培养对实际控制系统的观察与分析能力。

（2）培养对实际工作进行有效控制的初步能力。

笔记

（3）培养学生的创意思维与决策能力。

实训指导：

（1）就某一会议控制的案例进行分组讨论，并提出有效的控制措施。

（2）围绕某一项工作，以模拟公司为单位用头脑风暴法找出创新构想，最后列举具有可行性的构想。

实训报告：

（1）各模拟公司形成一份书面的会议控制方案。

（2）通过各组展示，比较各组最终形成的具有可行性的构想的数量和质量，由教师和同学共同评价。

思考